アジア外交 動と静

元中国大使中江要介オーラルヒストリー

中江要介 著

編集
若月秀和
神田豊隆
楠 綾子
中島琢磨
昇亜美子
服部龍二

バレエ「動と静――アブシンベルの幻覚」シナリオ・霞完（中江要介）

写真提供：スターダンサーズ・バレエ団、中江要介

蒼天社出版

はしがき

中江　要介

私が外交官を志した時は、敗戦後の日本がまだ連合国の軍事占領下にあった。果たして我が国に外交権が回復する時が来るものかどうか、覚束ないまま、私は外交官試験を受けたのである。

幸いなことに一九五二年、サンフランシスコ平和条約により、日本は独立国として諸外国と国交を結び、国際社会に復帰することができた。私は一九四七年に外交官となり、以来四十年間、戦後の日本外交に関わることとなった。

他方、戦後の日本外交史をひもとく若い学者のなかから十指に余る人たちが相協力して、戦後の日本外交に携わった、いわば生き証人たちの証言を聴き取り、記録に書き留めるという仕事を始めた。

そういう若い学者の要望に応え、そういう生き証人の一人として、私は毎回約二―三時間に及ぶ聴聞インタビューを四回にわたって受け、そのテープに残された記録を活字に起こしたものが本書となった次第である。

右の聴聞インタビューに取り組んだ若い学者は、巻末の奥付に列記されている人たちで、それは熱心に下準備をし、細かいところまで徹底的に取材された。その熱意に、私は心が動かされたことをここに告白しておきたい。

こうしてでき上がったものは、したがって、私個人が直接体験した戦後の日本外交の一駒々々であり、嘘偽りのない正真正銘の記録である。その限りにおいて、私個人の極めて主観的な叙述であるが、それが戦後の日本外交史の研究者や、戦後の日本外交に興味と関心のある方たちの参考となり、手助けとなれば幸いである。

なお、本文において話す機会のなかった終戦前のことについて、以前、「『有』の一字」と題して『青淵』（渋沢栄一記念財団、平成十三年四月号）に書いた拙文を、ここに綴っておくことをお許しいただきたい。

「有」の一字

敗戦一年前、昭和十九年（一九四四年）の夏、私は群馬県の前橋陸軍予備士官学校にいた。

赤城、榛名、妙義の上毛三山の麓に広がる「相馬が原」の演習場で連日厳しい訓練を受けたあと、千葉県は九十九里浜の広大な砂浜では、米軍の日本上陸に備え「ア号訓練」と称して米軍の敵前上陸を阻止する演習が繰り返され、これに動員されていた。私は陸軍歩兵通信中隊に属していたので、上陸用舟艇で接岸せんとする米軍の背後に回り、地上の友軍と無線連絡を取りつつ敵を挟撃する作戦に参加し、揺れ動く小型舟艇の上で携帯用小型5号無線機のキイを必死に叩いて船酔いどころではなかった。そん

なある日、

「次の者はただちに兵舎に戻り、前橋に帰校せよ」

との命令。その〝次のもの〟のなかに私の名前があった。

同じく呼び出された者の間では「我々は豆スパイ要員らしい」、「その証拠に、見てみろ、みんな次男坊以下で長男や一人っ子はいない」、「これは大変なことなのだぞ」……こんなヒソヒソ話が移動貨車のなかで交わされていた。という私も、戸籍上五男、当時事実上三男であった。

前橋の予備士官学校に戻り、「筆記具のみ持参して、ただちに講堂に集合せよ」と命ぜられた頃は、真夏の太陽がギラギラと輝き、相馬が原一帯は灼熱の荒野と化していたが、集まった者はみな押し黙っていた……。

そこへ、扉が開いてM中尉がたった一人、険しい顔をしながら下士官一人を伴って入ってきた。おもむろに口を開いた。

「よく聴け！　いま、紙を一枚配る。それには何も書いていない。その横に鉛筆を一本置いて、そのまま待つ、わかったか！」

「はいッ！」

下士官が各人の机の上に白紙を一枚ずつ置いてゆく。配り終わると、再び中尉――

「注目！　よく聴け！　いま自分がこの黒板に一つの問題を書く、よく読んで、答えをその白紙に書く。答えのあとに各人所属区隊名と自分の氏名を書く、わかったか！」

「はいッ！」

M中尉はくるりとむこうを向くと、黒板にこう書いた。

〈貴様ハ、陛下ノ為ニ死ヌ覚悟、有リヤ否ヤ〉

書き終わったM中尉は再びくるりとこちらを向いてこう言った。

「いいか、答えは一字だけだ。『有』という字か、『無』という字か、どちらかを書く。わかったな！今から三分間の時間を与える。よく考えて答えを書く。……よしッ、はじめ！」

しぃーんと静まり返った講堂は水を打ったようであった。みんな黙ったまま座っている。沈黙の時が流れる。張り詰めた緊張の空間に、目に見えない葛藤が漲っている。

やがて、どこかでカチャッという音がして沈黙が破れ、空気が揺れる。誰かが鉛筆を手にして紙に向かったらしい。すると、あちこちに動きが感じられる。

三分間、私は考えていた。

——もし「有」と書くと、みんなが噂していたように、豆スパイになるべく陸軍中野学校に入れられ、戸籍も国籍も抹殺され、この世から消された上で命と引き換えに敵の情報を盗むことになり、私の人生はそこで終わることになる。……反対に、もし「無」と書くと、〝卑怯者め！〟と殴殺されるかもしれない。〝国賊〟として想像を絶する侮辱と脅迫の下で惨めな日々を送るだろう。……そうかといって、もし「有。但し……」などと条件でもつけようものなら、学徒兵の屁理屈と反感を招き、どんな目に遭うかわからない……。

いずれの場合も不本意である。しかし、同じ不本意に終わるのならば、これまでに受けてきた教育、これまで精励して身につけた学問、それが活かされ、多少とも〝生き甲斐〟らしきものが感じられる道を選んで人生を終わりたい。自分の命はすでに招集令状を受けて応召した時から、国に捧げ、陛下に捧げてあるのだ。今さらおめおめと俗世に未練を残すなど日本男児らしくない。ここまで来たらもう後はない。よしッ！　決めた――

そのとき、M中尉の声が響いた。

「まだ書いていない者はただちに書け！　そして筆を擱け！」

私は、鉛筆を手にして白紙に向かった。

「有」――第一区隊、中江要介――。

この「有」の一字が私の前半生を決めた。

そして後半生に計り知れない後遺症を残し、ひたすら反戦平和を目指し、私は外務省への道を選ぶこととなった。

この書が公になる頃、私は米寿を迎える年回りとなる。記念すべき本書の刊行に全面的に尽力してくださった編者の若月秀和先生、神田豊隆先生、楠綾子先生、中島琢磨先生、昇亜美子先生、服部龍二先生の諸先生方はもとより、蒼天社出版の上野教信社長以下関係者のみな様方に心から謝意と敬意を表したい。

目次

目　次

第8章 外交官時代を振り返って 277

コラム

目　次

解説

冷戦期の日本外交とともに歩んだ外交官——中江要介元中国大使

若月　秀和

1　原点

二〇〇九年の一月から五月にかけて、四回にわたり、私たちは中江要介元中国大使（以下、氏と呼称）にインタビューを行った。氏と会って、何より印象的であったのが、その若々しさであった。氏は一九二二年（大正十一年）の生まれである。今年で八十八歳の米寿になる齢であるが、容貌は若々しく、記憶力は明瞭、語り口も大変当意即妙の感があった。大正二桁世代ということであるが、その醸し出す雰囲気は、現代的であり、かつ飄々としている。氏の生まれ育った戦前の大阪は、首都・東京を凌ぐほどモダンな都市文化が花開いており、そうした土壌が氏の雰囲気に何らかの影響を及ぼしているのかもしれないし、旧制第三高等学校—京都帝国大学法学部という戦前のエリート教育も、大きく作用しているのかもしれない。

氏に限らず、大正二桁に生まれた人間にとっては、その青春期は太平洋戦争の影から逃れることができなかった。氏も例外にもれず、陸軍中野学校で、天皇への忠誠を強制されるとともに、戸籍から自らの存在を抹消される形で、スパイ養成を受ける経験をしている。しかしながら、「撃ちてし止まむ」というスローガンに象徴されるような異常なまでに肩の張った戦時中の日本社会の雰囲気は、知性的で物事をやや冷めた眼で見る氏にとって、心の底からなじむことはできなかったのかもしれない。「こんな馬鹿な戦争は二度としては駄目だ」という強い思いが、氏に外交官の道を歩ませることになるのである。

京都帝国大学法学部を卒業した氏は、一九四七年に外務省に入省し、以後、八七年に退官するまで四十年間外交官としてのキャリアを積んだ。一九四七年といえば、トルーマン・ドクトリンやマーシャル・プランが発表され、欧州を中心に米ソ冷戦対立構造が顕在化する時期である。そして、それから四十年経過した一九八七年は、ＩＮＦ（中距離核戦力）全廃条約が調印されるなど、二年後に控えた冷戦対立終結に向けた大きな一里塚にあたる年であった。すなわち、氏の外交官人生は、東西冷戦時代にほぼ重なるのであり、また、氏はこの間、その時々のポストに伴う目前の業務に追われつつも、戦後処理と経済復興の段階から経済大国としての外交を模索する段階へと移行していく戦後日本外交の歩みを、たえず見守ってきたと言える。その意味で、氏は戦後外交の生き証人と言っても過言ではないのである。

2 外務省に入って

氏が外務省に入った当時、敗戦国・日本は占領軍に占領された状態であり、対外問題は全部占領軍が行うという、事実上「外交のない時代」であった。この時期の外務省の仕事は、講和条約の締結による日本の独立の回復に尽きた。そして、氏の外交官としての駆け出し時代にあたる一九四八年から五四年までの長きにわたり、吉田茂が首相として君臨していた。吉田は、池田勇人、佐藤栄作といった後年の保守政治を担う有為な人材を育成する一方、戦後日本外交の路線形成に重要な役割を果たした戦後を代表する政治家として、一般に高い評価を得ている。

ところが、その吉田も、氏の論評にかかれば一刀両断である。氏によれば、「吉田ワンマン」が外務省の定員を抑えてしまったことが、戦後の長い間、外務省が定員不足に悩むことにつながったと手厳しい。また、吉田が「Y項パージ」と称されるような、自分の気に入らない官僚を遠慮会釈なく左遷する独断専行ぶりに対して、外務省内外に怨嗟の声があったことを指摘している。さらに、吉田が講和条約と抱き合わせの形で日米安全保障条約を結ぶ決断をしたことについても、国内に外国軍の基地を置いたり、自国の防衛を外国の軍事力に大きく依存することになるため、日本の独立が損なわれるとの観点から内心批判的であった。戦後長きにわたって保守政権が続く下で、いきおい、対米協調関係の維持を至上命題と考える外務省事務当局のなかにあって、氏の米国に対する距離感はそれ以後もほぼ一貫している。いずれにせよ、高度成長期以降に生まれた私たちインタビュアーにとって、吉田は歴史上の人物であるのに対して、吉田を同時代的な感覚でとらえることのできる氏にとっては、戦後保守政治の祖も我が儘で困った老人にしか映らなかったのであろう。

氏の批判の矛先は、吉田のみならず、一九六〇年の安保改定を成し遂げた岸信介首相にも向かっている。一九五〇年代後半の岸政権時代、条約課に在勤していた氏は、インドネシアとの賠償交渉に関わった。かねてより、マスメディアのレベルでは、東南アジア諸国に対する賠償交渉をめぐって、政財界の関係者たちが利権漁りをしていたことが取り沙汰されている。氏も、当時、この利権漁りについて国会で議論・追及があったことに言及しながら、「賠償にあやかって金儲けをしよう」とした経済界の人間の一部と結びつきながら、岸が裏金を得ていたのではないかと推測している。何よりも、氏にとって、「あの馬鹿な戦争」を指導した責任者の一人であった岸に対する違和感は、払拭しがたかったのであろう。いずれにしても、私を含めた外交史研究者が描く日本の対東南アジア外交は、実のところ、表に出てきた氷山の一角をなぞっているものにすぎないのかもしれない。

さらに、二度目の在外勤務地のブラジルでは日伯移住協定の難交渉にあたった。この時期、移住問題という人の命運を左右する重い仕事に関わった氏は、外交官として多くのことを学んだという。

3 中堅の外交官として

一方、戦後の日本外交にとって、やはり、中国問題は大きな争点の一つであった。氏は、吉田自身は当初、大陸の共産中国と平和条約を結ぶべきと考えていたにもかかわらず、米国の極東戦略上の要請を受けて、結局、一九五二年の日華平和条約の締結という選択に行き着いたと指摘している。そして、氏のニューヨークの国際連合（国連）日本政府代表部在勤時の一九六〇年代初頭以降、中国の国連代表権問題が浮上してくる。氏によれば、この時期、日本の外務省、特に国連局が中心となって、台湾の国連議席を保持し、北京政府の代表権が承認されるのを阻止するべく、積極的に米国と共同歩調を取り続けたという。確かに、外務省内のアジア局では、第三世界において北京承認の趨勢が強まっている点に着目して、米国と共同歩調を取ることに慎重な意見もあったという。しかし、そうした意見は省内の大勢とはならず、その後も、日本は米国とともに台湾議席保持の路線を取り続けた。こうして、米中和解の表面化を経た一九七一年十月の「中国招請・台湾追放」の国連総会の決定に際し、日本外交は台湾擁護の路線に殉じることになってしまう。

　このような日本外交の硬直性の原因について、氏は、一九五〇―六〇年代までの外務省では、「中ソが一緒になって、コミンフォルムで世界の共産主義が一つになって、世の中を牛耳ろうとしている」というような共産主義脅威論が強かったことを指摘している。そのためか、一九六〇年代に中ソ対立が本格的に始まってからでも、外務省は、中ソ関係の行方について問題意識を持って真剣に議論したことがないという。また、省内の中国専門家やソ連専門家が、それぞれ秘密主義的な雰囲気が濃厚であったために、ほかの省員に知識や情報が共有されず、結果として、自由闊達な議論が妨げられ、それによって国際政治の動向に対する柔軟な発想が奪われたことも、氏の証言からうかがえる。

他方、一九六〇年代半ばの条約局法規課長時代、氏は日韓国交正常化交渉にも関わった。ここでの証言で注目すべきは、一九六五年二月の椎名悦三郎外相の訪韓時に発表された過去の植民地支配に関する謝罪声明は、日韓両国の外務官僚が協力して作成したものではなく、声明なしでは交渉がまとまらないと見た椎名外相自身のイニシアティブで発表されたという点である。この謝罪声明が重要な梃子になって、同年六月の交渉の妥結につながるのである。また、交渉の最終局面で、一九一〇年の日韓併合条約の合法性をめぐって両国が対立した際にも、交渉をまとめるべきとする椎名の決意が非常に固かったとも指摘している。ちなみに、それから七年後の一九七二年九月に台湾政府との断交直前に政府特使として訪台した椎名に、氏は随行する役目を負うことになる。このように、外交上の重要局面をともにすることが多かった椎名は、氏にとって印象に残る政治家の一人であったに違いない。

日韓国交正常化に関するもう一つの証言のポイントは、でき上がった日韓基本条約の第三条が、「朝鮮半島にある唯一の合法的な政府」は韓国政府であって、「北朝鮮については触れないでおこう」という線でまとまったという点である。氏によれば、外務省アジア局には、「朝鮮半島の全体と正常化すべきだ、韓国とばかり進めているのは間違いだ」というように、北朝鮮とも正常化するべきとの意見が存在していたという。第三条で、韓国を唯一の合法政府としながらも、「朝鮮半島の北半分を白紙に残した」のも、将来的に北朝鮮との国交正常化を行う余地を残しておくということであった。

これに関して、証言のなかで、氏は、「韓国と正常化した後、日朝正常化をやるべきでした」と語るとともに、植民地支配を行ったことに対する反省の念が希薄であるにもかかわらず、北朝鮮に対して拉致問題を一方的に提起する現在の日本外交のあり方を批判している。後で述べるように、一九八〇年代の在外大使時代に、意識的に北朝鮮の外交官と接触を試みるなど、現役の外交官時代から北朝鮮との国交正常化を視野に入れた行動をしている。

そして、一九六〇年代後半、氏は、ベトナム戦争の渦中にある南ベトナムのサイゴン（現ホーチミン）に在勤することになる。「ホー・チ・ミン（Ho Chi Minh）は共産主義者ではなく、民族の独立・解放者」と喝破する氏にとって、反共主義を大義に戦うベトナム戦争は「無駄な戦争」の一言に尽きた。氏の考え方は、「アメリカ一辺倒」の発想から脱して、「ベトナム人のためのベトナムというものを考えるべき」という、外務省アジア局の立場と共通していた。そこで、サイゴンから東京に一時帰国した際、外務省幹部に対する報告で、米軍に対してベトコンが頑強に抵抗していることや、米軍の攻撃が民衆からの支持を得ていないことを挙げて、「ベトナムの戦争はアメリカが負けます。……日本政府としてはアメリカに協力する必要はないのではないか」と直言するのである。

ところが、当時の外務省幹部らは、「ベトナムの共産化を防ぐために出兵しているアメリカを支援すべきだ」という、「アメリカ一辺倒」の立場にあったので、氏の直言はにべもなく斥けられてしまう。当時の自民党の多くの政治家も外務省幹部と同様な考え方であったようだ。このような戦略・道義の両面で疑義のある戦争に、対米協調堅持の視点から理屈抜きで協力するという日本外交の姿は、二十一世紀に入ってからのアフガニスタン・イラクの両戦争に際しても、十年一日のごとく再現されるのである。

この時期の一部の外交官によるベトナム和平に向けた仲介努力についても、氏は、「日本もアメリカ同様にベトナム戦争の本質を取り違えてい」た以上、成果が出なくて当然であると切り捨てる。

一九六八年一月の「テト攻勢」をもって、日本政府のベトナム戦争に対する見通しが転換したのかと思いきや、氏は、その後も日本政府の基本認識に変化はなく、「アメリカの軍事情報を丸呑みにし、アメリカの要請にしたがって、南ベトナムにいろいろな援助を行いました」と語り、日本外交の相変わらずの「アメリカ一辺倒」姿勢を批判する。このように、ベトナム戦争の最終局面まで、米国側の立場を取り続けたことが、一九七三年のパリ和平協定後、日本がベトナムにおける国際監視団と平和保証国際会議に参加して、国力に応じた国際的な役割を果たす道を自ら閉ざしたとも指摘している。

4 アジア局の七年間

ベトナム戦争が終盤に差しかかった一九七一年、氏はアジア局参事官として本省に久方ぶりに戻ってくる。米中和解の表面化に直面して、日本外交が「ショック」に見舞われるなか、一九七二年二月、外務省の担当課長がハノイ入りして、北ベトナムとの国交正常化を目指す動きが起こる。これは、対米関係に配慮しがちな日本外交としては異例とも言える、ベトナム戦争終結後をにらんだ積極的な動きとも解釈できる。ところが、氏は、この担当課長の動きを、彼自身の功名心に基づく独断専行であると冷ややかな調子で回想する。また、この北ベトナムの接近とほぼ同時期に、日本政府が、ソ連やモンゴル、バングラデシュと中国以外の社会主義諸国と関係改善を進めていったことについても、当時の日本外交に「地域的あるいはグローバルに、外交を有機的に動かすような」姿勢や力量はないとして、中国との国交正常化交渉での日本の立場を強化するために、以上の国々との関係改善を行ったわけではないと明確に語る。

一九七一年から七八年の七年間にわたるアジア局在勤時代は、国際政治の変動期にあたり、氏はいくつもの重要案件に取り組むことになるが、そのなかでも「生涯記憶に残る仕事」と誇りを持って語るのが、一九七二年九月の日中国交正常化に伴う台湾の国民政府との断交工作であった。戦後日本外交史において、日中正常化交渉が「表街道」とするなら、この台湾断交は「裏街道」であり、これまであまり表立って取り上げられることはなかった。しかし、氏にとって、この「史上稀なる難局打開」の任務に就いたことは、外交官冥利に尽きるものであった。一九七二年七月の田中角栄政権発足直後、氏は大平正芳外相から直々に台湾工作を命じられ、台湾の中央通訊《つうしん》社の東京支局を通じて、台湾情報を入手し、それを大平外相に報告する日々が始まった。

この台湾工作の最大のヤマ場は、九月の椎名悦三郎（自民党副総裁）政府特使の訪台であり、氏もこれに随行する。特使を台湾に派遣する立場の田中首相も大平外相も、事前に椎名や氏に対してこれといった指示は与えなかった。ここは、政治家同士特有の「あうんの呼吸」であり、椎名自身も、外交関係を一方的に切られる側の台湾が怒って、日本に対して実害を及ぼさないようにするべく、台湾を宥めるのが自らの役目ということをよく理解していた。台北に着いた椎名特使一行の自動車は、デモ隊からの

「生卵をぶつけたり、棒で叩いたり、唾をかけたり」といった災難に会うも、ともかくも、当時、すでに高齢となっていた蒋介石《しょうかいせき》総統の後継者・蒋経国《しょうけいこく》行政院長との会談にこぎつける。

この椎名・蒋経国会談は、「弁慶と義経が嘘をついているのを富樫が分かっていながら、見て見ぬふりをして関所を通してやる」という「勧進帳」を地で行くものであった。すなわち、椎名が、日中国交正常化にあたっても、「(日本と台湾との)従来の関係は維持する」との自民党内の申し合わせに言及したのに対して、蒋経国も、日本が台湾との断交を決意しているのを知りながら、はるばるやって来た日本の長老政治家をあえて難詰することはせず、会談を締めくくったのである。本来、一つの国と国が断交することは、宣戦布告に値するほど切羽詰まったものになるはずであるが、椎名と蒋経国という「一流の役者」たちの絶妙な「演技」によって、日台間は断交後においても、ほぼ何の支障もなく、人的・経済的交流が続くことになった。もっとも、日本との経済関係に実利を見出していた台湾側には、断交に対する怒りに任せて、実務的な関係を破壊する用意はなかったのであろう。

一方、外務省で台湾断交に単身で取り組んだ氏の視線は、歴史の「表街道」である日中正常化に積極的に取り組んだ政治家や同僚の官僚たちに対し、総じて冷ややかである。まず、田中について、「思想や理念、政策が感じられず、ただの選挙目当て」で、日中正常化を行ったと手厳しい。大平についても、「中国一辺倒」で中国の指導者に対してへりくだる姿勢が目立つとともに、台湾を「邪魔者」扱いにしていたと批判する。特に、「国際法的にも国内法的にも何の瑕疵もない立派な条約」である日華平和条約を、大平が外相談話という形で軽々しく捨ててしまった問題性を、氏は強調している。また、アジア局の一部の同僚が、直属の上司を迂回する形で、首相官邸と直接連絡をとって正常化交渉を進めていくという尋常ならざる政治決定プロセスを、氏はやや苦々しい気持ちで見つめていたようである。いずれにせよ、「台湾のことを本当に真剣に考えた人がどれだけいたかということになると、そういう人はほとんどいなかったのでは」という氏の言葉は、当時の田中政権下の日本が、いかに日台関係に目もくれず、前のめりの姿勢で、日中正常化に突き進んでいったかを浮き彫りにするものである。

とにもかくにも、日中正常化交渉を終えて一息ついていた外務省アジア局であったが、今度は、その翌年一九七三年八月の金大中《キムテジュン》事件を契機とする日韓関係の紛糾に忙殺されることになる。韓国の官憲が関与した日本に対する主権侵害である同事件について、氏は、その批判の矛先を、日本の警察当局、さらには外相の大平にまで向ける。すなわち、警察当局については、「KCIA（韓国中央情報部）となれ合いで、真相究明する気迫が感じられず」と批判するとともに、大平についても、「韓国との問題は厄介だ。政治家が口を出すと、傷がつく」という気持ちがあって、真相解明に後ろ向きであったという。

こうした消極的な姿勢は、日本人と朝鮮人との間にある、豊臣秀吉の朝鮮出兵や二十世紀前半の植民地支配など隣国同士ゆえの複雑な関係性、つまり、大平が指摘するところの「業」の所産であった。警察当局や大平の対応を批判する氏自身にしても、金大中事件を含めてこの時期の日韓関係についてはあまり積極的に触れたくないのかもしれない。同事件のあった一九七三年から朴正熙《パクチョンヒ》大統領の暗殺未遂事件（「文世光事件」）の起きた七四年にかけて、日韓関係は断交寸前と評されるほど悪化している。日本外交にとって、朝鮮半島政策は依然として羹《あつもの》であった。

もっとも、この時期、朝鮮半島政策だけが行き詰っていたわけではなかった。氏によれば、「ベトナム戦争でアメリカが負けたことによって、日本はその先どうしたらよいか分から」ず、また、ベトナム戦争後の東南アジア戦後復興についても、日本がどのように関わってよいのか分からないというように、「日本のアジア外交全体が閉塞してしまい、行き詰ってしまった」状態にあったという。当時の外務省が、ベトナム復興援助への協力を通じて、「日本が相当の役割を演ずることによってアジアにおける日本の地位を固めること」を目指しても、東南アジア諸国の側に「日本の経済侵略に対する警戒心」を喚起してしまうありさまであった。一九七四年一月の田中首相の東南アジア歴訪が、暴動を引き起こして失敗に終わった点についても、田中をはじめとする日本側の姿勢が、「東南アジアへの関心が経済、金儲け中心だったから失敗した」と指摘する。

しかしながら、「失敗は成功のもと」という諺のごとく、その後の日本外交は、一九七七年八月の福田赳夫首相の東南アジア歴訪と「福田ドクトリン」の発表を通じて、ベトナム後の東南アジアで新境地を開くことになる。すでにその二年前の一九七五年にアジア局長となっていた氏は、同ドクトリンの発表にあたり、三年前の田中歴訪の失敗を念頭に置いて、「日本のアジア外交を建て直すために、この際、新しい外交、アジア政策というのを世界に訴えよう、そういう気持ちが強くて、それに何とか役に立ちたかった」と当時の心境を率直に語っている。ベトナム戦争終結からまだ日が浅く、アジアにおける米国の存在感が低下する状況下で、日本がアジア政策を表明することの意義は大きかった。当時から三十年以上も経過した現在においてなお、「心と心が触れ合う関係」を謳う福田ドクトリンは、日本の対アジア外交を語るうえでの枕詞となり、かつ東南アジア諸国にも広く浸透している。当時の氏の思いは十分に成就したと言えよう。

福田ドクトリン発表までの政治過程で特徴的な点は、「事務当局の考え方がそのまま正しく総理官邸に反映していたし、総理官邸の息遣いがそのまま外務省事務当局に伝わっていました」との氏の証言のように、「総理官邸と外務省との意思疎通がうまくとれていた」ことであった。それだけに、福田ドクトリンの内容というのは、「事務当局の考え方でもあるようだし、福田首相自身の哲学でもあるようだし、一体化していた」という。いずれにせよ、その内容のエッセンスは、ベトナム戦争後の東南アジアに対し、「日本が経済復興という面でいいから、日本が出ていって、軍事大国になるのではなく、心と心の触れ合いを通じて、相互信頼のできるような関係を持つ努力をしていこう」というものであった。それと同時に、「ASEAN（東南アジア諸国連合）そのものがしっかり自分の足で立てるよう、経済協力・援助を行ってレジリアンスを高めようという発想」であった。

官邸と外務省との連携の良さを背景に、意義ある仕事に打ち込めたためなのか、吉田、岸、田中、大平と歴代首相たちにことごとく辛い評点をつけてきた氏も、福田首相に対する評価は高い。氏は、福田と同時期に西ドイツの首相を務めたシュミット（Helmut Schmidt）が、福田ドクトリンを念頭に、「戦後（日本の）首相で世界を大きく動かす立派な理念を打ち出した人物」として、第一に福田の名前を挙げたことを指摘したうえで、「福田赳夫という人は、本当に戦争のない、軍事力のない世界秩序というものを考えていたのではないかという気がします」と回想している。「A級戦犯容疑者」の岸信介の直系の政治家で、概して「タカ派」として分類される福田を、氏がここまで評価するのは大変興味深いことである。また、鄧小平《とうしょうへい》など中国の大物政治家に対し、日本の歴代首相らが軒並み卑屈な態度を見せるなかにあって、福田だけが、「対等に話ができた」と証言している。明晰な頭脳を持ちつつ、飄々とした雰囲気を醸し出す福田に対し、氏は何らかの親近感を感じたのかもしれない。

そして、氏のアジア局での最後の大仕事が、一九七八年八月の日中平和友好条約の締結であった。氏は、「交渉の最大の争点は、反ソに徹する中国と、反ソとまではなれない日本との対ソ政策をめぐる調整の問題」であったと語り、「反覇権条項」とそれに関わる「第三国条項」の表記の問題が、交渉の最終段階まで重要な焦点となったと指摘している。また、この「反覇権条項」の問題以外では、一九五〇年に締結された中ソ友好同盟相互援助条約の破棄についても、相当重視していたようである。当時の中ソ対立の状況下、すでに同条約は有名無実なものとなっていたが、日本側としては、日本を敵視する条項が存在する同条約をそのままにして、中国と平和友好条約を結ぶわけにはいかなかった。一方、現在の日中関係で重要な争点となっている尖閣諸島の領有権問題については、交渉再開直前の一九七八年四月に中国の漁船が同諸島海域に侵犯行為を行ったにもかかわらず、日本側は終始この問題の争点化を回避していた。

しかしながら、自らが手がけた日中平和友好条約に対して、氏はその歴史的意義は認めつつも、やや複雑な気持ちで振り返る。氏によれば、もともと、一九七四年一月に大平外相が日中航空協定の交渉で訪中した時に、一緒に訪中していた条約局の担当者がアジア局に「何の断りもなしに」、日中条約締結を提案し、中国側がそれに乗ったというのが、そもそものこの条約交渉の始まりであったという。これに対し、アジア局としては、「今頃結んだら中国の思う通りになって、中国に押されるだけだから、日本としては今は結ぶべきではない」というのが本音であった。そして、氏は、中国側が同条約の「反覇権条項」を梃子に、東欧諸国とソ連との離間策に打って出るなど、対ソ戦略上の利益を得たのに対して、日本側は「何も得ていない」と評価すると同時に、反覇権条項の問題で難航した三年八カ月に及ぶ交渉を振り返って、「随分、無駄な時間と労力を費やすことになった」と語っている。それだけに、北京の条約交渉で、焦点の「第三国条項」が日本側の望む形でまとまって、園田直《すなお》外相ばかりか交渉団に加わっていた外務省幹部たちまでが感涙の涙にむせぶなかにあっても、氏は、「ただ向こう（中国側）が折れてきただけ」と冷静に受け止めるのみで、感激の輪に加わる心境にはなれなかった。

福田政権は、日中条約交渉を通じて、「全方位外交」を繰り返し唱え、この条約の締結が、日ソ・日米関係やベトナムの動向に影響を与えないことを強調した。日本は、米中両国の対ソ戦略に関わっていないことをアピールしたかったのであろう。氏自身も、条約交渉にあたって、冷却化する日ソ関係や対ソ牽制を念頭に急接近する米中関係、中国と対立し、ソ連に接近するベトナムの動きといった当時の東アジアをめぐる国際政治のダイナミズムについては、考慮の外であったと証言する。しかし、福田政権の主観的意図や認識はともかく、当時顕在化しつつあった「米中対ソ」の対立構図のなかでの日中条約締結は、事実上、米中両国に同調した面があることは否定できなかった。日米・日中・日ソ・日越というように、国際関係を二国間の枠組みで別々にとらえようとする日本外交の限界が、ここに如実に表れている。

5 大使時代

七年間の本省在勤の後、一九七八年十一月から、氏はユーゴスラヴィア、エジプト、中国の順で大使として赴任する。

ユーゴスラヴィアは、長い間チトー(Josip B. Tito)の強力な指導力の下で、東欧諸国のなかでも唯一ソ連から独立性を保ちつつ、世界の非同盟主義をリードした存在であった。日本外交の対米依存体質にかねてより飽き足らぬ思いを持ち続けてきた氏だけに、やはり、非同盟主義や非同盟諸国に強い関心を持って見つめた。そうした考えから、東京の本省に対して、「ユーゴスラヴィアをはじめとする非同盟諸国の動きに注目すべきだ」とする意見具申を行っている。ところが、本省は、非同盟主義に対してきわめて関心が希薄であり、氏の意見具申が生かされることはほぼなかった。特に、氏がユーゴスラヴィアに在勤する一九八〇年前後は、米ソ間のデタントが終焉して「新冷戦」と呼ばれる時期に入り、日本自身も「西側の一員」、「米国の同盟国」という自己認識を強めていく時であっただけに、非同盟主義に注目するという機運はいっそう乏しくなっていたのであろう。

そうしたなかで、一九八〇年五月、カリスマ的指導者であるチトーが死去すると、世界各国は国家元首級の人物を彼の葬儀に送り込み、実に「二十世紀最後の大喪服外交」が展開される情勢となった。氏は、国際社会における非同盟主義の重みに鑑み、「非同盟主義の動きは、日本が考えているよりもずっと国際的に重みがある」と、大平首相の葬儀出席を東京の本省に進言した。ところが、東京の反応は、「そんなものに、大平首相を出すことはない」と相変わらず感度が鈍かった。おりしも、大平は、米国、カナダ、メキシコを歴訪している最中であり、その帰途でのユーゴスラヴィア立ち寄りは齢七十の彼にとってはいささか酷ではあったかもしれない。さりながら、氏の意見具申を「ここは、中江大使の言う通りかもしれない。大平首相に回っていただくことを考えてみたらどうだ」と東京で真剣に受け止めたのが、大平の無二の盟友・伊東正義官房長官であった。伊東長官の説得により、大平は帰国の途上に非同盟の雄の葬儀に参列することとなった。各国が元首級を送り込むなかで、米国だけが元首を派遣しないで「恥をかいた」ことを指摘しつつ、氏は自らの建策が正しかったと意を強くして述懐するのである。

また、ユーゴスラヴィア在勤時代の氏は、つとめて北朝鮮の駐在大使との接触を行っている。「戦後処理でただ一つ残されたのが北朝鮮ですから、早く北朝鮮と関係を持ち、戦後処理を済ませることで、アジアにおける日本の立場をもっと自由なものにしたい」という思いからであった。むろん、性急に政治の話を持ち出すことはせずに、将来、北朝鮮との国交正常化交渉に向けた機運が高まる時に備えて、「いざという時に北朝鮮と話が通じるようにするため」という外交官同士の信頼関係醸成が、氏の行動の主眼であった。こうしたささやかではあるが、長期的な展望をにらんだ北朝鮮との接触を、次の任地・エジプト（一九八二年から）でも、引き続き試みるのである。

赴任の前年にあたる一九八一年にサダト（Anwar Sadat）大統領暗殺事件が起きたものの、エジプトでは、大使として、政治的には特に大きな仕事を抱えることはなかった。日本政府は依然、中東地域に対する系統立った外交を展開できていなかったのである。しかし、氏は、任期中、日本の経済協力の一環として、カイロにオペラハウスを再建する事業実現に奔走する。元来、「霞完《かすみかん》」のペンネームで、芝居の脚本を手掛けるなど、演劇に対する深い思いがあった。また、かつて、日本と東南アジア諸国との間で象徴的に見られた「モノとカネ」の関係に基づく経済協力のあり方に対し、かねてより、強い疑問を持っていたことも、オペラハウスの再建を通じた文化面での日本の協力を示す行動に、氏を駆り立てたのであろう。氏自身、台湾断交などと並んで、このオペラハウス再建事業を、自らの外交官キャリアのなかで最も誇るべき仕事として位置づけている。

そして、氏の外交官キャリアの締め括りが、一九八四年からの中国大使であった。一九七二年の国交正常化からすでに十二年が経過していたが、中曾根康弘首相と胡耀邦《こようほう》総書記と両国首脳間のパートナーシップが謳われるなど、「二千年の歴史で最良の状態」とすら言われるように、氏の北京赴任時の日中関係には異常なまでに楽観的なムードが横溢していた。

同年秋、胡耀邦の招きで日本から実に三千人の若者が北京に招待されたが、この両国間の青年交流の様子を見て、ある欧州の外交官が、「ついこのあいだまですごい戦争をした日本人と中国人がこんなに仲良くなるのは信じられないことだ。だから、この日中友好がどのくらい続くか見ものだ」と氏に語ったという。この外交官の言葉は、その後の日中関係の行方を暗示するものであった。実際に、翌年の一九八五年以降、日中関係は、「戦後政治の総決算」を掲げる中曾根首相の靖国神社参拝問題や教科書問題、防衛費対GNP比一％枠問題などが噴出し、悪化の傾向を強めていくのである。氏によれば、結局、当時の日中関係は、「本当に地に足が着いた、しっかりした日中友好でなく、上っ面の恰好だけの日中友好にすぎなかった」ことが露見したということであった。「三千人の若者が天安門広場に集まって、バーンと花火を上げて、ワーワー言って、友好関係ができるものではない」ということであった。

通常は冷静な語り口の氏が、外務省の一次史料の写しを片手に熱を込めて語ったのが、二十一世紀の現在まで日中関係の阻害要因として存在する、首相の靖国神社参拝問題であった。この問題について、氏は当初、「日本国内の司法・憲法上の問題なので、まさか外交問題になるとは思いもよらなかった」と語る。氏自身、「戦争で犠牲になった日本人の霊を弔うのは、憲法に別段違反しているわけではなく、日本人としてあたり前ではないか」という認識であった。ところが、一九八五年の終戦記念日に中曾根が参拝してまもなく、日中両国間の外交問題に転化してしまう。この理由について、氏は、日本国内の自民党政権に反対する勢力が、「基本的に自民党政権というのは反動でかつ軍国主義なのだから、参拝を認めては悪いのだ」という主張を展開し、これに対して、中国国内で呼応する勢力が出てきて、たちまち両国相互の国民感情を害する外交問題へと発展してしまったと振り返る。

この事態を打開するため、氏は、一九八五年十二月、『大地の子』の著者・山崎豊子とともに、胡耀邦総書記とのランチに臨んだ。実のところ、胡自身は、靖国神社参拝問題自体をそれほど問題視していなかったが、戦犯が祀られている靖国に日本の首相が参拝することへの反発が、中国国内の反日デモや暴動に発展してしまっている現状に困惑の表情を隠さなかった。共産党の最高ポストの座にあるとはいえ、最高指導者はあくまでも鄧小平であったし、党内では保守派の長老たちとの対立を抱えるなど、胡の政治基盤は決して盤石ではなかった。国内政治でのそうした脆弱性が、反日運動に対する困惑の表情となって表れたのである。それでも、戦争指導者のA級戦犯と上官命令で罪を犯さざるをえなかったB・C級戦犯とは峻別すべきだと主張する氏と、日中関係を大切にしたいと念ずる胡とのやり取りのなかから、一つの問題解決方法たりえる「A級戦犯分祀論」が出てくるのである。

この「A級戦犯分祀論」は、「戦後政治の総決算」路線と日中友好関係を両立させたい、中曾根の援用するところとなった。そこで、中曾根はA級戦犯の分祀を実現するべく動くが、東条英機元首相の遺族の反対をタテに、靖国神社の宮司が頑として肯首しなかった。A級戦犯の分祀ができない以上、中曾根には今後の参拝取り止め以外に選択肢は残らなかった。中曾根としても、日中関係を悪化させてまで、参拝を強行する用意はなかったのである。胡耀邦を困らせてはいけないという考えに基づく中曾根の選択は、胡を一時的に窮地から救うことにはなったが、結局、中曾根の首相在任期間の末期に差し掛かった一九八七年一月、胡は失脚に追い込まれてしまう。快活かつ開放的であるが、ややわきの甘い胡の政治手法もさることながら、その親日的な外交姿勢も、政敵からの攻撃材料の一つになったと見られる。胡の失脚後、北京での外交活動が「やりにくくなった」と氏は端的に答える。そして、靖国神社参拝問題は、以後現在にいたるまで、「良好な日中関係を喜ばない人にとって『格好のおもちゃ』」として独り歩きし、二十一世紀に入って、小泉純一郎首相の靖国神社参拝をめぐる喧噪につながったことは、我々の記憶にまだ新しい。

さりながら、靖国神社参拝を断念して日中関係のさらなる悪化を防いだ中曾根に対しても、氏の評価は高くない。氏の目から見ると、中曾根に「日中関係について特定の理念や政策、方法論」は見出せなかった。つまり、日中関係に対する中曾根の思いは、胡耀邦のそれに比して及ばず、「中曾根・胡耀邦パートナーシップ」といっても、内実は、「胡耀邦がいたために、日中外交というのは日本にとって恵まれた時代でした」の一言に尽きたのである。中曾根政権の肝入りで作られた「日中友好二十一世紀委員会」も、良好な関係の維持に役に立たなかったと断じている。

もともと、「ロン・ヤス」関係を強調しつつ、日米同盟関係を軸に日本の防衛力増強を積極的に推進し、国際政治において経済大国として相応の役割を果たしていくべきとする中曾根政権の外交に対して、氏は、「アメリカとの表面的な関係に終始し」ていると評すなど、かなり違和感を持って見つめていたようだ。この時期に中国側が日本の政治大国化に懸念を持つようになっていたことについても、中国が指摘する以前に氏自身が同様な懸念を感じていたと明かしている。

6 終わりに

氏が、中国大使時代の話をすると、時間的に最も現在に近いこともあって、知らず知らずのうちに現在の情勢について話が及ぶ。氏の見方によれば、軍備強化・政治大国化志向という意味で、一九八〇年代の「戦後政治の総決算」は、現在の自衛隊の海外派遣の問題や、北朝鮮のミサイルへの対応問題と同一線上でつながっているということなのであろう。

また、氏は、中国という国の正体を把握することの難しさを何度も強調している。その正体の把握しがたい中国との付き合い方の類型として、「分からないから腹を立てて喧嘩するのか、分からないけれど、喧嘩しないように努力していこうとするのかの違い」であると指摘する。氏は、「そうは言っても、日本では中国と仲よくしなければならないという考え方が、主流になった時期」がいつの間にか終わって、「あんな分からない国は突き放していい、日本が強くなればいいのだというような偏狭なナショナリズムが台頭」する時代に変わってきていると観察している。この見解に対しては、賛否両論さまざまな意見があろうが、ただ、確実に言えることは、氏が北京に大使として在勤した時に比べて、現在の日本国民の中国に対する感情が悪化していること、また軍事的な脅威に対しては軍事力でもって対応するべきだという意見が強まっていることである。氏の憂いが杞憂であることを、ただ祈るのみである。

また、第八章には、大使自身が自らの外交官生活を振り返り、総括した一文が掲載されている。ここに、外交官としての氏の基本姿勢や理念が凝縮された形で表れている。とりわけ、政治家と官僚との関係についての考察は、長きにわたり、政治家と相対してきた氏ならではの正鵠を射たものである。

さらに、本書では、中江要介大使への質問票、戦後外交史関連年表、中江要介略歴表、戦後外務省関連人事表を収録した。質問票は、質問者たちが大使へのインタビューに備えて、鋭意作成したものであり、第一―七章までのやりとりの土台となったものである。参考資料として活用していただきたい。

本書のタイトル中の「動と静」は、前出のカイロのオペラハウスの柿落し用に氏が作られたバレエ「動と静――アブシンベルの幻覚」から採っている。その意味は、エジプトは古来王権争いが繰り返されていた――これを「動」とし、そのなかにあっても民衆は灼熱の砂漠のなかで平然と日々の生活を送っている――これを「静」とするものである。つまり、たとえどのような王権（動）になろうと、民衆は悠久なるナイル川のように穏やか（静）であるのをバレエ「動と静」で表現したのである。氏が、この動と静の関係が外交にもあてはまるのではないかと考えていることが、このタイトルの由来である。

外務省の人事配置の仕組みというのは、把握しがたいが、氏のように系統立ったキャリアの積み重ねを経験した外交官は少ないのではないだろうか。一九六〇年代、ベトナム戦争渦中のサイゴンに在勤した後、七〇年代後半にアジア局長として、ベトナム戦争後における日本の対アジア外交の基本方針である福田ドクトリンの作成に関わった。また、一九七〇年代を通じてアジア局で台湾断交、日中平和友好条約交渉に携わった後、八〇年代に今度は中国大使として、蜜月状態が冷め始める日中関係を見守る役割を担うのである。それゆえに、この間の氏の軌跡をフォローしていくと、そのまま、日本の対アジア外交の歴史をひも解くことになる。読者の皆様には、ぜひこの「生きた外交史」を堪能していただきたい。

第1章　外務省に入省した頃
——入省、条約局配属、在フランス日本大使館、条約局第三課・第一課、インドネシア賠償協定全権委員代理、在ブラジル日本大使館時代（一九四七—六一年）——

第二次大戦終結からまもない一九四七年三月、米国のトルーマン大統領は、ギリシア、トルコに対する経済・軍事援助をイギリスから引き継ぐ際、共産主義の封じ込めの観点に立って、両国への援助を正当化したトルーマン・ドクトリンを発した。この演説により、大戦後に顕在化しつつあった米ソ間の対立にイデオロギー的色彩が加えられることとなった。さらに、共産主義の拡大を防止すべく、欧州諸国の復興を目的として、一九四七年六月に発表されたマーシャル・プランは、事実上、経済的に欧州を東西両陣営に分断する役割を果たした。その後のチェコスロヴァキアの共産化（一九四八年二月）、ベルリン封鎖（一九四八年六月—四九年五月）、その反作用としての北大西洋条約の調印（四九年四月）、東西ドイツの分断（西独成立が四九年五月・東独成立が同年十月）が生じ、一九四〇年代末までに欧州における冷戦対立状況はいよいよ動かしがたいものとなった。

このような冷戦状況は、一九四〇年代後半の時点で、アジアではまだ顕在化していなかったが、それでも、四七年末以降、米国の対日占領政策の重点は、当初の非軍事化・民主化から経済復興に移行していく。米国は、日本を自国の極東戦略の要に位置づけ始めたのである。その後、一九四九年の中華人民共和国の成立と、翌五〇年の朝鮮戦争の勃発が、アジアに対する冷戦の波及を決定的なものにし、米国の極東戦略における日本の重要性も急速に高まった。米国は日本に対して再軍備を要求する一方、日本経済はこの戦争の特需によって、復興の足がかりを得た。朝鮮戦争後、アジアでは米中両国が鋭く対立し合う状況が続く。

戦後日本の運命は、敗戦に伴う米国の単独軍事占領とその後に現出した米ソ冷戦対立構造により、その方向性が決定づけられたと言ってよい。一九五一年の講和会議にあたり、吉田茂首相は米国を中心とする自由主義陣営との「単独講和」の道を選択すると同時に、米国と安全保障条約を結ぶ。ここに、対米協調関係を基軸に、経済復興・発展に専心する基本路線――「吉田ドクトリン」が敷かれた。また、以後、日本国内の政治においても、二〇〇九年の政権交代まで、実に約六十年に及ぶ（一九九三―九四年の一時期は除く）、保守政党による統治が続くことになる。

一方で、吉田政権は、米国との関係を外交の基軸とする道を選択したことにより、当時、米国と鋭い対立関係にあった大陸の中国ではなく、台湾の蔣介石政府との講和を余儀なくされた。その後、一九五〇年代半ばに見られた東西間の雪解けムードを背景に、東側諸国にも外交的地平を拡大する努力が行われるも、日本外交の基本路線は変わることはなかった。他方で、一九五〇年代後半の岸信介政権時代、日本はインドネシアとの賠償交渉を通じ、東南アジアにおける日本の外交基盤の形成に着手した。

中江要介が外務省に入省したのは、実に冷戦が顕在化し始めた一九四七年であった。条約局を振り出しに、在フランス日本大使館、条約局第三課、同第一課の順で勤務を重ねる。そして、インドネシア賠償協定全権委員代理を務めた後、在ブラジル日本大使館勤務となる。

1　入省当時の外務省と吉田茂

外務省の雰囲気

中島　中江大使は、占領期の一九四七年に外務省に入省されました。当時の外務省の雰囲気はどういうものだったのでしょうか。また、首相時代の吉田茂[1]にはどのような印象を抱かれていたのでしょうか。今日では、吉田首相は戦後外交の路線形成に重要な役目を果たした人物として外交史で位置づけられています。もし、中江大使が、当時の吉田首相に対して特別な思い出がおありでしたら、そのあたりのことも併せてお聞かせください。

中江　だいぶ昔のことになりますね。私が外務省に入省したのは一九四七年ですから、もう六十年も

1　**吉田茂**（一八七八―一九六七年）　事務次官、駐英大使などを経て、一九四六年五月に首相就任。その後一九五一年一月からの講和交渉に臨んだ。同年九月八日、サンフランシスコで対日平和条約と日米安全保障条約に調印した。

経っていて、どれくらい覚えているかはっきりしないのですが……。

外務省の雰囲気ということですが、私は、外務省に入ったばかりの頃は外交官になれただけで嬉しくて、外務省自体がどういうところなのか、外交政策というものがどのように議論され、決定されていくのか、そういった問題意識は特に持っていなかったです。それだけ私が、若造だったということでしょう。ただ、そのなかで私なりに、多少なりとも印象に残っていることがありますので、もしご参考になるようでしたらお話ししていきます。

ご承知のように、外務省は日本が戦争に負けたことで、外交の必要がなくなってしまいました。というのは、戦後、日本は連合軍に占領（一九四五—五二年）されましたので、この間の対外問題は全部占領軍がやったわけです。私の外務省入省時は、日本の主権はまだ回復されていなかったわけですから、今後、日本外交をどうやっていくのか、あるいは日本の外交はかくあるべきだとか、そういった議論はなかったのです。何しろこれからの日本がどうなっていくのかもよく分からなかったし、日本が国際社会で一主権国家として、権利義務を回復できるのかもよく分からなかったからです。そういう時代でしたから、当時外交官試験を受ける人は稀でした。「お前は、日本の外交がないのに、いったい何をするつもりで外務省に入るんだ」と言われているようなものでした。

つまり「外交のない時代の外交」ということになりますが、その頃の外務省の仕事とはどういうものかというと、日本は戦争に負けたのですから、これから講和条約を締結して、主権、独立国家として国際社会から認められるような地位を回復していかなければならないわけです。ですから、当時の外務省の雰囲気は一にも二にも「講和条約」、「平和条約」でして、講和発効のための準備が主な仕事であり、関心事でした。

外務公務員法の設立

私は入省してすぐ条約局[2]に配属されました。条約局でも、どういう平和条約を結ぶのか、みんな熱心に勉強していました。私が担当した仕事は、外務公務員法（一九五二年三月三一日法律第四一号）でした。講和条約が発効して独立国になると、当然外交使節を交換しなくてはなりません。我が方から大使を出しますと、相手の国からも外交官が来ます。それで、外交関係が成り立つのです。外交官には、大使や公使、参事官、一等書記官、二等書記官、三等書記官、それに外交官補、領事官、領事、副領事といったいろいろな職種があります。では、外交事務を担当する国家公務員は、どういう身分が保証されるのだろうかという問題が出てきたのです。

当時、一般の公務員のための国家公務員法はすでに準備されていました。それとは別に外務公務員法を作ろうという声があがったのです。それで外務公務員法を作ることになって、私も担当者の一人に加わることになったのです。これは、とても重要な仕事になりました。

2　**条約局**　一九一九年に設置。機能局の一つで、条約の締結、解釈、実施などに関する業務を担当していた。その重要性から、外務省における「ゴールキーパー」とも言われた。二〇〇四年八月の機構改革によって国際法局となった。

外務公務員法を作るためのキャップになったのは、大野勝巳[3]大使でした。大野さんが中心になって、外務公務員法の勉強会が始まりました。その頃の議論には面白いものがたくさんありました。その一つが、外務公務員は国家公務員かどうかという議論でした。外務公務員は、外交をやるという意味では、ほかの国内官庁の公務員とは違っています。ですから、「国家公務員法の特例ではない、国家公務員法とは別立てで外務公務員法を作るべきだ」というのが、外務省内の多くの意見でした。ところが、そのほかの国家公務員法を扱っているところでは、「何も違いはないではないか」と言うのです。「外務公務員だって国家公務員なのだから、国家公務員法の制約の下でやればいいだろう、何も外務公務員法だけ特別法にする必要はないだろう」というのが大方の意見だったのです。内閣法制局でも、それこそ一カ月ぐらい議論を重ねました。「外交という仕事は、大蔵省など国内官庁の仕事とは質的に違っているのだ。国を代表して、外で日本国のために仕事をするのだ。だから外務公務員は、日本国内で仕事するほかの公務員とは根本的に違うのだ」という議論をしたのです。

そういうわけで、外務公務員法の法律案を内閣法制局に出した時も、外務公務員法の名前がどういう意味を持つかについてかなり議論しました。「国家公務員法の特例としての外務公務員法ではなく、独立した外務公務員法である」ということを内閣法制局に納得してもらうため、三週間か四週間くらい毎日朝から晩まで議論しました。

3 **大野勝巳**（一九〇五—二〇〇六年） 外務省管理局長、総務局長、政務局長、事務次官、駐英大使などを歴任した。

それから、吉田茂首相について少々お話しておきます。吉田さんは、私のような入省してまもない者には、まったく関係のない人物ともいうべき存在でした。永田町の首相官邸や内閣と、外務省との関係については、当時はほとんど考えたこともなかったし、今から思うと不思議なことですが、首相は何を考えているのだろうとか、外相はどうしているのだろうとか、では官房長官はどうなのだろうとか、そういったことは全然考えたこともなかったです。何しろ講和条約が発効されていないのですから、これから日本の外交がどうなっていくのかも判然としていなかったです。ただ、ぼやっとした将来の日本の外交を、漠然ながらも頭のなかに置いていただけで、日々の執務の時は、日本の外交政策や外交関係について具体的に考えることのほとんどない、そういう時代でした。

吉田茂の外務省定員削減発言

中江　吉田首相が戦後外交の路線形成に重要な役目を果たしたというのは、後付けの話だと思うのです。当時彼が何をやっていたか、どういう外交を考えていたか、私たちは想像もしなかったし、話題にも出なかったです。今から思うと、極めてのんびりしていました。「バカヤロー解散」[4]の話ぐらいは、みなさんもご存知でしょうか。国会で首相が「バカヤロー」と言って、それが原因となって解散せざるをえなくなった発言です。

4　**バカヤロー解散**　一九五三年二月二十八日、吉田茂首相が衆議院予算委員会で「バカヤロー」と発言したことがきっかけとなり、三月十四日に内閣不信任案が可決された。同日吉田首相は衆議院解散を決定し、四月十九日に総選挙が行われた。

吉田さんがどういう人物だったかというと、これは誰もが「ワンマン　ワンマン」と言っていたように、要するにワンマンそのものでした。実際に彼は、大変我が儘でした。もともとあまりうだつの上がらなかった外交官であった吉田さんが、敗戦の結果、ひょっこり政治家になって、そして首相になって、サンフランシスコ平和条約（あるいはサンフランシスコ講和条約。本書では、以下サンフランシスコ平和条約と表記する）の締結のためにサンフランシスコまで乗り込んでいったという、そのくらいの感じでした。現在のように系統だって物事を考えたうえで、首相を評価するような時代ではなかったですから。吉田さんがいくら我が儘で勝手なことばかり言っていても、「けしからん」と言っても始まらなかったし、みんなで日本外交を盛り立てようとしている時に、「吉田が邪魔だ」とも言えなかったのです。かといって、「よくやっている」とか、そういう意識もまったくなかったです。

ただ一つ、吉田さんが外務省に対して悪いことをしたと思うことがあります。それは、外務省の定員を抑えたことです。これは、外務省にとっては「最大の悪」ともいうべき、マイナス要因となったのです。それというのも、平和条約が発効されて日本が独立国となり、各省が復活して仕事をするようになると、定員の問題が生じてきます。人と金がないと、よい仕事ができないからです。予算の方はともかく、定員問題をどうするのかが、まず重要でした。

戦後の外交は、まったく外交がないところから発足するわけですから、たくさん外交官が必要になります。いろいろな国に、大使以下十数人から二十人、三十人、四十人と派遣しなければならないのです。そうなると外交官の定員が当然足りなくなってきます。私の同期生だって、採用は六人ですからね。一年でたった六人ですよ。私の一年前が七人ぐらいで、一年後も六人でした。採用は毎年その程度でした。今のように三十人も、四十人も採らなかったのです。ですから、外務省の人間が足りなくなることは明らかで、相当の人数を獲得しないと、外交が再開された時に間に合わなくなってしまうのです。それで、外務省の定員を拡張しなければならないという意識が、外務省内のみんなにありました。

にもかかわらず、吉田さんは、各省の人員に関する議論の時に、「わしのところはそんなにいらんよ」と言ってしまいました。そのために、外務省の人員がすごく減らされることになってしまい、みんな内心怒りと不満でいっぱいでした。発言したのが吉田さんですから、それを批判して再考を促すこともできずに、あのワンマンがそう言ったらもうおしまいだ、という諦めに近い雰囲気になってしまいました。

戦後の外務省が長い間定員不足で悩んだ一番の原因が、この吉田さんの身勝手な対応にあったのです。彼の外務省定員削減発言で、一番喜んだのは大蔵省だったと思うのです。吉田さんは、「じゃあもう、外務省は半分ぐらいでいいや」といい加減なことを言ったばかりに、結局外務省は非常に少ない人員の数から出発することになってしまったのです。その後、外務省は毎年定員増を要求していくのですが、大蔵省には前年度の何％増しとか、そういう増え方しか頭にないのです。例えば今年度の各省の定員が三％増だとすると、外務省は小さい分母の三％増しですから、いくら三％増したところで、元が少ないので充分には増えないわけです。それで、外務省は長い間定員不足に悩んだのです。

私が外務省にいた最後の頃は、イタリアの定員が目標でした。日本もせめて、イタリアの外交官の数ぐらい持ちたいと、大蔵省に何度も要求したのです。それで、ようやく少しずつ増えていくというぐあいだったのです。最近になってやっと、よその国と同じぐらいの人員が揃うようになったのではないでしょうか。定員を増やすために実に無駄な労力を払いました。方々に根回しをしたり、陳情したりしたのです。そういうわけですから、吉田茂首相が戦後外交の路線形成に重要な役割を果したと言われても、外務省の定員問題という一面からいえば、全然逆の評価しかできないのです。

外務省条約局

楠　中江大使のご経歴では、条約局での勤務が比較的長いようです。中江大使が配属された当時の条約局には、平和条約準備の中心となった西村熊雄条約局長[5]や藤崎万里さんがいらっしゃいました。はじめに当時の関係者についてお聞かせいただきたいのと、それから、条約局には特定の政策的傾向があったのか、また条約局と他の部局との関係はどうだったのか、併せてお聞かせいただけないでしょうか。

中江　条約局は、長い間外務省の中枢部分でした。今では組織もだいぶ変更されたようです。大蔵省の主計局と同じように、外務省の条約局にはエリートというか、優秀な人材が集まっていました。条約局の言うことには相当な重みがありました。地域局と意見が違ってくれば、条約局の意見が重く見られるというのが一般的な評価でした。

外務省のなかではもちろんですし、外から見てもそうでした。経済問題で通産省などと話をしていて

5　**西村熊雄**（一八九九―一九八〇年）　サンフランシスコ講和会議に全権団随員として出席。その後フランス大使、ハーグ常設仲裁裁判所裁判官などを務めた。著書に、『サンフランシスコ平和条約・日米安保条約』（中公文庫、一九九九年）など。

も、向こうは「それで条約局は、何と言っているのですか」と言ってくるのです。「条約局もこれでOKですか、じゃあこれで行きましょうか」という感じで、条約局の意見が非常に重要視されていた時代でした。

条約局は、当時一課、二課、三課に分かれていました。その後、条約課、国際協定課、法規課に代わりましたが、そのなかで法規課が条約の解釈については一番権威がありました。なお、他の部局と解釈が違うことはほとんどなかったのですが、もしそうなれば、条約局の解釈が最優先されたのです。私は最初、条約局の国際協定課にいたのですが、その後法規課、当時の条約三課に移りました。条約三課の主な仕事は、法規課という名前が示すように、国際約束の解釈や考え方を学問的に勉強して、意見を出すことでした。いわば日本外交の国際法的な側面での弁護士のようなことをやっていたのが、条約三課でした。そういう意味では、法規課はアカデミックで、難しいことを言っていました。ちょっと口先だけで誤魔化してしまう、悪くいえば、そういうことも仕事だったのです。

例えば他国と大陸棚の紛争になって、国際司法裁判所で争う必要が出てきた時とか、そのほかの国際法上のいろいろな問題が出てきた時に、条約局の法規課が日本政府の立場を守るために相手政府と論争するわけです。私が法規課長を務めていた頃の具体的な例を一つ挙げますと、オーストラリアとの間でアラフラ海の真珠貝紛争[6]というのがありました。これは、オーストラリアのアラフラ海で真珠貝がとれ

6　**アラフラ海真珠貝漁業紛争**　アラフラ海（オーストラリア北岸とニュー・ギニア島南西岸との間の海域）での日本船の白蝶貝採取をめぐる日豪間の対立。両国は一九五三年に国際司法裁判所に付託することで合意したが、結局別途話し合いにより解決した。

るのですが、日本がその漁場を荒らすような漁業をやっているというので、アラフラ海における日本の漁業権益を守るか、守らないかが大変な論争になり、国際司法裁判所にまで行くことになりました。こうした他国との国際法上の論争を担当するのも、条約局法規課の仕事でした。

条約局の政策的傾向は、特にありません。条約局が政策を作るということではなく、各地域局が政策を作るにあたって、その法的裏づけが欲しい時に、「これはどういうふうに説明したらいいか」、「相手はこういうふうに言っているが、日本はどういう論法で戦えばいいか」というように、地域局が条約局に意見を求めてくるのです。言ってみれば、各地域局が条約局に教えを請う関係にあったと思います。サンフランシスコ平和条約、日米安全保障条約、日米の行政協定、日華平和条約、これらはいずれも条約締結ですから、条約局の仕事になります。西村条約局長がサンフランシスコ平和条約を担当したのですが、彼の後に下田武三さん、高橋通敏さん、それから藤崎万里さんといった優秀な人材が次々に条約局長になっています。

当時覚えていることといえば、サンフランシスコ平和条約と日米安全保障条約の問題です。その後一九六〇年代に、西村さんが『平和条約の締結に関する調書』(全八巻)[7]を書かれましたが、この調書のことを少々話しておく必要があります。サンフランシスコ平和条約というのは、戦後の日本にとって

7 **『平和条約の締結に関する調書』** 講和交渉当時の条約局長だった西村熊雄が、後年、平和条約の準備作業および交渉経緯を詳細にまとめたもの。外務省編纂『日本外交文書 平和条約の締結に関する調書』第一―第五冊(外務省、二〇〇二年)として刊行されている。

は原点になる条約ですから、非常に大事だったわけです。この条約のためにいろいろな法律論争を重ねながら、準備資料の作成にあたっていました。

それはほとんど極秘で、我々のようなヒラの事務官はまったく読むこともできないものでした。準備資料は、限られた人数で作られました。「日本はどういう講和交渉をして、交渉はどのようにまとまったのか」、それまでそのようなテーマでまとまった報告書はなかったのです。このままだと将来によくないというので、西村さんが編纂されたのがこの調書です。私はまだこれを見たことがないのですが、こういうものが作られたということは聞いて知っていました。今では、閲覧できるようです。

このサンフランシスコ平和条約の締結で非常に印象に残ったものとして、私が外務省に入って最初にショックを受けた出来事がありますので、ここでご紹介しておきます。

平和条約の交渉が終わって、全権団、吉田さんと随行員が東京に帰ってきてから、西村さんのサンフランシスコ平和条約についての報告会がありました。そこで西村さんが、サンフランシスコ平和条約の締結過程や、その内容と意味について一通り、あたり障りのない表向きの報告をしたのです。その場で西村さんは、「併せてこの際、アメリカとの間で日米安全保障条約というものを締結して、これが抱き合わせになって、戦後の日本が独立していくことになるのです」と、ちょっと外向きに、格好のいい報告をしたのです。

気骨の人芳賀四郎

報告が終わって、西村さんが「何かご質問はありますか」と言ったら、「局長！」と、大きな声で手を挙げた人がいました。芳賀四郎さんでした。芳賀さんは、当時条約局の参事官だったと思いますが、組織上は西村さんの下にいました。芳賀さんは、「西村条約局長の話には納得できません」と反論したのです。

芳賀さんの意見は、「サンフランシスコ平和条約はともかく、それと抱き合わせの日米安全保障条約は、日本に外国軍の基地を置き、日本の防衛を外国の軍事力に大きく依存する考え方だ」というものでした。芳賀さんは、「そういう考え方で、日本が戦後独立を回復するのは、自分としては納得できない。そういうことをすれば、日本は独立国とは言えないではないか。外国に軍事的に占領されているような国は、十分な主権国家とは言えない。だから日米安全保障条約は、日本としては認めるべきではない。そういうものはやめて、サンフランシスコ平和条約だけでいいではないか」と、大議論を展開されたのです。

これは、私にとっては我が意を得たというか、「そうだ、芳賀さんの言う通りだ」と心から思いました。国として考えた場合、まったく芳賀さんの言う通りだと思います。そういうこともあって、私は芳賀さんにすごく注目して、やっぱりかくあらねばならぬ、外交官として国の独立を守っていくには、これぐらいの覇気というか、志気がなければ、という印象を持ちました。

芳賀さんには、『国際連合憲章の解説』[8]という本があります。講和が発効して日本が国際社会に復帰し、一番みんなが注目したのは国際連合でした。つまり、日本は先の国際連盟で失敗しています。国際連盟から脱退し、勝手なことをして戦争に負けたのです。それで、「新しい国際社会を組織していくための、平和のための枠組みは国際連合だ」ということで国際連合に注目したのです。この本は、戦後の日本で出版された国際連合に関する一般的な書物でした。図書館には必ずあるでしょうから、国際連合について勉強される人は、今でもこの本を読んでいるのではないでしょうか。当時は総合的な最初の研究書であり、しかも権威があると言われていたので、だれもが読みました。これは、国際連合が出している『年報（Year Book）』という毎年一年間の国連の仕事をまとめた本があるのですが、その最初の頃に出たものをほとんどそのまま翻訳しています。芳賀四郎の存在は、この『国際連合憲章の解説』という大きな本によって、知る人ぞ知るところとなったのです。

芳賀さんは、外務省の条約局のなかに「芳賀研究会」というプライベートのグループを作りました。毎日、昼食が終わった後の十二時半もしくは十二時四十五分ぐらいから昼休みを利用して、心ある若手の外交官が集まり、国際連合のことだけでなく国際法や条約、さらに講和条約の問題、国際法上の問題について勉強していたのです。昼休みになると、ごそごそと本を持って出ていく人たちがいるなと思っていたら、ある人から「あれが芳賀グループだよ」と知らされました。でも、私は芳賀グループに入れ

8　芳賀四郎編『国際連合憲章の解説』（日本外政学会、一九四九年）。

てもらえるような身分でもなかったので、ただはたで見ているだけでした。その芳賀グループのなかから、優秀な外交官が何人も出ています。

芳賀さんはその後、一九六一年六月カンボジアの大使に就任しましたが、ちょうどその頃、ベトナム問題が厄介なことになっていました。日本は当時の北ベトナムとの外交関係が持てないという状況になっていたのです。それで外務省は、ベトナムにおける日本の利益代表をカンボジアに在勤する日本大使に委託することになったのです。

ベトナムと外交関係がなくなり、大使不在になってしまうと、ベトナムで何か事件が起きた時、日本の立場を弁明することや、日本の立場でベトナムと交渉することができなくなってしまいます。そこで、カンボジアの日本大使を、ベトナムにおける日本の利益代表として認めることで合意しておけば、カンボジアの日本の大使が、ベトナムとの話し合いを日本政府の名において行うことができるわけです。こうした経緯から、芳賀大使が日本政府の名において、ベトナムとの交渉ができる立場にありました。

ところが、ここから先は私の記憶の覚束ないところもありますが、当時、「ベトナム政府の立場を日本政府はどう評価するのか」と、問われる問題が起きました。それに対して日本は、「ベトナムの考え方をそのまま認めるわけにはいかない、むしろベトナムに対して批判的な回答をベトナム政府にしなければならない」ことになって、日本政府はカンボジアの芳賀大使に訓令を出したのです。「あなたは日本政府の利益を代表しているのだから、ベトナム政府に対して、こう申し入れなさい」と。

ところが芳賀大使は、本来なら黙って、カンボジアの日本大使として、日本政府の名においてベトナム政府に訓令通り返事すべきところを、「自分はこの日本政府の回答には承服できないから、訓令であっても、ベトナム政府にはそのような返事はしない」と、訓令違反を犯してしまったのです。つまり芳賀大使は、ベトナム政府に対して日本政府の立場を明らかにするという外交手段を取らず、訓令に背いたことになります。それで、日本政府は、「訓令を守らないというのなら、そんな大使は駄目だ」と、芳賀大使をクビにしてしまいました。

当時、私は条約局にいて、利益代表の問題に関心があったので、この一件についてはとても印象に残っています。芳賀大使は、ベトナムに対する利益代表の任務を訓令に反して果たさなかったため、カンボジア大使をクビになってしまいました。この芳賀大使の訓令違反は、西村さんの報告会で、「サンフランシスコ平和条約が日米安全保障条約と抱き合わせになっているから日本の完全な独立にならない」と異論を唱えたことと、相通ずるところがあります。芳賀大使は、非常に筋を重んじる理論家で、しっかりした先輩でした。

近年話題になりましたが、約六千人のユダヤ人にビザを出した杉原千畝《ちうね》[9]さんというリトアニアの副領事がいました。彼の場合も本省の訓令は、日独伊三国同盟に至る過程でドイツの立場を擁護しなければならないという日本の立場からすれば、ドイツが極めて強く反対しているユダヤ人を助けるようなこと

9　**杉原千畝**（一九〇〇―八六年）　リトアニアの在カウナス領事館時代の一九四〇年、ユダヤ系避難民に対してビザを発給し、約六千人のユダヤ人を救ったとされる。一九四七年六月に外務省を退職。一九八五年、イスラエル政府からヤド・ヴァシェム賞を贈られた。

コラム①——戦後日本外交におけるアジア

第二次世界大戦後の日本外交の特徴は、一般的に、①対米関係重視、②経済復興優先、③防衛力の漸進的整備といった点からとらえられる。これらの起源は、講和交渉にのぞんだ吉田茂首相の外交方針にさかのぼることができる。冷戦という状況の下、吉田政権期以降も、日本は第一にはアメリカとの関係を重視した。

他方で日本外交は、アジア諸国との関係をどう再構築するのかという問題に直面した。日本にとって、アジア地域との経済関係は戦後も重要な意味を持っていたし、アジアに対する強い親近感も日本人のなかには存在していた。この点、吉田の外交方針はアジア外交に対する明確な方向性を示したものではなかった（吉田のアジア観については、中西寛「吉田茂のアジア観——近代日本外交のアポリアの構造——」『国際政治』第一五一号、二〇〇八年三月、一八—三五頁）。吉田は、西側諸国との講和を実現に導いた一方、野党政治家から「向米一辺倒」と批判されることになった。

日本とアジア諸国との間には、戦後処理の問題やイデオロギー対立の問題が存在していた。とはいえ、アジア諸国との関係が断絶したままでは、当然日本外交は立ち行かない。こうして日本は、冷戦構造の影響を強く受けながらも、アジア諸国との関係回復・正常化の問題に取り組んだのである。

アジア外交のあり方は、実際には、戦前・戦中と同じく戦後においても日本外交の重要課題となった。中江要介は、冷戦期の日本のアジア外交の最前線で活躍した外交官である。韓国や中国との関係正常化の過程における興味深い内幕は、本書で中江要介が証言している通りである。アジア外交の局面から戦後日本外交をとらえ直すことは、現在の日本外交がアジア諸国とどう向き合うべきかという問題を考えるうえで、重要な材料を提供してくれるように思われる。

（中島琢磨）

はすべきでないというものでした。したがって、杉原さんのやったことは訓令違反という理由で、彼は戦後日本に帰ってきて外務省を辞めることになりました。

ところがその後、どういうわけか杉原さんは、ユダヤ人を守った人権外交の鏡であるかのごとく持ち上げられ、当時の外相であった河野洋平さんが、わざわざ杉原さんの奥さまを呼んで、「あの時の外務省は旦那さんをクビにして申し訳なかった」、「あの方がやったことは立派だった」と言って、表彰することになりました。

私は、それが本当にいいことであったのか、芳賀さんと比較して何かおかしいと感じながら、この一件を考えることがあります。芳賀さんは自分の信念を通して訓令を守らず、クビになりました。しかし、杉原さんはドイツとの約束に反するようなことをやったにもかかわらず、「ユダヤ人の人権を尊重した」ということで、それがまるで美談であるかのように扱われました。要するに、芳賀さんと杉原さんの訓令違反をどう扱うかで、外務省は必ずしも筋が通っていなかったということを、私は申し上げたいのです。

楠　その芳賀さんが質問された報告会というのは、外務省内の報告会でしょうか。

中江　外務省内の報告会でしたから、聞いていたのは外務省の人間だけでした。

楠　それで、西村条約局長はどのように答えられたのでしょうか。

中江　苦い顔をしていました。西村さんは佐賀県出身で、葉隠というわけではないですが、非常に硬い人でした。いかにも頑固一徹という感じでしたね。西村さんもいろいろあったと思うのですが、要するに吉田さんに忠実な部下の一人でした。吉田さんに一番忠実だったのは、後に外相になった岡崎勝男[10]さんだったでしょうか。岡崎さんは吉田ワンマンの片腕というほどでもなかったと思うのですが、それでもよく吉田さんにくっついて歩いていました。

西村さんはまじめ一徹な方ですから、サンフランシスコ平和条約を締結することが非常に大事だと思い、条約局長らしくきちんと勉強して仕事をこなしてこられたと思います。ただ、西村さんは、「日米安全保障条約でアメリカの言いなりになる日本」を受け入れていいのかどうか、そういう政策的な判断はしなかったのです。つまり、西村さんは、「吉田さんがやるって言うのなら、自分は忠良なる役人として、言われた通りにやるより仕方がない」と考えていたのではないかと、私には思われました。

② 吉田茂とY項パージ

服部　当時の外務省に、吉田派、反吉田派というようなグループはあったのでしょうか。また、いわゆるY項パージ[11]に遭った外務省員は、何人ぐらいいたのでしょうか。藤山愛一郎の回想録では山田久就《ひさなり》

10　**岡崎勝男**（一八九七—一九六五年）　外務省調査局長、終戦連絡中央事務局長官、外務次官などを経て、一九五二年四月に外務大臣に就任（第三次吉田内閣）。

11　**Y項パージ**　当時首相だった吉田茂が、恣意的な人事などで敵対者を追放したとされるもの。Yは吉田の頭文字。

さんや曽禰益《そねえき》さんがＹ項パージに遭った人物として出てきます。[12]

中江　外務省内に吉田派とか反吉田派があったのか、そういう色づけをして判断したことはなかったです。そういうことに興味もなかったし、意識もしなかったので何とも答えようがないです。ただ、現在言われているような派閥というものは、当時の外務省にはなかったと思います。むしろ省内には、吉田茂のワンマン振りを苦々しく思っている人の方がたくさんいました。そのワンマン振りの最たる例の一つが、先にも申し上げた「外務省の人員は少なくてもいい」という余計な発言です。そしてもう一つがＹ項パージと言われるもので、「あいつは駄目だ、あいつはクビだ」と言って人事に介入したことです。

曽禰さんはやがて社会党に入りましたが、党とは主義主張が違ったようです。山田久就さんは失言が多い人でしたが、ふざけ方がちょっと面白く、どことなく愛嬌があったので、外務省のなかでは人気がありました。二人が吉田さんに嫌われていたかも知らないので、山田さんや曽禰さんがＹ項パージに遭ったかどうかは分からないです。

私が知っているＹ項パージは一人だけです。結城司郎次《しろうじ》という我々の先輩で、大使でした。結城美栄子さんという女優がいらっしゃいますが、あの方は結城さんのお嬢さんです。結城さんは非常に人間的な魅力があって、我々の間では人気がありました。結城さんがスウェーデンの公使をしていたのはサン

12　藤山愛一郎『政治 わが道 藤山愛一郎回想録』（朝日新聞社、一九七六年）二四、四八頁。

コラム②——外務省における吉田茂

高坂正堯の「宰相吉田茂論」以来、吉田茂が戦後日本の発展の土台を築いたとの評価はおおむね定まった。では、戦後初期に外交官生活をスタートさせた若者の眼に、吉田はどのように映っただろうか。

研修中の新米外交官を吉田が首相官邸に招待し、フルコースのディナーをふるまいつつ自在に外交談義を繰り広げたことを、入省当時の思い出に挙げる外交官は多い。座談の名手として知られた吉田のお喋りから、彼らは外交官としてのあるべき姿勢を感じ取ったのである。むろん、日本全体が貧しいなかでめったに口にすることのできない豪華な食事も、大きな魅力だったに違いない。

中江要介の語る吉田茂は、こうした像とはやや異なっている。本文中に示されるように、中江は吉田を「ワンマン」と呼び、外務省に害をなした人物であると断じてはばからない。吉田が外務省の人員削減を引き受け、その後長きにわたって外務省が人手不足に悩む原因を作ったためである。また、意に沿わない外交官を追い出したこと（いわゆる「Y項パージ」）にも、中江は批判の目を向けている。より本質的には、条約局で条約を扱う外交官としての職業的訓練を受けた中江から見て、外交官としては傍流を歩み、大局は押さえるが細かい点には頓着しないという吉田は、異質な存在であったのかもしれない。

人員削減に関する限り、吉田を責めるのは酷であろう。一九四九年に断行された行政整理は、政府全体で二十三万人を削減するというすさまじい規模であった。行政の長として、吉田は外務省を例外扱いにはできなかったと思われる。一方、好悪の情の強い吉田とその権力に吸い寄せられる人々の側近政治が、外務省内に閉塞的な空気を作り出していたことは事実のようである（大野勝巳『霞ヶ関外交』日本経済新聞社、一九七八年）。「Y項パージ」はその最たるもので、公職追放をめぐる総司令部との折衝が吉田の逆鱗に触れ、外務省を追われて社会党へと走った曾禰益はとりわけ有名である。中江の証言は、吉田という強烈な個性とリーダーシップの負の側面を余すところなく伝えていると言えよう。

（楠綾子）

フランシスコ平和条約の発効後でしたが、それまではストックホルムの在外事務所長として勤務していました。まだ日本に外交権がない頃でしたが、在外事務所が海外の方々にあって、講和発効後にスウェーデンにも公使館ができて、結城さんはスウェーデン公使に就かれました。

その頃、私はパリにある日本大使館にいました。結城さんがY項パージに遭ったのは、吉田さんがヨーロッパに外遊した時でした。スウェーデンのストックホルムで、大使主催の吉田茂首相歓迎パーティーが大使公邸だったと思うのですが、あるいはホテルだったかもしれませんが、どちらかでありました。そのパーティーで結城さんは、パーティーがまだ終わらないうちに、「ほかにもう一つ外交約束があるから」と、姿を消してしまったというのです。それを知った吉田さんは、「何、そんな奴は駄目だ」と言って、結城さんをクビにしてしまったのです。これが結城さんのY項パージというもので、当時頻繁に話題に上がりました。そのことを覚えている人が、まだ生きているかどうか。外務省のなかでも、今はいないかも知れないですね。私が覚えているY項パージは、この結城さんだけです。

服部　Y項パージという言葉は、当時からあったのでしょうか。

中江　ありましたね。Y項パージは外務省に限らず、国内政治全般に及んでいました。何しろ、吉田さんは首相でしたからね。気に食わない奴はどんどんクビにしてしまう。どうしようもないワンマンで、みんなに恐れられていました。

普通ワンマンの側近には、言葉は悪いですが、ゴマ摺り坊主みたいな人が必ずいるでしょ。ある種の側近で、権力を笠にしたような人です。外務省関係では、すでに亡くなった北沢直吉代議士がそういう感じでした。外務省では、秘書官をしていた杉浦徳さんや御巫清尚《みかなぎきよひさ》さんもそうです。みんな吉田さんが怖いので、秘書官に取り入ったり、その秘書官を使って工作したりするので、秘書官自身もまるでワンマンみたいに偉そうなことを言うようになって、顰蹙《ひんしゅく》を買うことがしばしばあったようです。

特に杉浦さんは、そういうことで、みんなから避けられていたようです。でも、本人は得意で、自分が吉田さんの代理のように「それは駄目でしょう」と、さも首相みたいなことをおっしゃっていました。なかには、秘書官の好き嫌いとも思えるようなことで、Y項パージに遭った人もいたのではないでしょうか。秘書官と喧嘩してクビになってしまった人や左遷された人、良いポストから外された人たちがたくさんいたようです。私は下っ端でしたから影響はなかったのですが、それでも、もう杉浦さんの顔を見るのも嫌だと思う時期があったくらいです。そんな状況でしたから、幹部の人は秘書官には随分気を遣っていたと思うのです。

そういう一連のワンマン人事をY項パージと言ったのです。外務省の職員や政治家ばかりでなく、何かにつけてもあったと思います。大河原良雄大使がご自身の本で書いていることは[13]、大体その通りだと思います。要するに、吉田さんは非常に貴族主義的なやり方で、外務省の人事を左右したのです。「行政改革で定員を抑えた」と大河原さんが書いていますが、私も同感です。

---

13 大河原良雄『オーラルヒストリー 日米外交』(ジャパンタイムズ、二〇〇六年)九九—一〇〇頁。

３ 日華平和条約

服部　吉田内閣は、日華平和条約[14]によって台湾と国交を樹立するわけです。台湾承認に当って、アメリカからの圧力が大きかったと見るのか、あるいは吉田自身の主体性によるところが大きかったと見るべきなのでしょうか。また、日華平和条約の適用範囲が大陸に及ぶか否かについて、吉田首相と西村熊雄条約局長などの間で考え方の違いがあったのか、これらの点はいかがでしょうか。

中江　それはアメリカの圧力によるもので、吉田さんが反共だから台湾を承認したわけではないと思います。吉田書簡は有名ですが、ダレスからの圧力がありました。要するにその頃から、日本外務省はアメリカに対して頭が上がらず、卑屈な態度をとったと、私たち若い事務官は思いました。

日本は、アメリカの極東戦略から「中共は駄目だ、北京は駄目だ、もし国交正常化して、講和条約を結ぶなら台湾だ」と強く要求され、それに吉田さんが従ったのです。そうは言いながら吉田さんは、日華平和条約のなかの地域適用範囲の限定に関する書簡（交換公文）だったと思いますが、その適用範囲は蔣介石政府の主権が及ぶ範囲内であり、また将来主権の及ぶ地域に限るという、つまり日華平和条約の適用範囲は中国全土には及ばない、適用する範囲は台湾、澎湖《ほうこ》諸島だけだと限定したのです。

14　**日華平和条約**　一九五二年四月二十八日に日本と台湾の間で締結された講和条約。この条約で台湾は、日本に対する賠償請求権を放棄した。その交換公文では、条約の適用範囲が制限されている。

吉田茂首相と西村熊雄条約局長などの間で考え方の違いがあったかどうかとのことですが、そういう発言が何かあったという記憶もないですし、西村さんがどういう考え方を持っていたのかもよく分からないです。ただ、適用範囲を限定したのは、「実は、吉田茂は中国大陸の北京と平和条約を結ぶべきだと考えていた」とよく言われていますが、石井明先生が「どうも吉田さんが、中国との平和条約は北京と結ぶべきであると考えていたらしい。それゆえ、台湾と結ぶけれども、その適用範囲を限定した。だから賠償とか請求権など、地域限定内でしか蔣介石側には権利を認めない。やがて日本は北京と平和条約を締結するという考えがあったのではないか」という内容のことを、石井先生の論文（『記録と考証　日中国交正常化・日中平和友好条約締結交渉』に所収）のなかで書かれていたと思います。

私は当時のことを詳しく知らないのですが、日華平和条約は、新しい憲法のもとでちゃんと国会の承認を得たものです。衆議院、参議院の国会の承認を得たうえで批准をし、そのうえで台湾の中華民国政府との間で批准書の交換を行い、効力を発生したものです。そういう意味では、国際条約としては正規の手続きを踏んだものですから、きちんとした平和条約であり、インチキでもごまかしでもない、立派な平和条約です。条約的にも、手続き的にも、法律的にもちゃんとしたものです。

にもかかわらず、日中正常化の時に「大平談話」[15]みたいなものを出して、「あの条約はもう存在の意義を失って、もう終わったというのが日本政府の認識であります」と、日華平和条約を没にするのは

15　**大平談話**　田中角栄政権の大平正芳外相が、一九七二年九月の日中国交正常化に際して、日華平和条約の失効を発表したもの。

間違いです。「大平談話」のように、日中正常化がなり、共同宣言が出終わった後の記者会見のなかで、「ひと言、つけ加えます」と独り言みたいな言葉が飛び出して、「あの条約はもうないんだ、無効なんだ」と、そんな軽率な条約の廃棄の仕方はないはずです。国際的な信義にも悖《もと》ります。もし破棄するのであれば、きちんと手続きを踏んだうえで、「あの条約は効力を失ったのだ」ということを国会に報告し、国会でそのことについて同意を取りつけなければいけないというのが、私の考えです。

それはともかく、先ほども申し上げた通り、日華平和条約を結んだ時に適用範囲を限定したのは吉田さんでしたが、その条約を台湾と結ぶことにしたのはアメリカの圧力によるものだったと思います。

4　変動する中ソ関係と外務省

中ソ関係についての見方

神田　一九五〇年代から六〇年代にかけて、外務省は中ソ関係[16]の展開をどのように観察していたのでしょうか。吉田首相は五〇年代から、「中国とソ連の関係は今は一体かのように見えるけれども、いず

16　**中ソ関係**　一九四九年の中華人民共和国成立前後には「一枚岩の団結」を掲げていた中国とソ連であったが、両者の亀裂は五〇年代後半から拡大し、六〇年代に入ると、その対立は公然のものとなった。

れは必ず対立をするだろう」と主張していました[17]。外務省内には、それとは逆に、「中国とソ連はそれほど簡単に対立はしないだろう」という見方はどれくらいあったのでしょうか。

中江　中国とソ連については、外務省のなかではっきり専門化されていました。今のジャーナリズムですと、中国スクール、ロシア・スクールとでも言うのでしょうか、派閥と言うほどのものでもないと思うのですが、外務省のなかには中国とソ連をそれぞれ専門にやっている人たちのグループがありました。メンバーは、それぞれ戦後の中国やソ連だけでなく、戦前からの中国、ソ連を勉強している人たちでした。しかし、彼らが、中ソ関係はどうだろうとか、中ソ関係をどうしようとか、両者で話していたというのを聞いたことはなかったですね。おそらくそういった検討はしていなかったと思います。

ただ、中国もソ連も当時は共産主義国でしたから、外務省のなかでも、容共か、反共かという違いはありました。吉田さんは共産主義が嫌いで、反共でした。外務省内では一般に、「中ソが一緒になって、コミンフォルムで世界の共産主義が一つになり、世の中を牛耳ろうとしている」といった、いわゆる共産主義脅威論というものがあって、その雰囲気が強かったと思います。

しかし、中ソ対立が始まってから、両国の関係が今後どのように展開されていくのかを話し合ったということも、私が現役の頃、耳にしたことはなかったです。後になって、ああ、あの時のことがそうだったのかと分かることもありましたが、当時の外務省のなかでは、中国を勉強している人、ソ連を勉強

17　吉田茂『回想十年　第一巻』（新潮社、一九五七年）二六六頁。

している人、両者とも悪い意味で秘密主義であり、彼らには、自分たちが勉強している中国ないしソ連のことは、簡単にお前たちには教えてやらんぞという雰囲気が強くあったように思います。そういうことからも、中国スクール、ロシア・スクールの人たちは、外務省のなかでは、ある意味、冷たい目で見られていたと思います。

つまり、中ソ一枚岩か、中ソ対立か、という問題は、後になって、それこそみなさんのような学者や研究者の先生方がいろいろ分析、分類して、系統的に書いたり、議論を立てたりされたのではないでしょうか。

ロシア・スクール、中国スクール

井上　今、ロシア・スクール、中国スクールというものがあると言われているとのお話がありましたが、中国政策に関わった外交官をみますと、中江大使はフランス語がご専攻でしたし、また橋本恕《ひろし》中国課長も英語がご専攻で条約局にいらっしゃいました。お二人を例にとってみても、戦後の重要な中国政策の形成に携わった方々は必ずしも中国語が専攻でなかったことが分かります。このあたりに何か特別な理由や背景が戦後のある時期まであったのか、この点はいかがでしょうか。

中江　そういうことはなかったと思いますよ。ジャーナリズムが面白おかしく、何とかスクールと言っていますが、公務員の世界というのは、みなさんが考えているほど簡単なわけでもないです。とりわけ戦後の新憲法下の公務員は、まさに公務員そのものであり、サーバントでした。スクールというものが仮にあったとしても、そのスクールの力でどうこうできるわけでもありませんから。仮にスクールというものがあるとすれば、今ちょっと言われたロシア・スクールがそれにあたるのでしょうか。あるいはソ連スクールとでも言うのでしょうか。ソ連派、ロシア派というのは、昔から外務省のなかにあって、ソ連が共産主義であることから目立ち、ソ連を勉強して理解のある人たちに対しても、彼らはどうも共産主義に同情的ではないか、という偏見めいたものがありました。それで、ソ連派というのはどちらかというと、煙たがられ、嫌われ、警戒されるところがあったのです。しかし、そうでないことは、実際にはみんな分かってはいたのですが。

私や橋本さんが中国大使になったのは、単にほかに人材がいなかっただけで、大使の任命に特別な理由や背景、あるいはきちんとした基準というものがあったわけではないです。中国語ができるからよし、できないから駄目ということはないです。なぜなら、中国語ができたから、日中関係に特別貢献できたという大使は、初代の大使であった小川平四郎さんを除いていなかったでしょ。

服部　中国大使を自ら志願することはあるのでしょうか。

中江　そういうことはないですよ。大使のポストは、なりたいからといって、なれるものでないことはみんな知っていますから。

服部　小川平四郎が駐中国大使になった時は、本人が志願されたと聞きますが。

中江　小川さんは勉強家でしたし、人柄もよかったので、異論はなかったのでは。

神田　お話からすると、外務省内ではどちらかというと、中国とソ連を一体として見る雰囲気が強かったということでしょうか。

中江　中ソ一枚岩と見ていたかどうかは分からないのですが、中国はソ連に牛耳られているという受け止め方があったのかもしれません。当時日本人は、一般的に中国を戦勝国として見ていたわけではなく、「日本が中国をやっつけて勝ったのだ、中国は戦敗国だ」ぐらいに思っていました。それに対して、今でもそうですが、ロシア脅威論がずっとあって、「ソ連は手強い、悪い奴だけど強い、嫌いだけど強い」と感じていたのです。要するに怖いのはソ連であって中国ではなかったので、中国脅威論というのはほとんどなかったのです。中国よりもむしろその背後にあるソ連共産主義のアジア侵略に対する警戒が必要であると、考えていたわけです。

神田　外務省内の各部局間で比較しますと、特にアジア局は、「中国は、いずれソ連から離れるだろう」と考える傾向が強かったような印象を受けるのですが、この点はいかがでしょうか。

中江　そうだったと思います。どうしてかと言うと、アジア局は伝統的に、早く中国と国交正常化をしたかったからです。いつまでも台湾にこだわっているのはおかしい、という考え方でしたから。他方、欧亜局のなかは西欧課と東欧課で分かれていて、西欧課の方は、いわゆる西ヨーロッパの自由主義的な考え方で、アメリカとほとんど同じような立場にいました。しかし、東欧課のソ連グループは、非常に不気味な存在であると思われていたのです。「何かソ連のことを勉強して、我々の知らないことをやっているのではないか、ソ連を勉強している人は、ソ連と同じようにちょっと厄介で、不気味な人たちではないか」と疑いの目で見られていました。

また、アジア局が中国との国交正常化を望んだ背景には、ソ連との関係を考慮した結果というよりも、むしろ日本人のなかに中国に対する畏敬の念があったからだと思います。中国というのは非常に長い歴史を持ち、文化も凄いし、日本は中国から随分、いろいろ学んできたというものです。戦争中には中国人を蔑んでいましたが、そういう中国人に対する気持ちと平行して、我々日本人は中国人からいろいろなことを教わったという気持ちがあって、一時は交流も盛んでした。中国人には偉い人もたくさん出ています。そういう中国に対して、一種の文化的な憧れを持っている人が結構いたのだと思います。ただ、同様の憧れはロシアに対してもあっていいわけです。ロシア文学は実に素晴らしいでしょ。芸術、バレエ、オペラだって、ロシアはいわゆるスラブのいろいろな伝統を持っているのです。

少し話が脱線しますが、民族の文化的な評価というものと、外交がどのように関連しているのかを勉強したら、面白いテーマになると思いませんか。検討に値する分野だと私は思うのです。つまり、日本には、根っから中国を嫌う人もいますが、他方で、決して中国人を馬鹿にしてはいけない、中国は立派な文化を持っているのだと、中国を大好きな人もいます。そういうものと外交が、どのように結びついているのかを考えると、とても興味深いものになっていきます。

5 インドネシアとの賠償交渉

闇の金

服部　インドネシア賠償に関する中江大使のご論考[18]のなかで、一九五〇年代後半の経緯について触れられています。この交渉に中江大使は、どのように参画されたのでしょうか。また、インドネシア賠償の特徴はどこにあるとお考えでしょうか。そして、岸信介首相の基本方針はどこにあったのでしょうか。インドネシア賠償に限らず、岸信介について何か印象に残っていることがございますか。それから、財界人の小林中《あたる》が特使となった背景についても、何かご存じでしょうか。

中江　岸さんや小林さんが暗躍した頃というのは、暗躍は言い過ぎでしょうか、確か私は、当時条約局にいたのかな。アジア局でのインドネシア賠償の話し合いでは……、あらかじめいただいた資料のなかにあるようなことはなかったように思うのですが、私が『時の法令』にそう書いているのでしょうか。

服部　そうです。

中江　そうですか。本当だ。「岸・スカルノ会談では賠償金が二億二三〇〇万ドル」、「貿易債権は棒引きで了解があった」とありますね。どうしてこんなことを書いたのか。

服部　ご参考までに、これがご論考です。

中江　証拠を突きつけられてしまいましたね。「条約局一課中江要介」と、確かに私の署名がありま

18　中江要介「インドネシアとの平和条約、賠償協定等」(『時の法令』第二七九号、一九五八年)二九―三三頁。

す。やはり、私は条約局にいたのですね。

インドネシアとの賠償交渉は、「闇の金」の話ばかりでした。インドネシアと賠償協定を結んで、その賠償にあやかって金儲けしようと、経済界の面々が虎視眈々と狙っていて、そういう薄汚い交渉が多かったという印象が強く残っています。岸さんには、A級戦犯容疑だったからなのか、どことなくそういった影がつきまとっていて、いつも汚いものがくっついている感じでした。それも裏金話のようなものが多かったですね。

このインドネシア賠償交渉の最後のところで、インドネシアの何という名前だったかな……。そう、スジョノ、スジョノと言いました。彼が、小切手にした端金をちょんとポケットに入れておいて、それを渡す場面があったのです。端金を小切手にして現ナマで渡すのですが、要するに、賠償協定に端金がついて回るわけです。そういう表に出ない裏金交渉みたいなものが、インドネシア賠償の時にあって、国会でも随分議論され、追及されました。

それに絡んでいたのが木下商店という会社で、賠償交渉をやると木下商店系統の圧力というのか、関与、干渉が非常に強かったです。もう一つは、賠償協定の相手に渡る巨額資金を、当時の東京銀行をはじめ、どこの銀行口座に保管するかということも争いの一つでした。

服部　今は合併された三菱東京UFJ銀行ですね。

中江　昔の横浜正金銀行の流れから、当時は東京銀行が取り仕切っていました。東京銀行は、賠償がらみの何億ドルというお金を、自行のジャカルタ支店に何とか入金しようとするわけです。賠償交渉になると、東京銀行と木下商店が関心を寄せて、賠償交渉の報告電報まで、いろいろ便宜を図ってくれるのです。そういったいわゆる裏交渉の場面がいくつかありました。

私は条約局条約課の事務官でしたから、しっかりした条約を作ることに専念しました。それでだと思うのですが、私には薄汚い政治というものがあまり耳に入ってこなかったです。

岸さんの基本方針はどのようなものだったかと言いますと、これは私の邪推かも知れないのですが、日本の経済界と暗黙の了解があって、その影響を受けながら政治が行われていたのだと思うのです。小林さんがやったのも、それと同じようなことだったと思います。

新聞報道と国益

中江　ほかにもう一つ賠償交渉に関することで申し上げたいのが、新聞報道についてです。賠償交渉という名のもとに、国民の税金を勝手に弄んだ感じがするからです。インドネシア賠償で「二億二三〇〇万ドル」の数字で交渉している時に、新聞に「二億五千万ドル」、「一億五千万ドル」と、勝手な数字を挙げられたのです。そして、その日の交渉が終わると、「今日の交渉で日本はインドネシア側に二億五千万ドルを提案したようだ」と新聞に書かれるのです。
インドネシア側はその新聞を見て、「日本は二億五千万ドルぐらいは出せるんだな」と判断して、明くる日の交渉になると、今まで「二億二千万ドル」と言っていたのが、「二億五千万ドル、二億四千万ドルくらいにしよう」と主張してくるのです。日本の新聞報道のいい加減で、無責任とも思える数字が交渉額をせり上げてしまったのです。私は、賠償ではこれまでにも随分無駄な金を払っているように思えてならないのです。

それで、朝日新聞社に紙面審査委員会というのがあって、私は一時その委員を務めていましたので、新聞の報道と国益の問題を取り上げていただいたことがあります。日本の新聞報道が、時には国益を害するほどの影響を及ぼしているということを伝えたかったからです。報道に関わる人たちには、報道の内容によっては、日本国民の税金を必要以上に賠償に支払うおそれもある、ということを知っていただきたいと思いましたので、朝日新聞の紙面審査委員会で議論したことがあります。

私自身がインドネシアとの賠償交渉のどこに参画したかと言いますと、藤山愛一郎外相と一緒にジャカルタに出張して、最後の詰めをやりました。その時は事実上、公使の高木公一さんが交渉に当りました。金額問題を除けば、普通の条約交渉をきちんとやれたと思います。

インドネシア賠償の特徴を挙げるとすれば、やはりお金の話になってしまいます。賠償交渉が岸さんや小林さんのような日本の政財界の連中の弄ぶところになったということですね。私は、そのことを苦々しい思いで見ていたことが、今でも忘れられないです。

6 日伯移住協定交渉

若月 大使はブラジルの首都リオデジャネイロにある日本大使館にいらっしゃった時、日伯移住協定交渉に携わっていらっしゃいます。当時のことについてお聞かせください。

中江　最近でこそあまり話題にならないですが、戦後日本外交が再開された頃は、中南米といえば必ずと言っていいほど「移住問題」が口に出てきたものです。

折々移住問題が問題となったのは、「明治維新後のハワイ移民に始まって、明治後年になると移民先は北米中心に、そして一九二四年の排日移民法の成立によって日本人排斥運動が盛んになると移民先は南米に転換し、第二次世界大戦前には日本人移民の数は一七〇万人に達しました。それが敗戦後の一九五二年に南米移住が再開されると、大半はブラジル移民で、彼らはコーヒーやトウモロコシの栽培に従事しました。その頃、日本人移民を輸送するいわゆる移民船としては、一九五四年から就航した「ぶらじる丸」や五八年から就航した「あるぜんちん丸」が有名でしたが、両船とも六四年に一般貨客船に改装されています。

戦後再開された日本人移民は、日本の農業の現状に飽き足らず一攫千金を狙って一旗揚げて、大儲けをしようとの夢を懐いて太平洋を渡ったケースが多く、ブラジル移民を運んだ第一船「笠戸丸」の話は有名です。このように日本人移住の主流は、農業移住でした。

このような背景のもとで、私が一九五二年からの最初の在外任地であるパリから五四年に帰朝して外務本省の条約局に勤務している時、第二番目の任地としてリオデジャネイロにある日本大使館勤務がオファーされたのでした。この人事の因って来るゆえんのものは、当時日本はブラジルとの間で日伯移住協定の締結交渉に入る段階になっており、偶々条約畑に長く勤務していた私が、条約締結の知識と経験があるからと、白羽の矢が立てられたようでした。

そこで早速、日伯移住協定交渉の中身を勉強してみたところ、日伯双方の間にかなりの思惑の違いがあることに気づきました。それは、日本側では先に述べたように移住の主流であった農業移住を中心に、移住者の募集、選考、教育、輸送、入植、支援という一連の処置の充実を図ろうとしていたのに対して、ブラジル側では自国の経済発展を視野において、農民のほかに技術者の導入をも促進し、広義の日本人移住の拡大、強化、充実に役立たせる協定にしようという期待がありました。

さらにこの交渉で最も手間取ったものに、用語の問題がありました。というのは、ブラジル側では、「移住者の募集、選考、オリエンテーション、支度金の支給、輸送、現地への入植、便宜供与、支援、アフターケア……」という一連を「流れ（current）」としてとらえ、この「移住の流れ」という表現に強くこだわったところ、日本側では、国際条約の用語として「流れ」などという表現は馴染まないとして、強硬にこの用語に抵抗したのです。

この難交渉にあたったのは、日本側はリオデジャネイロにある日本大使館の石井喬《たかし》参事官（後にサンパウロ総領事やパラグアイ大使を務めた）で、ブラジル側はブラジル外務省のイルマ・ペーニャ・マリニョ移住局長でしたが、通訳には日本大使館の現地採用職員の成富小一郎《こいちろう》（弁護士）さんがあたりました。ここで特記しておきたいのは、成富さんの通訳がブラジル語（ポルトガル語）の知識・能力で卓越していたばかりではなく、人格・品位においても大変立派であったことが、いかに交渉の妥結に貢献するところが大であったかということです。

さて、移住の流れという表現についての決着は、最後に私の一時帰国にまで発展し、当時の外務本省の高橋通敏条約局長の「ここは中江の顔を立ててやろうじゃないか」の一言で決断が下され、右の表現を受け入れて解決を見たという次第でした。

このようにして日伯移住協定は見事に妥結成立したのですが、折々、『移民』という事業は、「『移民』は『棄民』ではないぞ」という抗議があったことの示すように、取り扱う対象が「モノ」ではなくて「ヒト」なので、大変難しい、慎重かつ特別の配慮を必要とする仕事でした。その頃、日本では、日本海外移住振興と日本海外協会連合会（両者は一九六三年に統合して「海外移住事業団」を発足）がこの仕事を取り仕切っていました。さらにその担当者が日本大使館に派遣され、現地のさまざまの問題、特に厄介なトラブルに対応しました。大使館で移住担当官だった私も、数知れぬ困難な問題の処置に直面し、この「移住」問題の複雑な姿に多くのことを学んだことを想起します。

なお、ブラジルという国全体については、当時、日本大使館に出向していた大蔵省出身の書記官が「このような万事いい加減で締まりがない国は、とても永続きする見込みはない、経済的にみると、そのうち破綻を来すこと間違いなしだ」と未来について極めて悲観的な評価をしていたのに対して、私は「否、現状から見ると、そういう悲観説に傾きがちだが、この国は長い目で見る必要がある。この国の大きさ、天然資源の豊かさ、人口の多さなどを勘案すると、私見では、この国は二十一世紀の国という気がする。来世紀になると、ブラジルはかなり巨大な国になっている可能性があると思う。あまり侮らない方がいい」と反論したことを鮮明に記憶しています。二十一世紀に入った今、ブラジルという国の現状を見ると、当時の私の予想は決して間違っていなかったことが証明されているように思います。

そのブラジルの首都リオデジャネイロでは、二〇一六年にオリンピックが開かれることに決まったのです。それも、わが東京を破ってのことです。

第2章　国連を舞台にした大国の攻防

――在ニューヨーク国際連合日本政府代表部二等書記官・一等書記官時代（一九六一―六三年）――

一九六〇年代初頭は、米ソ関係の緊張が非常に高まった時期であった。六〇年五月、米国の偵察機U2機がソ連上空に侵入し、撃墜される事件が発生する。フルシチョフ首相は、同事件発生から二週間後にパリで開催された米ソ英仏の四カ国首脳会議の会合を利用して、アイゼンハワー大統領の公式謝罪を求めた。ところが、アイゼンハワーが公式謝罪に応じなかったため、フルシチョフは四カ国首脳会議を流産させ、大統領の訪ソ招請を取り消した。

そして、一九六一年に新たに大統領に就任したケネディは、ソ連に対する力の優位を確立するべく、米国の核・通常両戦力の拡充を急いだ。同年六月には、ウィーンでフルシチョフと初めての、そして最後の会談を行った。両首脳は、核実験の禁止やベルリン、第三世界をめぐって激しい応酬を繰り返した。その後、八月のベルリンの壁の建設をめぐって緊迫した米ソ関係は、双方の核実験の応酬によってさらに悪化していった。

このように、米ソ関係が緊迫の度合いを強めるなかで、一九六二年、世界が核戦争の瀬戸際に立つ事態に行きつくことになる。カストロ国家評議会議長率いるキューバの革命政権が、米国が軍事力を使ってでも自分たちを転覆してくることを懸念して、ソ連に自国へのミサイル配備を求めたことがその発端であった。十月、米国はU2偵察機によってソ連のミサイル配備の事実をつかむと、ケネディはキューバの海上封鎖を発表すると同時に、ミサイルが発射された場合は、ソ連からの対米攻撃と見なし、ソ連に報復すると宣言した。ソ連がすでにキューバに核弾頭を持ち込んでいたことから、米国の対応いかんによっては核戦争に発展する可能性が高かった。しかしながら、ケネディが、トルコの米ミサイルとキューバのソ連ミサイルを同時に撤去することを提案し、フルシチョフがそれを受け入れたため、キューバ危機は収束を見た。

キューバ危機をめぐって、当時の日本外交が何か働きかける余地はほとんどなかった。他方で、池田勇人政権は、日米協調関係の枠内で、中国との関係打開の道を探った。ここで問題となったのが、国連中国代表権問題であった。この時期、中江要介はニューヨークの国連代表部に勤務し、キューバ危機や国連中国代表権問題を肌で体感することとなる。

［1］国連の雰囲気と日本の立場

中島　一九六〇年代初頭、中江大使は国連の日本政府代表部にいらっしゃいました。当時の国連の雰囲気や国連での日本の立場についてお聞かせください。

中江　国連代表部時代で印象に残っていることが二つあります。一つが一九六二年のキューバ危機[1]です。これは日本とは直接関係がないのですが、国際場裡では、米ソが核戦争に発展するかもしれないという大きな危機に直面したのです。キューバ危機の時、私はちょうど国連代表部のあるニューヨークにいました。アメリカの代表が有名なスティーブンソンで、ソ連の代表がゾーリンでした。十月二十五日に開かれた国連安全保障理事会（安保理）での、スティーブンソンとゾーリンのやり取りは、まるで芝居を見ているようなものすごく緊張した面白い場面でした。

ソ連からキューバに向けて、核兵器など重要な機密兵器と目される荷を積んだ船が、どんどん大西洋を渡っていきます。スティーブンソンは、その兵器がキューバに上陸した時は、その兵器はアメリカに対する攻撃に使われるのではないかと、安保理の場でソ連を非難したのです。スティーブンソンはキューバにあるソ連の機密兵器基地のパネルを持ち出し、「この写真を見ても分かる通り、ソ連の船が

1　**キューバ危機**　一九六二年十月十四日、米偵察機がキューバ国内に建設中のソ連のミサイル施設を撮影、アメリカは二十二日にキューバの海上封鎖を発表した。二十八日にソ連がミサイル撤去に同意し、米ソの軍事衝突は回避された。

ここまで来ているのが確認できよう、この基地に何かを運ぼうとしているに違いないぞ」とソ連を糾弾したのです。安保理の傍聴席にいた私は、アメリカはやるなと思いました。

それに対してゾーリンがどのように応じたかというと、これがまた面白いところで、彼はまったく臆することなく、けらけらっと笑って、「スティーブンソンさん、あなた、ここをどこだと思っているのですか。ここは、安保理ですよ。ここは裁判所じゃないのですよ」と言って、それでおしまいなのです。私は、ゾーリンという人はすごい外交官だと思いました。彼は、安保理は、そんな証拠を突きつけるようなことをして、お前のところは罪があるとかないとか、そんなことを言うところではないだろう。ここはちゃんとした話し合いでやっていくところですよと、話をうまくそらしたのです。スティーブンソンとゾーリンのやり取りは、まるで千両役者が演じる芝居そのものでした。国連時代では、このキューバ危機の時の国連安保理での両者のやり取りがとても印象に残っています。

安保理では、アメリカはいつもそんな感じです。「こんな間違いがある、お前のところはこういう悪いことをしているだろう」と証拠を突きつけ、「どうだお前、これでも認めないつもりか」と偉そうなことばかり言うのです。それに対してソ連は、「へえー」と話をそらせ、そういう喧嘩にはまるで乗ってきません。こうしたアメリカとソ連の対立のやり取りが方々でありました。国民性の違いもあるとは思うのですが、アメリカにはアメリカ流のやっつけ方があり、ソ連にはソ連流の逃げ方があるということですね。

キューバ危機の時のその晩は、ワシントンはもちろん、アメリカ全土で国民がテレビに釘づけになりました。何しろいつ核戦争になるかと、世界中が緊張した時ですからね。最後はケネディ大統領の決断と、ソ連が折れたことで、事態が収まっていくわけですが、私個人にとっても非常に興味深い勉強をさせてもらいました。

このスティーブンソンとゾーリンのやり取りが、一九七二年の日中国交正常化の時の台湾とのやり取り、つまり椎名悦三郎特使と蔣経国行政院長の会談[2]でのやり取りと私自身の中で重なってくるのです。どういうことかと言いますと、大きな交渉で決め手になるのは、結局のところ役者の問題だということです。交渉も芝居と同じで、「大体もう行き先が分かってくると、どのようにうまく話を収めていくかは、結局のところ役者次第だ」いう印象を持っています。その最初の教訓が、このキューバ危機でした。

2　一九六一年の国連中国代表権問題

中国か台湾か

中江　もう一つ印象に残っているのが国連中国代表権問題です。これも役者の問題でした。当時の日

2　**椎名悦三郎・蔣経国会談**　日中国交正常化直前の一九七二年九月十七日から十九日にかけて、椎名悦三郎自民党副総裁が日中国交正常化の方針を説明するため首相特使として台湾を訪問した。九月十九日の椎名・蔣会談については、石井明・朱建栄・添谷芳秀・林暁光編『記録と考証　日中国交正常化・日中平和友好条約締結交渉』(岩波書店、二〇〇三年)一三三―一四三頁。

本の国連代表部の大使は岡崎勝男さんで、外相は小坂善太郎さんでした。この国連中国代表権をめぐって、日本は「重要事項指定」決議案[3]でいこうではないかとなったわけです。それは当時、鶴岡千仭《せんじん》大使が国連局長であったことと切っても切れない関係にありました。

鶴岡さんはカトリックでした。それで当然と言えるかどうかは分かりませんが、要するに反共でした。鶴岡さんは共産主義を嫌い、「中国代表権は北京にやるべきではない。蔣介石の台湾でいいのだ」という先入観、固定意識がとても強い方でした。それで鶴岡さんは、北京の代表権が認められることだけは何としても避けたいと一生懸命になっていました。

そうした鶴岡さんに、アメリカが乗っかったのです。アメリカも反共ですから、何とか台湾の議席を守り、北京の議席は認めたくなかったわけです。そこで何か名案はないものかと思案していたところに、鶴岡さんが「重要事項指定」決議案を持ち出したわけです。この案が鶴岡さんとアメリカ側との話し合いのなかで出てきたものなのか、真相は分かりませんが、いずれにしてもアメリカは「そうだ、そうだ、これがいい」と同調したのです。それで日本とアメリカは一緒になって、この「重要事項指定」決議案のPRを進めることになって、いろいろな国に働きかけていきました。

この時の外務省の考えは、先ほども少し触れましたが、アジア局では「そんなにむきになることもないだろう」というぐらいの立場をとっていました。中国共産党は、たとえ台湾や澎湖諸島には手が届か

3 **「重要事項指定」決議案** 中国代表権の変更を、総会の三分の二の賛成を必要とする「重要事項」に指定する決議案。事実上、北京の加盟を阻止するものであった。

ないとしても、大きな中国大陸をほとんど制圧している。もうこれだけの実力を備えているし、しかも多くの国から認められている。アジア・アフリカのＡＡグループや中南米の発展途上国、低開発国と言われるグループからも同情されていて、「そろそろ北京を認めてやってもいいのではないか」という雰囲気が世界中で盛り上がっていたのです。外務省のなかでも、「もう世の中がそういう雰囲気になっているのに、どうして日本だけがアメリカと一緒になって、中国を認めないために、台湾の議席を守るために奔走しなければならないのか」と、そう思った人はたくさんいたと思います。

とはいえ、省内には「鶴岡さん、あなたの言っていることはおかしいです。もうこの際、中国の代表権を認めたらいかがですか」と、口に出してはっきり言えるほど、勇気のある人はいなかったのです。結局、鶴岡さんが工作した「重要事項指定」決議案は、アメリカや日本のほか、一応少なからざる国の支持によって承認され、その後十年ぐらいは持ちました。一方、中国の代表権問題を認める決議案は通りませんでした。

しかし、一九七一年に「逆重要事項指定」決議案と、さらに三分の二を必要としない妥協案も出されましたが、両方とも潰れて、ついに中国の代表権が認められることになりました[4]。

その時の日本の外相は福田赳夫さんで、国連代表部や、特に国連局は最後まで「勝てる」と言っていましたが、アジア局は「いや絶対に勝てない。もう負けるよ」と言っていました。この最後の段階で、

4　**一九七一年の国連総会**　「台湾の追放」を「重要事項」に指定する決議案（「逆重要事項指定」決議案と呼ばれた）と、大陸・台湾双方の議席を認める「二重代表制」決議案が提出されたが、どちらも可決には至らなかった。

国連局とアジア局との意見が食い違いました。結局アジア局の言った通りになって、中国の代表権が認められることになり、台湾は追い出されることになったのです。国連局は「絶対に大丈夫です」と、大見得を切ったのですが、票読みを間違って負けてしまったわけです。代表権問題が決着した経緯は、大体こんなところです。

質問票には、「『重要事項指定』決議案は、……小坂や外務省幹部によって発案された」と書かれていますが、小坂さんご自身が著書でそう書いていらっしゃるのでしょうか。[5]

神田 小坂外相の著書には、当時の島重信外務審議官がこの案を起草したとあります。

中江 そのなかに鶴岡さんのお名前は出ているのでしょうか。

神田 出ていません。

中江 では、小坂さんが書いているのは、おそらく東京での話であって、ニューヨークでの話ではないのでしょう。日本のなかで強く支持する人がいたのは事実ですが、「重要事項指定」決議案を日本が出したアイデアと言えるのか、それを日本が積極的にやったのかとなると、実際は今、私が申し上げた程度のことだったと思います。

神田 最初に「重要事項指定」決議案を思いついたのは、鶴岡局長だったのでしょうか。

中江 鶴岡さんであったかどうか、はっきりしないです。少なくとも鶴岡さんが一生懸命やったこと

5　小坂善太郎『あれからこれから——体験的戦後政治史』(牧羊社、一九八一年)一六一—一六四頁。

だけは間違いないです。鶴岡さんに知恵を授けたのは、おそらく国連局だったのではないでしょうか。国連局は一貫して台湾寄りでしたから。国連局の人も鶴岡さんにいろいろと言ったのでしょう。

「重要事項指定」決議案と米英

神田　小坂外相の著書によれば、この「重要事項指定」決議案の目的は、一つには台湾の議席を守るというものですが、そのほかに中国問題をめぐるアメリカとイギリスの対立を回避するという目的もあったとされています。それまではアメリカが進めていた「棚上げ」決議案にイギリスが賛成して可決されていましたが、イギリスがいつまで賛成するか分からなかったため、米英の対応が分かれてしまう可能性があったと考えられたのでしょうか。

中江　それは理屈としては面白いかもしれませんが、そこまでの考えはなかったでしょう。中国が建国宣言をした時に、イギリス[6]をはじめとして西ヨーロッパでも、早速中国を承認した国がいくつもありました。西ヨーロッパの国では、もう中国大陸が中華人民共和国のものになることを承認して、その中国と関係を持っていった方が有利だという判断があったのだと思います。アメリカはそうではなく、一貫して共産中国に反対しました。

確かに今おっしゃったように、アメリカとイギリス、あるいはアメリカと西ヨーロッパとの間で意見

6　**イギリスの中国承認**　イギリスは中華人民共和国が成立して三カ月後の一九五〇年一月に承認に踏み切っていた。

コラム③——国連中国代表権問題

第二次世界大戦後、中華民国は、戦勝国の一員として、国際連合の常任理事国の地位を得た。だが、国共内戦の結果、中華人民共和国が樹立され、中華民国政府が台湾へ逃れると、中華人民共和国政府（以下、中国政府）は、国際連合に対して、国連代表議席の「回復」と中華民国の議席剥奪を主張するようになる。ここに北京と台北のいずれが中国の代表政府であるかをめぐる中国代表権問題が、国連を舞台に繰り広げられることになったのである。

国連中国代表権問題は、冷戦の縮図でもあった。朝鮮戦争勃発後、米国政府は、国連総会での中国代表権審議を回避するモラトリアム案を毎年通過させ、中華人民共和国の国連加盟を阻止し続けた。だが、中国政府も、周恩来を中心に活発な外交攻勢を展開し、脱植民地を成し遂げたアジア・アフリカの新興国の支持を得ることに成功した。その結果、一九五〇年代後半、国連加盟国内でのモラトリアム案への賛成国の割合は徐々に減少してきたのである。

中江要介がニューヨークの国連日本代表部に在勤していた一九六一年は、国連中国代表権が大きな争点となった年であった。前年の代表権表決で、モラトリアム案の限界が明らかになると、米国を中心とする西側諸国では、中国の国連加盟や、中華民国の国連議席の確保をめぐって、初めて本格的な議論が行われた。その結果、中国代表権の決議を、総会の三分の二の得票を必要とする重要事項に指定する重要事項指定案が新たに採択され、以後一九七一年にアルバニア決議案が採択されるまで、中国政府は国連加盟を阻まれることになるのである。

日本政府は、当初、国連での新戦術をめぐって対応に揺れていたが、最終的に米国との協調を重視し、重要事項指定案の共同提案国となった。中江は、この重要事項指定案の推進に際して、鶴岡千仞外務省国連局長が大きな役割を果たしたと証言している。

（井上正也）

が食い違い、問題が起きるのではないかという話は、理屈のうえでは成り立つかもしれませんが、そこまでの意識が当時、本当にあったのかどうかとなると、私が当時国連代表部にいた時は少なくとも、そういう話を聞いた記憶はありません。どなたかが、そういうことをおっしゃったのでしょうか。

神田　アメリカとイギリスの対応が分かれる可能性については、当時の外務省内にも議論があって、「結局米英両国は協調するだろう」という意見もあったようですが。

中江　小坂さんは、「重要事項指定」決議案を出した目的の一つが、「中国の国連加盟によって東西対立が先鋭化するのを回避するためだった」と、おっしゃっているのでしょうか。

神田　そうです。

中江　小坂さんは、外相の在任期間が非常に短かったのですが、大平正芳[7]さんとの大臣交代の挨拶で、「自分は必ずまた外務大臣になって、外務省に戻ってきますから」と、ものすごく不服そうにおっしゃいました。それで、そういう不満が、こういう形で出てきたのかもしれませんね。

それでも、イギリスとアメリカが違う立場をとるほど、両国の考え方が違っていたようには、私には思えなかったですが。

神田　六〇年の国連総会の時に「棚上げ」決議案が僅差で何とか可決されたわけですが、その後、イギリスは「もうアメリカと同じ対応はとれない」と言ったことがありました。

7　**大平正芳**（一九一〇―八〇年）　内閣官房長官、外務大臣、通産大臣、大蔵大臣、自民党幹事長などを経て、一九七八年十二月に首相就任。二度目の外相時代には日中国交正常化交渉に携わった。

中江　イギリスが、そう言ったという記録はあるのでしょうか。

神田　公の場でも、発言しております。[8]

中江　それは、「重要事項指定」決議案が出る前のことでしょうか。

神田　決議案の前です。そのため、小坂さんは米英の対立を避けるために「重要事項指定」決議案を出したとおっしゃっています。

中江　そのあたりのことは、当時、私はまだ国連代表部に赴任する前なので知らないのでしょうね（一九六一年八月に国連代表部に赴任）。

8　一九六一年二月八日、イギリスのヒューム外相は議会で「中共に国連での議席を与えるべきだ」と発言している（『朝日新聞』〔夕刊〕一九六一年二月九日）。

第3章　日韓国交正常化

——条約局法規課長（心得）時代（一九六三—六七年）——

一九六二年十月のキューバ危機は、戦後米ソ関係の転換点となった。キューバ危機を通じて、核戦争の瀬戸際に立った米ソ両国は、その恐怖から関係改善に前向きの態度に転じることになった。一九六三年六月、米ソは、両国が協力して国際秩序を維持するうえで、意思疎通を円滑化するために、ジュネーブでホットライン開設の協定に調印した。また、八月にはモスクワでイギリスを含めた部分的核実験禁止条約（ＰＴＢＴ）に調印する。同条約はあくまでも大気圏内の核実験を禁止するものに止まり、米ソ両国は地下核実験を繰り返して核軍備の増強を継続したのであるが、米ソが初めて軍備管理の条約を結んだことの政治的意義は大きかった。米国からソ連への穀物輸出も始まり、雪解けムードが高まった。

このように、米ソ両国が平和共存を目指し、両国による共同の世界支配という様相が見られた一方で、米ソ双方の同盟国において、自立化の動きが生じてきた。西側では、一九六六年にフランスがＮＡＴＯ（北大西洋条約機構）の軍事機構から脱退したことが、その顕著な例であった。また、東側では、一九六〇年代に表面化した中ソ対立がその代表であった。米ソ冷戦という基本的な枠組みは変わらないものの、国際政治は確実に多極化の趨勢に向かっていたのである。

他方、この時期における日本の対アジア外交で大きな展開を見せたのは、日韓関係の正常化であった。一九六一年、軍事クーデターによって朴正熙政権が誕生すると、韓国は、自国の経済的発展を視野に入れて、日韓関係の正常化に積極的に乗り出すようになった。翌一九六二年十一月には、大平正芳外相と金鍾泌《キムジョンピル》中央情報部長との会談において、いわゆる「大平・金メモ」が取り交わされ、最大の懸案であった財産請求権に関して、「無償・有償合わせて五億ドル（無償三億ドル、有償二億ドル）の対韓経済協力」を日本が行うことで妥協が成立し、日韓正常化交渉が大きく前進した。一九六三年に入り、韓国国内の政情が不安定化し、交渉が一時停滞するも、一九六四年十一月に成立した佐藤栄作政権は、翌六五年二月に椎名悦三郎外相を訪韓させ、朝鮮統治に関して反省の意を表明させることで交渉打開を図り、六月、日韓基本条約の調印に持ち込んだ。

中江要介は、当時の条約局法規課長として、日韓関係正常化交渉の後半に関わっている。以後、退官するまでの間、近隣諸国との関係に多く携わることになる。

1　椎名外相訪韓と日韓基本条約の仮調印

ランディング・ステートメント

服部　椎名悦三郎[1]外相の訪韓と日韓基本条約[2]仮調印についてお聞かせください。韓国側が吉田元首相など大物政治家の訪韓を期待し、「謝罪使節」とすべく日本政府と交渉していたとも言われるようです。これについてはご存知でしょうか。

中江　まったく知らないですね。

服部　椎名外相は、一九六五年二月十七日に金浦《キンポ》空港に到着して、いわゆる「ランディング・ステートメント」を読み上げています。ステートメントには謝罪が含まれていました。そのフレーズは日韓の外務官僚が協力して作成したもので、韓国外務部がソウル滞在中の前田利一《としかず》外務大臣官房調査官に対し、

1　**椎名悦三郎**（一八九八―一九七九年）　岩手県出身。農商務省官僚を経て一九五五年、日本民主党から衆議院議員初当選。岸政権で内閣官房長官、池田政権で通産相などを歴任したほか、池田、佐藤政権で外相を務め（一九六四―六六年）、その間日韓国交正常化を推進した。

2　**日韓基本条約**　一九六五年二月に仮調印された条約で、日本と韓国の国交を樹立した。第二条で韓国併合以前の条約は「もはや無効」とされた。第三条では、韓国が国連総会決議第一九五号（Ⅲ）に明らかに示されている通りの朝鮮にある唯一の合法的な政府と確認された。

到着声明に謝罪を入れるように要請し、後宮虎郎《うしろくとらお》アジア局長が書いて椎名外相の了解を得たとも言われているようです。

中江　官房調査官の前田さんは外務省のなかでも朝鮮問題の大専門家の一人で、一生懸命やっていました。しかし、このフレーズは日韓の外務官僚が協力して作成したものではなかったように記憶しています。事務当局の手によるステートメントの案ではなく、椎名外相のイニシアティブで、そういう謝罪の声明を出しました。椎名さんは、それを出さなければ日韓関係はうまくいかないと見ていました。あの案を誰が書いたのか知らなかったのですが、私は一緒にいて、椎名さんがあのステートメントを読んだ時、「えー、こんなのどこからきたの」と思ったぐらいです。

日韓基本条約第二条――「もはや無効」

服部　日韓基本条約第二条では、一九一〇年八月二十二日以前に日本と韓国との間で結ばれた条約などは、「もはや無効」であることが確認されました。第三条では、韓国は国連総会決議第一九五号（Ⅲ）に明らかに示されている通りの朝鮮における唯一の合法的な政府であることが確認されました。これらの文言は、訪韓していた後宮アジア局長、黒田瑞夫《みずお》北東アジア課長、中江法規課長らが提示したものでしょうか。

中江　いえ、条約交渉をやる前からこの二点については、そのような案が用意されていたものと思います。この「もはや無効」であるという表現については、韓国側は「さかのぼって無効」と主張してきましたが、日本の考え方は「有効だったが、今回の正常化によって無効になった」というものです。それが「もはや無効」という表現だったのです。韓国側の立場は「そもそも無効」であって、「今やもちろん無効だ」というものでした。

「もはや無効」という言葉によって、韓国側と日本側でこのように解釈が違ってきます。これがよく言われる「同床異夢」ということですが、ともあれ決着しました。後宮・黒田・中江で提示したというのは短絡しすぎるような気がします。

最後に東京が折れました。韓国の言う通りでいいと。「もはや無効」では韓国側は納得しない、「さかのぼって無効」と言わなければ駄目ではないかと思っていたら、韓国の方でも「いやいや、『もはや無効』でいい」と言ってきました。

服部　「もはや無効」でいいという訓令が、東京からきたわけですね。

中江　そうです。訓令がきたというのは、東京が折れた、それでいいということを意味します。私は「さかのぼって無効」と言わなければ韓国は受け入れないと考えていましたので、この交渉は挫折して、途中で終わるものと思っていました。それで、明日は帰れると、のんびりしていたところに、東京から「韓国の言う通りでいい」と訓令が来たのです。それで条約交渉がまとまることになり、調印の準備をすることになりました。そういうわけで「もはや無効」という文言がとても印象に残っています。

服部　「韓国が言う通り」というのは、「もはや無効」という文言でよいということですね。

中江　はい。韓国は、「日本の韓国・朝鮮半島の植民地化は全部無効だ」ということを言いたかったのです。これに対して日本は、「あれは、正式に条約協定を結んだものだから有効だったのだ」という考え方です。つまり、「日韓併合は有効だったけれど、今やそれは無効になった。日韓併合は合法的だった」ということを言いたかったのです。韓国は、「それは認められない、併合そのものが無効な行為である」ということを言いたかったのです。対立はなかなか解けないので、解けなくてもいいと私は思っていたら、韓国も「もはや無効」でよろしい、東京もそれでよろしいということで、まとまったものです。

この決着が導けたのは、この外交交渉をまとめるんだという、椎名さんの決意が非常に固かったからです。ただ椎名さんは、「東京が、それで駄目だと言うなら、別に駄目でもいい、それなら私は帰るから」と、夜中の午前の二時か三時頃にソウルから東京に電話を入れたのです。ある意味開き直りがあったのでしょう。

これでは駄目だと、最後まで頑張ったのが条約局でした。当時条約局参事官であった佐藤正二さんに後で聞いたら、「いや、僕は、最後は降りてもいいと思っていたのだよ。最初から降りるのも変だから、ちょっと頑張ってみただけだよ」と、さらりとおっしゃいました。むしろ、ソウルの交渉団の方が真面目に心配していたのに、東京の方は、最後は降りてもいいと思っていたと言うのです。

服部　日本案の「もはや無効」を韓国が受け入れたにもかかわらず、佐藤参事官が最後まで仮調印を渋った理由はどのあたりにあったのでしょうか。

中江　佐藤さんには、特別な理由があったわけではないのです。こう言っては悪いのですが、佐藤さんは面白がって、最後まで粘ってみただけのことです。

服部　面白がってですか。

中江　正当な理由があって粘ったわけではなかったということです。国際法的に問題になるところなので、条約局の権限でキャスティングボートを握っていていいのですが、そう簡単に手放すこともなかろうと。一番後に、いよいよとなった時に「ああいいよ」と言ってやればいいだろうという、遊び心というか、その程度のことだったと思います。

それも「もはや無効」を受け入れるかどうかではなくて、「もはや無効」というのは最初からあった案文です。それで、基本条約を全体としてＯＫするかどうかということが問題になっていたのは事実です。

私が東京に帰って、佐藤さんに「いつまでもＯＫされなかったので、我々は大変苦労したんですよ」と申し上げたら、佐藤さんは、「いや、別に理由なんかなかったんだよ。降りるのはいつだって降りられるから、最後まで粘っただけだよ」とククッと笑っておられました。別に確たる理由があってＯＫしなかったわけではなかったのです。

第三条

服部　日韓基本条約第三条に、「大韓民国政府は、国際連合総会決議第百九十五号（Ⅲ）に明らかに示されているとおりの朝鮮にある唯一の合法的な政府であることが確認される」とあります。これは日本外務省アジア局の考え方、つまり北朝鮮との将来の国交正常化の可能性を残すという考え方を反映したものかと思います。これに対して韓国政府は、日本が北朝鮮と将来国交正常化する余地を残しているということを、暗黙のうちに認めていたのでしょうか。

中江　そこまでは言い切れないと思います。かねがね伊関佑二郎アジア局長の時代から、北朝鮮との将来的な国交正常化については可能性を残す、北朝鮮は白紙という考え方だったと思います。韓国政府がそれに同調していたかどうかは分かりませんが、理屈から言うと、そうなると日本側は思っていたわけで、韓国側の考え方もそうかと確認したことはないです。ですから、黙認とまでは言えないと思います。

服部　韓国側もその点は触れてこなかったわけですね。

中江　触れてこなかったというか、触れないですよ。韓国は、自分のことはちゃんと認めてもらったのだから嬉しくて、北朝鮮のことはどうでもいいと思っていたのでしょうね。

服部　日韓基本条約のうち第三条の文言は、日本側が提起したという理解でよろしいでしょうか。韓国政府の性格にも関することと思いますが。

中江　韓国政府の性格について提起したのが日本側だったかというと、違うと思います。記憶がはっきりしないのですが、割合早い段階で第三条の文言が入ったように思います。そこには韓国政府の合法性を認定して、北朝鮮については触れないでおこうという考えが表れています。ですから、朝鮮半島における唯一の合法政府は韓国政府であるというのが、第三条の文言の結論になります。

朝鮮半島で国連が監視した公正な選挙を行って、その結果、合法的な政府としては韓国政府だけであり、北朝鮮の方は、国連の監視団が入れなかったこともあって、北朝鮮部分の合法政府というのは確認できない、ということを言いたかったのがこの第三条です。

服部　その点では、韓国と日本に解釈の食い違いはなかったのでしょうか。

中江　なかったですね。むしろ韓国は、北朝鮮を排除して喜んでいました。しかし、わが外務省のアジア局としてはこれではちょっともの足りず、本当は北朝鮮の方も正常化の対象にしたかったのですが、アメリカの影響があって叶わなかったのです。

北朝鮮との正常化は未だにできていないのですが、外務省には伊関佑二郎アジア局長の頃に、朝鮮半島の全体と正常化すべきだ、韓国とばかり進めているのは間違いだ、という考え方があったのだと思います。しかし、それが第三条の表現だと、北を排除して南だけとなり、北の方は排除されて白紙になってしまうのです。朝鮮半島の北半分を白紙に残したという表現が当時、国会でも取り上げられたように記憶しています。南は合法的な政府ですが、北の方は分からない。それゆえ、いつでも北を認めることはできるのですが、実際には認められない。この段階では、韓国政府だけが唯一合法的な政府だということを言っています。それが、ここのポイントでした。

服部　日韓基本条約に関連して、二月二十日に共同声明を出しています。そのなかで椎名外相は、「過去の関係は遺憾であって、深く反省している」と述べています。ある研究によりますと、それは日本側の草案には記されていないということなのですが。

中江　分からないですね。当時、そういうことが問題だと、気にかけた記憶がないですね。先ほども申し上げましたが、私は条約の調印式の準備で大わらわでした。もうこれで交渉決裂だ、今日は東京に帰れる、よかったと思っていたところへ、東京から「あれでいい、条約仮調印だ」と言ってきたのです。そうなると、条約局の事務官の仕事は、間違った条約になると大問題ですから、一字一句見て、それこそ大変な作業量になるのです。それで、共同声明のことまで気が回っていなかったのだと思うのです。

政治家の外交かく乱——漁業専管水域の直線基線

中島 日韓関係で、「竹島密約」というのをお聞きになったことがあるでしょうか。

中江 竹島に関する密約というのは初めて聞きます。

中島 一九六五年二月に椎名悦三郎外相が訪韓していますが、その前の一九六四年から一九六五年にかけて、当時の自民党の実力者である河野一郎と韓国側との間で秘密交渉が行われたと言われています。

中江 面白そうな話ですが、どのような内容のものでしょうか。

中島 河野一郎の命を受けた宇野宗佑が、竹島の問題について密使として韓国で交渉をしたという話です。一方韓国からは、金鍾泌の兄の金鍾珞《キムジョンラク》という人物が日本に来て交渉をしたというのです。この交渉があった後で、椎名外相の訪韓が行われています。実は日韓の間では、竹島問題は解決せざるを以て、解決したとみなす、という秘密の合意があったとも言われています。大使は、この河野、宇野の話を聞かれたことはありましたか。

中江　河野さんや宇野さんといえば、日韓漁業交渉のことを思い出しますね。日韓漁業交渉の時に、宇野さんがいろいろ雑音を起こして、うるさくてしょうがなかったです。

中島　雑音というのは。

中江　宇野さんには河野さんの威を借ったようなところがあって、特に漁業交渉で問題になったのは、漁業専管水域を決める時の直線基線でした。朝鮮半島の南に済州島があり、その南に日本の九州があります。日韓漁業交渉は、この朝鮮半島と九州との間で漁業専管水域の直線基線の線引きをどこにするかで大変もめたのです。韓国側の言い分は、済州《チェジュ》島があるから、「朝鮮半島から済州島を含んで自分のものにする」というものでした。つまり、韓国側は朝鮮半島から済州島を通って一般的な方向を引くべきだと主張してきたわけです。それに対して日本は、「済州島を囲うのは構わないが、斜めにここまで取るのは取りすぎだ」と主張したのです。このように済州島のところの直線基線をどう引くかが、韓国との漁業交渉の時の最大の難関でした。

いろいろ案が出たのですが、その時、宇野さんが「韓国側ではこう言っている、ああ言っている」と、韓国側のデマとも思われる情報をたくさん持ち込んで、交渉を邪魔したのです。当時、日本側では、アジア局の広瀬達夫参事官が漁業担当でした。広瀬さんは私の高校時代の先輩でしたが、宇野さんとよく言い争いをしていたのを思い出します。

中島　宇野が韓国側の立場にたって情報を入手してきて、外交をある意味かく乱させたということでしょうか。

中江　そういうことになります。なぜかというと、裏に、河野さんの漁業関係の利権が絡んでいました。漁業は、韓国にとっても、日本にとっても大変重要な産業ですから。何しろ領域の境界線が入り組んでいるから、線引きが大変なのです。今、日本と中国との間で、大陸棚のところの線引きを行っていますが、領土の境界線というのは、子供の遊びのように陣取り合戦になってしまうのです。人間の心理で、どうしても取りたいと思うし、取られると「悔しい、何を」と思って喧嘩になってしまいます。

直線基線の問題でもめた時、宇野さんのように漁業のことでいろいろ言う人がいたのです。私は、この漁業に関する韓国との交渉のことなら知っていますが、竹島に関する密約というのは初めて聞きました。

そういえば、その済州島の直線基線の問題でもめている時、私は法規課長としてこの案件を担当していましたが、最初に私の自宅へ夜回りで来た新聞記者というのが、この間まで東京新聞の代表をしていた宇治敏彦記者でした。

中島　大野伴睦《ばんぼく》が一九六四年の五月に死去し、韓国側は日韓国交正常化で頼りにする人物がいなくなってしまいました。そこで、韓国側が期待したのが河野一郎でした。しかし、河野は内政の人であり、韓国側でも説得しにくい政治家と見ていたようです。それで、韓国側が接触したのが、中川一郎[3]や中曾根康弘でした。中川一郎が間に入って、河野と宇野が竹島の問題などを韓国側と交渉していたのではな

3　**中川一郎**（一九二五―八三年）　北海道出身。一九六三年に衆議院議員初当選、農林水産大臣、科学技術庁長官などを歴任。

いかとも言われています。[4]

中江　ありそうなことですね。

中島　しかし、大使のお話をお伺いした限りでは、宇野宗佑は漁業権の外交交渉に関しては、むしろ外務省の交渉をかく乱した人物であったということになります。

中江　せっかく真面目に韓国側と交渉しているのに、宇野さんが横から雑音を入れてきたのです。重要な交渉になると、たいてい雑音が入ってきました。

中島　それはもしかして、二元外交ではないでしょうか。宇野が勝手に動いていたという……。

中江　二元外交どころか多元外交でしたね。日中関係もそうでした。日中国交正常化の時も、共同声明の時も、同じように中国側からたくさん雑音が入ってきました。

中島　大使のところに多くの人が情報を持ってくるということでしょうか。

中江　そうです。

中島　この「竹島密約」については、「竹島・独島問題は解決せざるを以て解決したと見なす」とタイプした紙があるようなのですが。

中江　その紙は今どこにあるのでしょうか。

中島　それが分からないのです。韓国側で金鍾珞が燃やしたらしいと、文献には書かれています。た

4　ロー・ダニエル『竹島密約』（草思社、二〇〇八年）一四五頁以下。

だ、日本の外務省は、この「竹島密約」の存在を知っているのではないかとも言われています。

中江 条約局の法規課長は、本来そういうことを知るべき立場にはないのです。知っているとしたら、やはりアジア局でしょう。条約局は、いよいよもめて「さあどうだ」という時に出ていって、日本の立場を示すのであって、そういう政治的な動きには関わらないのです。いわば、弁護士みたいなものです。

中島 大使は、中川一郎とは一緒に交渉に関わったことはあるのでしょうか。

中江 いえ。私が漁業交渉に携わっていた頃は、中川一郎さんはまったく出てきませんでした。関わったのは、赤城宗徳農相でした。赤城さんは真面目な方でした。当時、農林省の分室が千鳥ヶ淵にあって、そこで何度も会議をやりました。農林省の人も水産庁の人も、赤城さんには一目置いていて、「赤城大臣がおっしゃるならそうしましょう」という感じでした。赤城さんは本当に真面目に取り組んでおられました。それなのに横から口を挟んできたのが、宇野さん、河野さん、その前の大野さんなどの方々でした。大野さん、河野さん、金丸信さんといった政治家は、すべてを足して二で割るような考え方で、理屈がどうであれ、俺は五〇、おまえも五〇、そういう考え方をする人たちでした。

私の竹島問題の解決方法は簡単です。日米韓合意のうえ、三国合同大演習で竹島を目標にして、バーンと海に沈めてしまえばいいのです。それだけのことで問題がなくなります。どういうことかと言うと、先にお話したオーストラリアのアラフラ海真珠貝論争がそうでした。国際司法裁判所に提訴されるというので、当事者である日本は、いろいろ国際法を検討していたのです。しかし、国際司法裁判所まで行って裁判を行うと、たいてい時間がかかってしまうものですが、この論争も何年もかけてやっているうちに、何と対象の真珠貝がなくなってしまったのです。環境の変化と生態系の変化で、今まで真珠貝があったのが、なくなってしまったのですね。それで、真珠貝論争がなくなったわけです。そうなると、真珠貝業が成り立たなくなって、国際司法裁判所のアラフラ海真珠貝の訴訟が中止になったのです。つまり、訴えの対象がなくなると、訴訟がなくなるというわけです。

竹島が真珠貝のように自然になくなることもないでしょうし、竹島をなくしてしまうというのも乱暴で実際には無理な話です。私がここで申し上げたいのは、中国が言うように領土問題に触れないというのも一つの手であり、問題の対象をなくしてしまうというのも一つの手なのかなということです。そういう考え方の一例として、竹島の話をしてみました。物事を解決するのは何も難しいことではなく、案外単純なことなのかもしれないと思うことがあります。

密約で思い出しましたが、先に「沖縄密約事件」を題材にした本で、山崎豊子さんの『運命の人』が出たでしょう。当時、私は政府委員として、この本の舞台となった予算委員会での答弁席にいましたので、毎日新聞の西山太吉記者から秘密の文書を入手した横路孝弘議員（日本社会党）が得意になって、沖縄返還協定について迫った場面を目のあたりにしました。後になって吉野文六アメリカ局長が、実は密約はあった、内容はこうだったと暴露しましたが、実に面白い話でした。

吉野さんは、ちょっと見はおとぼけのところがありましたが、あの人が横路さんが出した電報のハンコの箇所を見たことによって、西山さんが安川壮外務審議官付きの蓮見喜久子さんを通じて入手したことがばれたわけです。吉野さんは、横路さんが話している隙に、彼の手元にあった用紙を覗き込み、安川さんのところまでハンコがあるのに、その上のところにはハンコがないことに気づいたのです。最後までハンコがない文書である限り、本当の電信文かどうか分からないと指摘された横路さんは、その場で出さなくてもよかったはずの書類をみんな出してしまったのです。

つまり、横路さんが出した電報用紙というのは、安川さんのところで止まっているものだから、安川さんのところから撮ったコピーに違いないと推測できたわけです。吉野さんがそのことを見極めたので、外務省は最後まで、「大臣のハンコ」のある電信案（用紙）ではないから本物ではないと言えたわけです。外務省からしてみれば、これは一本とったなという感じでした。

中島　それにしても吉野局長は、よく当事者として証言されましたね。

中江　吉野さんという人は、そういう方です。あの方は真面目な人ですから、最後まで嘘をつくのは許せなかったのでしょう。人柄ですよね。吉野さんが告白したからといって、非難されることはないですものね。

2 日中国交正常化以前の戦後処理（特に賠償問題）に関する外務省の検討

服部　続けて、日中関係についておたずねしたいと思います。中国の賠償請求権というものはほぼ検討してこなかった、否定してきたということが日本の外務省の一貫した立場であったと理解してよろしいでしょうか。あるいはそうではなく、中国への戦後賠償を検討したことがあるのかどうか、この点は

コラム④――日中関係と賠償問題

一九七二年の日中共同声明第五項は、「中華人民共和国政府は、中日両国国民の友好のために、日本国に対する戦争賠償の請求を放棄することを宣言する」と謳っている。戦前の日本がとりわけ大きな戦争被害を与えた中国による賠償請求の放棄は、以後両国の友好関係の発展や経済協力の促進に寄与した一方、戦後補償問題などを通じて、日中間の「歴史問題」とも密接な関連を持った。日中関係において賠償問題は、歴史的にも現代的にも重要な位置を占めているのである。

中国が賠償放棄を決断した理由は、これまである程度明らかにされてきた。それは主として中国の外交戦略、とりわけ対日接近によるソ連や台湾との対抗が優先されたことであった。中国は六四年一月頃、対日賠償請求の放棄を正式決定したと言われるが（朱建栄「中国はなぜ賠償を放棄したか」『外交フォーラム』四九号、一九九二年、二七―四〇頁）、当時の中国は対ソ関係の悪化を背景として、日本を含む西側諸国との関係改善を模索していた。七二年、中国が国交正常化交渉に先立って日本に賠償放棄を正式に伝えたのも、日本に対して台湾との断交を促すことや、反ソを意味する「反覇権条項」への同意を求める意図があったと考えられる。

では一方、日本はどのような方針を持っていたのか。日華平和条約での台湾による賠償の放棄が、中国からの請求に対する盾として重視されていたことは確かである。とはいえ、それ以上のことは明らかではない。日本は賠償問題に関する中国の出方をどのように予測していたのか。その背景には中国の外交戦略に対するどのような判断があったのか。そして賠償問題を通じて、中国との「過去」の問題について、日本としてどのように向き合おうとしていたのか。中江要介の証言は、日本の姿勢はひたすら内向きで独り善がりであり、これらのいずれの点においても無為無策であったとするものである。

（神田豊隆）

いかがでしょうか。

中江　中国との国交正常化に際して、賠償問題を真面目に議論した記憶がないのです。外務省内では、もし賠償になれば巨額になるだろう、とは思われていました。しかし、その「巨額」というのがどのくらいなのか、見当がつかなかったし、もし中国が実際に賠償を要求してきたら、日本はそれには承服できず、日中正常化交渉はできないだろう、という考え方が外務省内では強かったです。

ですから「賠償要求がありますよ。賠償金額は、何億ドルですよ」と中国が言ってきたら、さすがの田中さんでも北京には行けなかったでしょうね。当時、そうでなくても台湾ロビーやその他の反共勢力がたくさんいて、青嵐会[5]の人たちが「賠償を払ってまで中国と正常化する必要なんてあるものか」と言うに決まっていました。

ですから、そういう人たちを差しおいて日中正常化をやったとして、日本政府や自民党政権がもったかどうかとなると、やはり無理だったのではないかと思います。田中さんも「中国はこれだけ賠償要求をしています。周恩来《しゅうおんらい》の対日国交回復三原則[6]のほかにも賠償があります」となったら、あの時の訪中はできなかったと思いますね。

5　**青嵐会**　一九七三年七月、石原慎太郎や中川一郎など自民党の若手国会議員によって結成されたタカ派グループ。一九七九年に解消。

6　**日中復交三原則**　一九七一年の公明党の第一次訪中団と中国との間の共同声明をもとにした以下の原則。①中華人民共和国政府は唯一の合法政府、②台湾は中華人民共和国の領土の不可分の一部、③日華平和条約は不法であり、破棄されなければならない、というもの。

第4章　ベトナム戦争下のサイゴン在勤

――在ベトナム日本大使館一等書記官・参事官、在フランス日本大使館参事官時代（一九六七―七一年）――

米国のジョンソン政権は、国内に向けては、貧困撲滅を目指す「偉大な社会」建設を標榜する一方で、ベトナム戦争の泥沼に深くはまり込んでしまう。すなわち、一九六五年の海兵隊のダナン（ベトナム中部）上陸を皮切りに、戦力の逐次投入を続けた結果、六九年には最大時で五十五万に上る地上兵力を送り込む事態を生み出してしまうのであった。一九六七年にはすでに、米国内では政府のベトナム政策への不支持が多数となり、学生、知識人を中心に反戦運動が展開するようになった。そうした状況のなか、一九六八年一月、共産軍による南ベトナム全土での一斉蜂起（テト攻勢）が発生した。共産軍は軍事的には米軍と南ベトナム軍に惨敗するも、サイゴンの米大使館が一時共産軍に占拠されるなど、この事件は、ジョンソン政権や米国民に大きな衝撃を与えた。政府による戦争の見通しについての楽観論は消散し、戦争の長期化という現実が浮き彫りになったからである。ジョンソン大統領は、一九六八年の大統領選挙への再出馬を断念、和平実現を求めて北爆を縮小、後に停止した。

翌一九六九年一月に成立したニクソン政権は、七月に「グアム・ドクトリン」を表明して、戦争の「ベトナム化」の方針を示し、米軍兵力の漸次的削減を目指した。その一方で、一九七〇年から七一年にかけて、共産軍の補給ルートの遮断を狙って、カンボジア、次いでラオスへと戦線を拡大した。しかし、泥沼化した戦局は好転せず、活路を和平交渉に求めざるをえなくなった。

当時、日本は佐藤栄作首相による長期安定政権の時代であった。佐藤政権は、「核抜き本土並み」の形での沖縄返還を目指す代償として、ベトナム戦争を含む米国の極東戦略に必要な米軍基地の軍事的役割を損なわないという保証を行うと同時に、対中外交で共同歩調をとるなど米国の対アジア外交全般に政治的な支持を与えた。

この時期、中江要介はサイゴンの日本大使館で一等書記官、次いで参事官として勤務し、その後、パリの日本大使館の参事官に転じる。特に、サイゴン在勤時代にはテト攻勢を実体験しているなど、中江はベトナム戦争の渦中にあったのである。

1　ベトナム戦争

ベトナム戦争の見方

昇　ベトナム戦争に対する外務省の見方についてお聞かせください。アジア局、北米局、アジア局内の各課、出先大使館と本省では、評価に違いがあったのでしょうか。また、中江大使個人としてはどのように観察されたのでしょうか。

中江　ベトナム戦争に対する見方というのはいろいろありましたが、アメリカ寄りの考え方に立つ人は、「ベトナムの共産化を防ぐために出兵しているアメリカを支援すべきだ」という意見でした。日本は、今アフガニスタンとイラクに対するアメリカの政策を支援していますが、当時もそれと同じような雰囲気がありました。一方でアジア局のなかには、「ベトナム人のためのベトナムというものを考えるべきだ」という考え方がありました。この考え方は北米局のなかには絶対ないもので、アジア局のなかでも、三宅和助《わすけ》さんが課長をしていた南東アジア第一課と、サイゴンで参事官をやっていた私のところが、ベトナム戦争についてはアメリカ一辺倒という考え方ではありませんでした。

個人的には、私はベトナム戦争というのは無駄な戦争だと思っていました。特に参事官としてサイゴンに在勤してからは、その思いをいっそう強くしました。キッシンジャー[1]がその頃、すでに『フォーリン・アフェアーズ』[2]で、「アメリカの戦争はベトナム人民の支持を得ておらず、アメリカはいずれ負けるだろう」という見解を出していたのです。当時は人心が、政府軍とベトコン[3]の間を揺れ動いていました。ベトナム人民は米軍からもベトコンからも攻撃されることのないよう、「自分たちは、どちらに対しても支持しているのだ」という顔を見せていたのです。昼間は政府軍の旗を出し、夜はベトコンの旗を出して攻撃を避けていたのです。サイゴンで私は、テト攻勢を受けているものすごい光景を目のあたりにしたのですが、その後にこのキッシンジャーの論文を読んで、見る人はやはり見ているなと思いました。「人心がアメリカにそむいているのだから勝てるわけはない」とキッシンジャーは見抜いていたのです。アメリカがいつも失敗する最大の原因がこの点にあるのです。自分の武力にかまけて人心を無視するからです。これは、最近のアフガニスタンやイラクの戦争でも同じことが言えます。力で抑えれば何とでもなるという発想の間違いによって、アメリカはベトナム戦争で負けたのです。

私がサイゴンに在勤している間、毎日のようにサイゴンの米軍基地から「ベトコンの損害は拡大し、死傷者を多数出している」という報告を受けていましたが、それはまやかしの数字だということが次第

1　**キッシンジャー**（Henry A. Kissinger, 一九二三年―）　ハーバード大学教授、後に国家安全保障問題担当大統領補佐官、国務長官。

2　Henry A. Kissinger, "Viet Nam Negotiations," *Foreign Affairs*, Vol.47, No.2, January, 1969.

3　**ベトコン**　一九六〇年に北ベトナムの指導の下に、南ベトナムの解放とベトナム民族の統一を目的として結成された南ベトナム解放民族戦線の俗称。ゴ・ディン・ジェム南ベトナム大統領が蔑称として使い始めたとされ、自由主義圏では広く用いられた。

に分かってきました。私は、米軍の対ベトナム戦争は行き詰って、そのうち失敗するに違いないと思い始めるようになりました。

それで、私は、サイゴンから東京に一時帰国した時、外務省での報告会で、そのことを話したことがあります。「ベトナムの戦争はアメリカが負けます。ベトコンの抵抗がしっかりしているのに対して、米軍の攻撃は支持を受けておらず、アメリカが負けるに違いないので、日本政府としてはアメリカに協力する必要はないのではないか。現地で私はそのように見ています」という意見を述べたのです。アメリカの戦争には無理があるというのが、私の考えでしたから。すると、当時幹部だった奈良靖彦さんに、私はものすごくしかられました。

中国問題への考慮

服部　ベトナム戦争に対する日本政府の見方あるいは政策を決定するうえで、中国問題はどのように考慮されていたのでしょうか。

中江　私は、ベトナム戦争への対応において中国との関係を考えなければいけない、という意識は余りなかったですね。

服部　ところで、ベトナム戦争をめぐる日本の対応において、外務省と佐藤首相など政府首脳あるいは自民党との間で考え方に違いはあったのでしょうか。

中江　ベトナム戦争では自民党はどちらかというと、アメリカべったりの人が多くて、いわゆる国際化された考え方はありませんでした。その意味で、外務省アジア局の考え方は必ずしも当時の政府首脳、自民党と同じではなかったと思います。つまり外務省アジア局の立場は、早くに北ベトナムとの関係を模索して、今のような戦争は継続すべきではないというものでした。

成果が上がらなかった北越との接触

昇　外務省の記録や新聞報道などを見ますと、主に一九六五―六七年のことになりますが、日本政府としては和平工作とも呼べるいくつもの試みをしています。例えば、戦中に仏印での経験があることから、松本俊一元駐英大使や横山正幸元駐エジプト公使を各国に派遣して情勢を把握させています。横山公使は、アルジェリアやチェコスロバキアで北ベトナム、解放戦線（ベトコン）と接触しています。また、在外公館に対して各国の北ベトナム代表部との接触を奨励し、実際にモスクワでは中川融駐ソ大使が四度にわたり、グエン・バン・キン駐ソ北ベトナム大使と会談しています。さらに、赤城宗徳農相や椎名悦三郎外相などの閣僚の訪ソの際に、ソ連に対してベトナム和平への働きかけを打診しております。

中江大使はこうした動きについて何かご存知でしょうか。また、今から振り返って、日本が米国と北ベトナムとの間、あるいは南北ベトナムの間で何か仲介する余地はあったと、お考えでしょうか。

中江　アジア局は、ベトナム和平工作を早くやろうという立場でした。理由は、「アジアの平和と安定を考えた場合、ベトナム戦争は続けるべきではない」という考え方に基づいていたからです。

しかし、今、おっしゃったような和平工作については記憶にないです。仕事として関わったことがなかったので、こうした動きは新聞報道などで知る程度で、実情はよく分からなかったです。中川さんは条約局の先輩でしたので、特に親しくしてはおりましたが。中川さんが駐ソ北ベトナム大使と会っているということですが、何か記録でも残っているのでしょうか。

昇　アメリカ国務省の文書などに記録が残されています。当時のグエン・バン・キン駐ソ北ベトナム大使と中川大使との間で、一九六六年七月から六七年一月にかけて計四回の会談が行われています。ただ、これらの会談の唯一の成果は、「北ベトナムの強硬的立場に何も変化がないということが分かっただけだ」と文書に残されています。具体的な成果があったとまでは言えないと思います。

中江　成果が残っていないのは当然のことで、日本もアメリカ同様にベトナム戦争の本質を取り違えていました。「あれは共産主義の侵略だ」、「領土拡張だ」と、アメリカが決めつけたので、日本もそのように受け止めてしまったのです。この考え方が、「ソ連と中国が一緒になって、共産主義がアジアを徐々に侵略し、それが南下してくる」という、いわゆるドミノ理論につながっていくわけです。ところがホー・チ・ミンは、共産主義者ではなく、民族の独立・解放者だったのです。アメリカも日本も、民族解放闘争と共産主義の領土拡張の動きを混同したところに、大きな間違いがありました。それなのに反共主義に基づいて、いくら北ベトナムと話をしたところで、北ベトナムがそんな話に乗ってこないのはあたり前のことで、その辺の認識がアメリカも日本も乏しかったのではないかと思います。

ですから、日本が仲介する余地はまったくなかったですね。そもそも外務省は、発想自体がアメリカ一辺倒で、アメリカの力によってベトナム戦争は勝てると思っていました。それで一生懸命南ベトナムに援助して、アメリカの軍事行動に手を貸せばよいと考えていたわけです。私はその誤りについて外務省の人たちに訴えたのですが、誰も私の言うことを聞こうとせず、そのうちにアメリカは実力で負けることになりました。

ただ、歴代の日本の駐南ベトナム大使には、仲介の意欲があったことも事実です。大使たちは、「これだけアジアの困っている場所で、自分が仲介の労をとって、何かやってやろう」といった野心がありで、新聞記者にその意気込みを話していました。それで「北ベトナムとの対話の道を模索している」とか、「隠密に人を派遣したりしている」とか、いろいろ報道されたのですが、半分くらいは作り話の類でした。

昇　そうした日本の駐ベトナム大使が持っていた北ベトナムとの関係改善への意欲というのは、北ベトナムと日本の国交正常化を目指したものだったのでしょうか。

中江　北ベトナムとの国交正常化をしなければいけないという、明瞭な理念があったわけでもなかったです。ただ、歴代の駐サイゴン大使が、北ベトナムとの関係に道を開けば功績になると、これを狙っていたのは事実でした。

私がベトナムに在勤していた頃、中山賀博《よしひろ》大使は、北ベトナムと接触するというよりは、ベトコンと対話のチャンネルを持つことで、北ベトナムとの関係を調整できるのではないかと考えたようです。それで、中山さんはサイゴンにいるベトコンの幹部やベトコン寄りの指導者に物品を贈ったり、招待したりしたのですが、目立った成果というのはなかったようです。これらの幹部や指導者のなかにチュエンという経済専門家がいました。彼は、ベトコン側の経済理論を牛耳っていると言われていました。中山さんは、チュエンとは特によく会って、彼から聞いたことを電報で打っていました。外交史料館の資料にそういう類のものが出てくると思いますが、日本大使館の北ベトナムおよびベトコンに関する情報源のほとんどがチュエンによるものです。

私は、チュエンとは別にグエン・スァン・オアインという人物と接触していました。オアインは京都大学出身で、私とは同窓です。彼は南ベトナムの経済閣僚で、私は彼から南ベトナムの情報をとっていました。サイゴンが陥落し、ベトナムが南北統一され、北ベトナムの影響下に入ってからは、彼は北ベトナムの経済閣僚になっています。

米軍が介入していた頃は南ベトナム政府の経済閣僚であったのが、ベトナムが統一されてからは北ベトナムの閣僚になるというオアインの動向が、ベトナム人全体の雰囲気をよく示していると思うのです。彼らにとって、南か北かはあまり関係のないことで、毎日の生活が安定して、普通に人間らしい生活ができればよいのです。それでその時々の強い側に見方するのです。こういう実態を私たちがはっきり分かったのは、テト攻勢があってからでした。

佐藤首相の台湾・東南アジア・オセアニア歴訪

中島　中江大使は、一九六七年にベトナムの日本大使館に移られています。九月から十月にかけて、佐藤栄作首相が台湾・東南アジア・オセアニアの計十一カ国を訪問しました。中江大使は当時、佐藤首相の諸国歴訪をどのように受け止めたのでしょうか。また、十月二十日に吉田茂元首相が死去したため、佐藤首相は翌二十一日の南ベトナム訪問を短時間で切り上げ、帰国しています。

中江　佐藤さんが台湾・東南アジア・オセアニアを回った時、私はサイゴンにいました。佐藤さんが歴訪することは、いいことだと思いました。つまり、日本のアジア外交には、欧米一辺倒のものが多すぎますから、アジアに関心を向けることは悪いことではないと思ったのです。

しかし、吉田元首相が急に亡くなったので、佐藤さんはサイゴン訪問の一泊予定を切り上げ、帰ってしまいました。こちらでは首相が一泊するというので、泊まるホテルのシャワー、バス・ルームなどを全部改装して、何一つ不自由のないようにしてあげようと思っていたのに……。吉田さんの筋を引いている佐藤さんとしては、吉田さんが死んだら、帰らざるを得なかったのでしょうね。

北ベトナムへの仲介工作

昇　この佐藤首相のサイゴン訪問に関連する日本の仲介工作についてお聞かせください。グエン・バン・チュー国家指導議会議長はサイゴンで会見した佐藤首相に対して、ホー・チ・ミン大統領に対する和平討議への参加を求める親書を、仲介して届けることを打診しています。この件は佐藤首相のベトナム訪問に先立ち事前に中山駐ベトナム大使に打診されていますが、この仲介工作の背景について何かご存知でしょうか。

中江　中山さんに聞かれるのが一番よいのですが、大使ももう亡くなられてしまいました。先ほども申し上げた通り、中山さんだけでなく、この後の青木盛夫大使、北原秀雄大使も、サイゴンの大使になってくる人たちはみんな、北との仲介工作で一つ点数稼ぎをしたい、業績を残したいという野心があって、仲介工作を考えたのだと思います。

昇　その後、日本政府は、北ベトナムへの仲介努力を実際にしたのでしょうか。

中江　北ベトナムへの仲介努力は、実際には行われませんでした。「したい、したい」と言って、できもしないことをさもできるように言って、新聞記事になったことはありましたが、実際に行われたことは何一つありませんでした。むしろ、パリの和平会談の方が大事でした。

パリで開かれていたベトナム和平会談

昇　中江大使は一九六九年五月からパリに在勤されていますが、一九六八年五月からパリで開かれていた和平会談におけるベトナム和平の進展について、また、ベトナム戦争終結後の日本の役割については、フランスの日本大使館はどのように見ていたのでしょうか。

中江　私は、フランスにいた時はユネスコ（国際連合教育科学文化機関）の常駐代表でしたので、ベトナム戦争とは直接関係がなく、それで、パリから和平会談の情報や意見が出たという記憶がないのです。また、私自身があまり一生懸命でなかったのかもしれません。ベトナム和平のことはアメリカやベトナムに任せていくしか仕方ないだろうし、日本の出る幕はなかろうと、そういう気持ちが強かったと思うのです。いずれにせよ、私個人としても、日本大使館としても、さほど関心はなかったように思います。

フランスにおける対中接触の試み

神田　大使が在フランス日本大使館参事官をされていた一九七〇年前後の時期に、佐藤首相・愛知揆《き》一《いち》外相の指示のもと、松井明・中山賀博両駐仏大使らによる駐仏中国外交官との接触が試みられています。[4]この対中接触の試みについて、なぜこうした交渉がフランスで行われたのでしょうか。

中江　パリではベトナム和平について話されたことがあります。それから、中国との接触も外務省の岡田晃大使（当時は香港総領事）だったと思うのですが、パリで話の場が持たれています。あの頃、中国がパリで何か、やっていたようでしたが……。

神田　フランス政府が仲介役として出てきたとか、そういうことはなかったのでしょうか。

中江　フランス政府が出てきたことはなかったですね。パリというところは、外交官同士の接触がやり易いところだったので、ベトナム交渉も、中国に関する裏交渉もやれたのでしょう。

神田　日本側はどのような内容で、中国と話し合おうとしていたのでしょうか。国交の正常化まで考えていたのでしょうか。

4　増田弘編『ニクソン訪中と冷戦構造の変容――米中接近の衝撃と周辺諸国』（慶應義塾大学出版会、二〇〇六年）一一九―一二三、一三二―一三三頁、楠田實『楠田實日記』（中央公論新社、二〇〇一年）五五四頁。

中江　結局、竹入義勝公明党委員長が北京に行って、周恩来首相から「復交三原則」や「竹入メモ」[5]をもらって帰ってきました。日本としてはそういう中国側の対日国交正常化の条件、考え方というものを何とか手に入れたいと思っていたのでしょうね。ただ、私は、そのことについてはあまり関わっていませんでした。

神田　大使級会談を提案したというのは、米中両国の間で大使級の会談が行われているのを念頭に置いて、大使級になったのでしょうか。

中江　そうでしょうね。大使級でないと、こういう機微な問題についての話はできないでしょうから。

神田　結局、この駐仏中国外交官との接触は成果を上げることはできませんでしたが、その原因は、中国が拒否したからなのか、あるいは佐藤首相側のアプローチが拙かったからでしょうか。

中江　おそらく、中国側にまったくその気持ちがなかったからではないでしょうか。中国は文化大革命がひと段落した後でないと、本格的な対日正常化のところまでいけなかったと思います。はっきりしたことは分かりませんが、中国も周恩来首相の胸三寸だったでしょうから……。

神田　佐藤政権は、この件について意欲的だったのでしょうか。

中江　佐藤政権としては深く考えていなかったと思います。ただ、やれるものならやってみたいという気持ちもあって、動いたこともあったようです。岡田さんが香港で何かやろうとしましたが、こちら

5　**竹入メモ**　一九七二年七月に訪中した竹入義勝公明党委員長と周恩来中国首相との会談記録を指す。中国側から日中共同声明案八項目、台湾問題に関する三項目の黙約事項が示され、田中角栄首相に、早期の国交正常化が可能だとの判断をもたらした。

もいろいろ問題があったようです。このあたりのことは、岡田さんに直接聞けば分かるでしょう。それにしても中国という国は、今から思い返しても、どこを突っついても結局駄目だったと思います。中国の方から、周恩来首相が決断して、どこを使うか踏み切らない限り、無駄だったと思うのです。中国というのは、どうもそういう国のように思います。

2 三木外交

服部 一九六六年十二月に外相に就任した三木武夫は、自民党総裁選をにらんだ佐藤首相との関係もあり、独自色ある外交を積極的に展開しています。例えば先ほどのお話のなかで出たベトナム和平工作を積極的に行ったりしました。こうした三木外相の立場は外務省のなかでどのように受け止められたのでしょうか。

中江 その頃の三木さんは、「バルカン政治家」と言われていましたが、肝心要のところをどう考えているのか分からない人でした。要するに、三木さんが自民党のなかで大きな力を持っていなかったからだと思うのです。それで、三木さんは少し気を引くようなことばかり言って、行動に出ていました。「自分は平和外交をするのであって、アメリカ一辺倒の自民党主流とは違うのだ」と。それで、人と違ったところを見せたいという気持ちがあったのではないかと思うのです。しかし、外務省のなかには、三木さんだから、三木さんのためなら、という人はあまりいなかったと思います。

③　テト攻勢

予測できなかったテト攻勢

昇　一九六八年の旧正月（テト）の時期に、北ベトナムと民族解放戦線側が南ベトナムの主要都市へ一斉攻撃を行い、一時、サイゴンの米国大使館を占拠しました。この時、中江大使はサイゴンの日本大使館にいらっしゃって、このテト攻勢をどのようにご覧になったのでしょうか。

中江　テト攻勢は、ベトコンにとってはまさにクリーン・ヒットでした。何しろ昼間は南ベトナム側についていているような顔をしている一般市民が、夜になるとベトコン側に忠誠を誓っていたのですから。そういうベトナム人の心理がうまく作用して、テト攻勢の準備が進められたのだと思うのです。そのため、表通りでいくら掃討作戦を行っても、肝心の兵士は隅々まで掘った地下トンネルのなかをネズミのごとく走り回っていたのです。

昇　当時のサイゴンの日本大使館の様子はいかがでしたか。例えば、三宅和助大使が退官後に書かれた『外交に勝利はない――だれも知らない日本外交裏のうら』には、在ベトナム日本大使館ではテトの休戦を利用して旅行に出ている館員が多く、青木盛夫大使は情報収集などに奔走してついに倒れてしまったと書かれています。[6]

中江　青木さんが倒れたのは多忙だっただけでなく、脳梗塞が原因でした。館員の多くが旅行に出て、大使館が留守になったのは事実です。テト休戦というのは、「テトの旧正月の休みには、ベトコン側も、政府側もお祭りだから戦争をしない」という休戦・休日のことを言います。日本人がお盆とお正月は休んで、仕事をしないのと同じです。それで、平素忙しくしている大使館員は、この機会に骨休みで近隣諸国に出ていたのです。バンコクに出かけた人もいれば、ユエ、マレーシアに出かけた人もいました。私はカンボジアでアンコールワットなどの遺跡を見物し、歴史を学びながら遊んでいました。その時に「ベトコンが反撃し、サイゴン空港が閉鎖された」というニュースが飛び込んできたのです。これは大変なことになったと、サイゴンに帰れる人から戻って仕事に復帰したわけです。

青木さんは、明治時代の典型的な日本の外交官を連想させる立派な大使でした。青木さんがベトナム大使になるとすぐに、日本の新聞には「青木大使はハノイに行って、北ベトナムとの話を始めるのではないか」と、観測めいた記事が出たのです。青木さんは「俺くらいの大物になればそういう噂が出るのもあたり前だよ」と、自分で大物大使を気取り、周囲を笑わせていました。

ところが青木さんは、いざこれから仕事にとりかかろうと思った時に、脳梗塞で倒れてしまいました。もう動けないお体になっても、「北ベトナムとの関係を何とか改善したい」と、並々ならぬ意欲を持って、

6　三宅和助『外交に勝利はない――だれも知らない日本外交裏のうら』（扶桑社、一九九〇年）一三三―一三四頁。

電報で伝えようとするのです。それで、参事官であった私が口述筆記にあたったのですが、青木さんの口は思うように動かず、言語が不明瞭なのです。病床から口述される青木さんの電文を聞き取って、文章に書けるのは私ぐらいのもので、ほかの人には何を言っているのか、さっぱり判らなかったようでした。私も全部判ったわけでもないのですが、青木さんが言いたかったことはおおよそ理解できましたので、それなりに書いて大使にお見せすると、「うん、これだ、これでよし」とうなずいていました。その口述電文の文面は、何とかここで、日本政府がサイゴンとハノイの間の橋渡しをして、戦争を終らせることに貢献したいという、青木さんの気持ちが非常にありありと出たものでした。

昇　テト攻勢による衝撃で、日本外務省のベトナム戦争に対する見通しも転換したのでしょうか。

中江　「テト攻勢がベトナム戦争に対する見通しの転換点になった」というのは結果であって、当時の日本はテト攻勢があったにもかかわらず、相変わらずアメリカに協力することが、ベトナム戦争の解決への道だという考え方で、アメリカの軍事情報を丸呑みにし、アメリカの要請にしたがって、南ベトナムにいろいろな援助を行いました。そのことから言うと、本当の政策の転換になったとは言えないと思います。心ある人はテト攻勢の段階で、その誤りに気づかなければいけなかったのですが、誰一人気づく者もいなかったようです。

テト攻勢直後、「なぜこういう事態を予測できなかったのだ」と本省から怒られました。しかし、ベトコンがテト攻勢でアメリカを打ち負かし、アメリカ大使館を占領するだけの力を発揮するとは、誰にも読めなかったはずです。アメリカだって、まさか自分たちがベトコンに大使館を占領されるとは、少しも考えていなかったはずなのに……。もともとアメリカがそういう情報すら取れなかったところに、ベトナム戦争に対するアメリカの姿勢の間違いがあったのであって、その失敗がテト攻勢の際に現れたのだと思うのです。

そのうえ新聞にまで、「こうなることは予測できた」、「予測できなかったのは日本大使館だけだ」という手厳しい、悪口とも思えるような記事ばかりが書かれました。あのテト休戦の日、ベトコンが反転の攻勢をしかけるとは、誰に予想ができたでしょうか。

ジョンソン大統領演説

昇　このテト攻勢を経て、一九六八年三月末にはジョンソン大統領が次期大統領選への不出馬と、北爆の一方的停止を宣言します。これに対する中江大使個人としての、あるいは日本大使館、外務省本省の反応をお聞かせください。

中江　ベトナム戦争には無理があって、アメリカは経済的に追い込まれていったのです。アメリカ兵の戦死者が増大し、アメリカでは厭戦気分というか、反戦ムードが次第に高まっていったのです。ですから、ジョンソンの不出馬はあたり前のことだと思いました。外務省がどう受け止めたかは知りませんが。私は北爆の停止も大歓迎で、これでキッシンジャーが言ったように、アメリカは負けるのだなと、つくづく思ったものです。

4　北ベトナムとの接触および国交正常化

北ベトナムとの接触

昇　三宅南東アジア第一課長によれば、「テト攻勢前後から、外務省内部には二つのベトナムを認めるべきだという意見が生れつつあった」とのことです[7]。そして、日本政府は一九七一年末、すなわちまだアメリカと北ベトナムとの間で激しい戦闘が展開されていた時期、北ベトナム政府に接触し、翌一九七二年二月には、三宅課長らを非公式な形式ながらハノイに派遣しております。日本政府がこのように積極的に北ベトナムとの国交正常化を行ったのはなぜでしょうか。日本政府が国交正常化に前向きな判断をするうえで、一九七一年夏以降の米中接近によるアジア情勢の変化とは関係があったのでしょうか。

中江　この時期は、三宅さんが一人張り切って動いていました。先にキッシンジャー大統領補佐官が密かにパキスタン経由で中国に入って、ニクソン訪中の地ならし工作をしたことがありましたが、日本でも、キッシンジャーを見習って、誰かがそっとハノイに行って、北ベトナムとの間で日越国交正常化

7　三宅『外交に勝利はない』一三三―一三四頁。

を開こうと、そういう意欲が表れた三宅さんの行動でした。課長になると誰もが、担当地域で名をなしたいと思うものです。三宅さんの日越正常化は、忍者のような戦法で、あっと、人を驚かせるような工作をしてやろうと思い、いろいろ工作を行ってみたのですが、世の中そんなに甘くなかったようです。

昇 三宅課長らのハノイ訪問については、外務省内でも森治樹次官や法眼《ほうげん》晋作[8]外務審議官は賛成したものの、吉田健三[9]アジア局長をはじめ、時期尚早論が多かったと三宅課長が著書に記しています。福田赳夫外相は「やってみたらいいじゃないか」との意見だったそうです。また、史料では東郷文彦駐ベトナム大使も強く反対していたことが分かります。[10]外務省内での意見にはどのようなものがあったのでしょうか。

中江 三宅さんがたきつけるものですから、自民党や野党のなかにも、ベトナムに同情的な政治家が「三宅君、しっかりやれよ」とそそのかすようになってきたのです。三宅さんは労相などを務めた石田博英《ひろひで》代議士の娘婿で、その縁で多少自民党に人脈があって、それでいろいろやったのだと思います。しかし私には、日本政府が積極的にやったという印象は全然なかったですし、政府にしても、「三宅君がやるのならやればいい、うまくいけば、それはそれでいいじゃないか」という、その程度のことだった

---

8 **法眼晋作**（一九一〇―九九年） 一九三七年外務省入省。欧亜局長、外務審議官などを経て一九七二年に外務次官に就任。

9 **吉田健三**（一九一七年―） 一九四〇年外務省入省。一九七二年一月にアジア局長に就任。一九七九年から八一年まで中国大使を務めた。

10 Telegram from Secretary of State to VSDEL France, January 17, 1972, Record Group 59, Subject Numeric File,1970-73, Box 2402, National Archives and Record Administration, College Park, MD.

と思います。福田外相が三宅さんに「やればいいじゃないか」と言ったのも、その程度の意味合いだったのではないでしょうか。

吉田さんや東郷さんは、反対するに決まっていると思われていました。特に東郷さんは、非常なタカ派でしたから。東郷さんの義父の東郷茂徳《しげのり》さん（元外相）は、今はハト派みたいに言われ、戦争終結に貢献した和平派の大臣と思われています。しかし、その息子さんにしてはどういうわけか、東郷さんは大変なタカ派で、右翼的な感じのする人でした。

昇　つまり、外務省全体として、誰か積極的な人がいたとか、米中接近があったからこれをやろうとか、そういうムードがあったわけではなかった、ということですね。

中江　やろうともよせとも、それほど議論が分かれるほど議論したわけでもなかったです。つまり、外務省としても関心は高かったわけではないのです。「駄目もとでやるなら、やってみればいいじゃないか」という程度のことで、「三宅君も一生懸命やっているからまあ、やらせておけ」というぐらいのことだったのでしょう。

国交正常化

昇　この北ベトナムとの関係正常化に向けた日本側の動きは結果としてうまくいって、パリ和平協定を横目に見ながら、一九七三年に入ってから国交正常化が進められるわけですが、日本が早期に北ベトナムと国交正常化をしたことが、その後のアジア外交に、プラスになった面はあったのでしょうか。

中江　分からないですね。国交正常化をしたのはいつでしょうか。サイゴン陥落の局面では、大使はまだ赴任していなかったはずですが。

昇　国交正常化は、一九七三年九月です。しかし、サイゴン陥落の時点では、外交関係はありましたが、賠償問題や南ベトナム共和国臨時革命政府の取扱い問題などがあって、大使館はまだ設置されていませんでした。

中江　この件も、記憶にないですね。この頃のことで私が覚えているのは、サイゴン陥落後の日本人救出ぐらいですね。サイゴン陥落後、アメリカ軍の綱紀が乱れ、救出はなかなかうまくいきませんでした。有名な話ですが、こういうことがありました。サイゴンの空港から米軍の輸送機がどんどん軍人を運び出しているところに、韓国軍がやって来たのです。韓国軍はベトナム駐留軍のなかでは軍務を一番忠実に一生懸命やりましたので、アメリカ軍や南ベトナム政府から実に立派だと高く評価されていました。ところが、その韓国軍の兵士がアメリカ軍兵士と一緒に飛行機で脱出しようとしたら、アメリカ軍兵士に足で蹴飛ばされて乗せてもらえず、韓国軍は非常に怒ったという話が残っています。このようなぐあいで、当時のベトナムは冷静さを欠いて、混乱していたのです。それで日本も、日航機を派遣して日本人の救出にあたりました。北ベトナムとの交渉については覚えていないです。

5　ベトナム戦後復興計画

服部　日本では一九六八年以降ベトナム戦後復興計画について真剣に検討し、「ベトナム復興特別基金」構想等が出されています。ベトナム戦争後について、外務省では日本がどのような役割を果すべきだと考えていたのでしょうか。米国の方針との違いはあったのでしょうか。

中江　「ベトナム復興特別基金」という、そういう構想があったのでしょうか。

服部　はい、ありました。また、日本政府は一九六八年からベトナム戦争終結後の国際監視団と平和保証国際会議への参加希望を表明していましたが、一九七三年のパリ和平協定後にはどちらも実現しませんでした。その理由はそれぞれどのあたりにあったと思われますか。

中江　このあたりに日本政府の戸惑いが、はっきり出ているように思います。つまり、外務省には、ベトナム戦争ではアメリカ側に立って変なことをやってしまった。これはしくじったという気持ちがあったので、日本政府としてできることを考えたら、結局、復興・開発ぐらいのものだったということです。御多分にもれず、アフガンの時もそうでしたが、戦争で困っているのなら、復興支援でしたらうちはいくらでもお金を出して協力しますよと。そうやって、アジアにおける日本の立場を世界に認めてもらおうという魂胆が、このあたりからずっと続いているのだと思います。

第5章　冷戦の変容と新段階に入った日本外交

——アジア局参事官・次長・局長時代（一九七一—七八年）——

一九七一年七月、キッシンジャー大統領補佐官の極秘訪中により、米中和解の動きが表面化する。翌一九七二年二月には、ニクソン大統領が中国を訪問して、五〇年代の朝鮮戦争以来の米中間の敵対関係に終止符を打つことになった。また、米国はこの中国との新たな協力関係を梃子にして、冷戦上の主要敵であるソ連との緊張緩和にも乗り出した。こうして、アジアにおいて、米中ソ三極構造が現出する。そして、米国は中ソ両国との関係改善を図る一方で、一九七〇年に発表された「ニクソン・ドクトリン」に則して、泥沼化したベトナム戦争から抜け出し、アジアにおける過剰なコミットメントを整理縮小する方向へ動く。当時、ベトナム戦争やソ連との軍備拡張競争によって国力を疲弊させていた米国としては、中国との和解とアジアへのコミットメント縮小を通じて、アジアに新たな勢力均衡を作り、冷戦を戦うコストを切り下げたわけである。

突如として出現した米中和解という事態を、日本は「ショック」として受け止めた。いわゆるニクソン・ショックである。ところが、その反面、米中関係が改善し、ベトナム戦争が収束して、アジアにおいて米国のプレゼンスが低下していくということは、それまで米国の戦略に大きく拘束されてきた日本外交に、より幅広い裁量を与えることにもなった。事実、日本は、早くも一九七二年に中国との国交正常化を果たし、その六年後の七八年には、日中平和友好条約の締結に踏み切るなど、日中関係は著しい発展を見た。また、一九七七年には、福田ドクトリンの発表を通じて、「平和国家・日本」の対アジア外交の基本方針を明らかにする。この時期に、現在の日本の対アジア外交の基礎固めがなされたと言っても過言ではない。

一方、日本の国内政治が、自民党内の派閥抗争によって、佐藤栄作、田中角栄、三木武夫、福田赳夫と首相官邸の主が目まぐるしく入れ替わる状況が続くなか、中江要介は、アジア局内で、参事官、次長、局長を務め、日中正常化に伴う台湾との断交や福田ドクトリンの作成、日中平和友好条約の締結交渉といくつもの対アジア外交の重要案件に関わった。これらの案件をこなしつつ、中江は、米国の影響力が相対的に低下した「ポスト・ベトナム」期のアジアにおける日本の新たな生き方を模索するのである。

1 佐藤政権末期

モンゴルとの国交正常化[1]

服部　モンゴル側は一九六〇年代初頭から、日本との外交関係樹立を望んでいることを日本政府に伝えています。日本側がこれに消極的な態度を取り続けた理由はどこにあったのでしょうか。戦争賠償問題のほか、領有権を主張していた台湾への配慮や、日中関係の発展への影響が考慮されたのでしょうか。

中江　日本側が消極的な態度を取り続けたのは、モンゴルが当時はソ連との関係が密接だったからです。今とは違っていました。

服部　一九七〇年九月、中江大使はモンゴルを訪問されています。訪問の内容についてはいかがですか。

中江　私のモンゴル訪問の目的は賠償問題ではなく、モンゴルが日本政府と国交正常化の話に応ずる用意があるのか、本当に日本との国交正常化を望んでいるのかを探ることにありました。当時、モンゴルが日本との国交正常化を望んでいるというサインが、方々から届いていました。ただ、今おっしゃっ

1　**モンゴルとの国交正常化**　佐藤政権末期の一九七二年二月に実現した。

たような、領有権を主張していた台湾への配慮というものはなかったです。また、日中関係の発展という点に関連していえば、当時、中ソ対立の影響があって、モンゴルと中国との間は友好的ではなかったのです。そのため、モンゴルと正常化した後、にわかに中国とも接近するというわけにもいかなかったのです。この点、中ソ関係が影響していたことは事実です。

ニクソン訪中が、モンゴルとの国交正常化に追い風になったかどうかは分からないです。ただ、私としては、モンゴル訪問の時、モンゴル外務省のツェレンツォードル・アジア地域担当局長と外交関係樹立の話をしました。このことは拙著『らしくない大使のお話』に書いた通りです。[2] 私はツェレンツォードルさんに「モンゴル側がちゃんとした態度を示さなければ、日本側は応じられない」と、はっきり言ったのです。というのは、国連総会で毎年、モンゴル代表は日本の態度、特に日米関係について批判していたので、「そういう対日批判を止めたら、外交関係の樹立を真面目に考えてもいい」と。すると、その年の国連総会から、モンゴル代表であったリンチン外相の対日批判が消えたのです。私は、これは本物だと見て、具体的に国交正常化に関する働きかけを始めましたが、そういう経緯があってのことでした。

ツェレンツォードルさんは面白い人でした。彼はもの凄い酒飲みで、酔っ払って、いろいろな話をしたなかで、私は彼に今のようなことを言ったのです。つまり、「日本が外交関係の樹立を前向きに検討

2　中江要介『らしくない大使のお話』(読売新聞社、一九九三年) 四九―五三頁。

するには、あなたの国の決断を示すサインが欲しい。それには、モンゴルの外相の国連演説の中から対日批判を消すことである」と。モンゴル側がそれに応えたことで、サインとして受け取ったのです。

佐藤政権末期の対ソ、北ベトナム政策

若月　佐藤政権末期の一九七二年初頭、日本政府はグロムイコ・ソ連外相の訪日（一月）により日ソ平和条約交渉の開始への道筋をつけると同時に、二月には三宅和助南東アジア第一課長のハノイ派遣など、中国以外の社会主義国との関係改善に動き始めています。こうした一連の措置は、当時の中ソ対立の文脈のなかで、佐藤政権に対して硬い姿勢を取り続けていた中国を意識した行動だったのでしょうか。

中江　三宅課長のハノイ派遣など中国以外の社会主義国との関係改善策は、日中関係を意識した動きではないと思います。こういうものを関連づけるほど、日本の外交は立派ではなかったのです。それほど地域的あるいはグローバルに、外交を有機的に動かすような、そういう姿勢や態度が身についている政治家・外交官はいなかったです。北ベトナムとの関係改善にしても、三宅さんが一人で奮闘したところが相当あります。三宅さんは自分で和製キッシンジャーと言って、北ベトナムに働きかけていましたが、それほど大きな意味はなかったと思います。

田中角栄と福田赳夫の対中政策

若月　一九七二年七月の佐藤後継を争う自民党総裁選は、対中政策が一つの大きな争点になりました。

選挙戦においては、田中角栄通産相が日中国交正常化を一点集中的に主張していたのに対して、福田外相は日米関係を基軸としたうえで、日中、日ソ両関係のバランスを重んじた主張を展開しておりました。田中・福田両氏の間近にいた中江大使から見て、両者のアジア観や外交観の相違というものは見て取れたでしょうか。

中江　私は、田中さんのアジア観や外交観についてはほとんど分かりませんでした。田中さんは「よし分かった」と言うばかりで、何が分かったのか私にはさっぱり分からなかったのです。一方で福田さんの方は、平和友好条約交渉のブリーフをした経験からも、私たちと同じような考え方だったという印象があります。田中さんの方は、自分でも「そんな難しい話は、ワシには分からん」と言っていましたが、本当にそうだったのかもしれません。それで大平さんにボールを投げ出したのだと思います。私たちは、福田さん、大平さんとは話が比較的噛み合いましたが、田中さんは独特の特徴がありましたので。

田中政権発足以前のアジア局内の様子

服部　田中政権が発足する以前の段階で、中江大使や須之部量三、吉田健三両アジア局長（一九七二年一月に須之部から吉田に局長交代）などは、来るべき日中国交正常化に際し、どのように台湾問題を処理しようと考えていたのでしょうか。また、その点について、アジア局内で意見の相違はあったのでしょうか。

中江　日中国交正常化交渉の開始をどなたが主張していたのかは分からないのですが、当時の橋本中国課長にしても何らかの哲学や理念があって、日台断交と日中国交正常化を主張したとは思えないのです。私も台湾問題については深く考えていなかったし、アジア局でもほとんどの人が特別に考えていたとは思えないです。

田中さんが日中国交正常化を行ったというのも、自民党総裁選挙で対立候補であった中曾根さんや三木さん、大平さんと一線を画すために日中正常化を公約に掲げたのが、当選したので行わざるを得なかったのだと思うのです。それで、「よっしゃ、分かった」とやってしまいました。私たちからすれば、田中さんの日中正常化には思想や理念、政策が感じられず、ただの選挙目当てだったとしか考えられなかったのです。それで私は、田中さんの日中正常化を、極めて冷ややかな目で見ていました。

一方で、日中正常化の際、台湾をどうするのかが問題になったのですが、当時、台湾のことを真剣に考えた人は、ほとんどいなかったように思います。そもそも台湾の中華民国との間に日華平和条約という、国際法的にも国内法的にも何の瑕疵もない立派な条約を新憲法下で合法的に結んでおきながら、それを日中正常化の際に「大平外相談話」で一方的に軽々しく捨ててしまいました。そういう考え方がどこにあったのか、もし大平さんがご存命でしたら反論したいところです。

私の目から見ると、大平さんは中国一辺倒でした。とにかく大平さんは、「中国、中国」、「中共、中共」と言って、台湾に対しては邪魔者扱いの認識しかなかったように思えました。大平さんさえそのように見えたのですから、台湾のことを本当に真剣に考えた人はほとんどいなかったのではないでしょうか。

自民党のなかに台湾派と言われている人たちがいましたが、彼らは政策として主張したのではなく、派閥の問題、選挙の問題に絡んで、政治家としての野心からただ単にそう言っていただけのようでした。彼らが本当に日本と台湾のことを心配していたとは、私にはとうてい思えなかったです。

[2] 田中政権期の日中国交正常化と日台断交[3]

訪台前

服部　台湾訪問にあたって椎名悦三郎特使と大使が田中首相にお会いになった時、田中首相は「椎名君、ご苦労さん、ご苦労さん」と簡単に述べただけだったとのことです[4]。両者の打ち合わせの模様をお聞かせください。

中江　当時の首相官邸は、あらかじめ約束をとったうえで、執務室で決められた時間で話をするというシステムにはなっていませんでした。秘書官がいろいろ取り仕切ってはいましたが、極めていい加減

3　**日中国交正常化、日台断交**　一九七二年九月二十九日、北京を訪問した田中角栄首相と中華人民共和国との共同声明が調印され、両国はそれまでの「不正常な状態」を終了し、その日から「外交関係を樹立する」ことが発表された。日本政府は、中華人民共和国が唯一の合法政府であることを認めるとともに、台湾が中華人民共和国の領土の不可分の一部であるとの中華人民共和国の主張を十分理解し尊重するとの態度を表明した。また、大平正芳外相は、日中共同声明が発表されたその日に、国民党政府との間で一九五二年四月に調印された日華平和条約は終了したとの日本政府の見解を外相談話として発表した。

4　中江要介「日中正常化と台湾」（『社会科学研究』第二四巻第一号、二〇〇三年）九九頁。

なものでした。

椎名さんと田中さんとの会見も、ワーワー言っている間に、椎名さんがヒューと風のごとく首相の執務室に入って、田中さんが「やあ、椎名君、今度はご苦労だね」と例のだみ声で言って、それだけで少しも事務的ではありませんでした。ですから二人の会見といっても、印象に残る話もなかったです。日本の政治家が言うところの、あうんの呼吸ですね。要するに、椎名さんが台湾に行く前に田中さんにちゃんと会ったという、それだけのことで、中身はいい加減なものでした。肝心の当事者は、台湾問題がどういうことなのかよく分かっていなかったですから。誰か特使を出すなら、椎名悦三郎しかなかろうということで、椎名さんにわざわざ自民党副総裁の肩書きを与え、特使にしたわけです。

服部　時間はどのくらいだったのでしょうか。

中江　十分もかかっていないですね。正味五分ぐらいだったでしょうか。

服部　「日中関係というけれど、実際は日台関係だよ」と、大平外相が述べていたとのことですが、[5]椎名訪台に際して、大平はどのような指示を椎名特使や中江大使に与えたのでしょうか。また、大平と新橋で密会されたとのことですが、[6]外務省本省ではなく秘密裏に新橋で会う必要があったのでしょうか。

中江　大平さんは、みかけによらず事務的にきちんとした考えをする人でした。日中国交正常化をすれば台湾との関係はもう捨てざるをえないということに、大平さんは、頭のなかではもう踏み切ってい

5　中江『らしくない大使のお話』五三頁。同『日中外交の証言』（蒼天社出版、二〇〇八年）一四頁。
6　中江『らしくない大使のお話』五四頁。

コラム⑤——日中国交正常化

一九七二年九月二十九日に日中共同声明が調印されたことで、日本と中華人民共和国（以下、中国）の国交正常化が実現された。国交正常化からすでに三十年以上が経過しているが、この日中共同声明は今日でも政治指導者レベルでしばしば言及されるものであり、その有効性は否定されていない。特に中国では、正常化によって成立した日中関係の基本的枠組みを「七二年体制」と呼び、その原則は長期にわたって有効であり、双方その「原型」に立ち戻るべきだ、との見方が強い（毛里、二〇〇六年、九〇頁）。

しかしながら、日本国内では、日中国交正常化のプロセスに対する否定的な意見は現在に至るまで少なくない。中江要介の証言もどちらかといえば、否定的な評価、特に田中角栄への不満をうかがい知ることができる。当時アジア局参事官という要職にあり、後に中国大使を務めることとなった中江ですら、このような意見を有していることは非常に興味深い。

日中国交正常化に関しては、日本側の開示文書により、その交渉内容に関してある程度解明され、研究が進められている。しかしながら、かかる交渉に臨む際の両国の政策決定過程に関しては、未だ不明な点が多い。その意味では、日本側の政策決定過程は稚拙なものだったと評する中江の発言は極めて示唆に富むものである。

二〇〇四年二月以降、部分的にではあるが中国外交部も外交文書を公開しており、二〇一〇年七月時点では一九六五年までの文書が閲覧できるようになった。今後、日本並びに中国の当該時期の外交文書がさらに公開されることで、日中国交正常化という極めて重要な外交交渉における、両国の思惑、政策目的に関していっそうの歴史的事実の解明が期待される。

（杉浦康之）

【参考文献】①石井明・朱建栄・添谷芳秀・林暁光編『記録と考証　日中国交正常化・日中平和友好条約締結交渉』（岩波書店、二〇〇三年）、②毛里和子『日中関係　戦後から新時代へ』（岩波書店、二〇〇六年）、③中江要介『日中外交の証言』（蒼天社出版、二〇〇八年）。

たのだと思います。

ですから、椎名さんや私は、大平さんから、特に指示を与えられなかったです。大平さんからすれば、分かっているじゃないか、ということですね。台湾が怒って何をするか分からないから、そこのところはなだめておかなければいかんと、そのことだけはおっしゃっていました。しかし、面と向かって、「ついては椎名さん、こういうことで、我々としてはこうやるから、特使は台湾の政治家にそのように話してほしい」というようなことは、一言も口に出さなかったです。こちらも、そんなこと聞くだけ野暮だ、という感じでした。

服部　そうすると、例えば日台断交といった言葉は出なかったということでしょうか。

中江　大平さんは、東京にいた中華民国の彭孟緝《ほうもうしゅう》大使に「正常化すれば、あなたがたとの関係はどうしても切れざるをえない」というようなことを言いました。台湾の方は、これを断交の通告だと受け取って怒り始めるわけです。不思議なことに、台湾と断交することを、日本政府がきちんと議論して、正式に決定したことがないのです。みんな何となく、それしかないという気持ちになって、今から思うと、ワーワー騒いで、わけの分からないうちに物事が進んでいった感じです。もっとも大平さんは、台湾との関係を切ったら、その後の始末が大変であることを覚悟していたので、「台湾はどうなっているんだ、大丈夫か」と、始終私たちに聞いていました。

私は、台湾の方をやれと言われました。当時、私の唯一の情報源は、台湾の中央通訊社[7]の東京支局長

7　**中央通訊社**　一九二四年、広東省で設立。国民党政府に従って台湾に移動し、以後最大手の通信社として発達した。

であった李嘉《りか》という人物でした。中央通訊社社長の魏景蒙《ぎけいもう》が台湾情勢に通じた人で、李嘉を通じて魏景蒙の情報をもらっていたのです。この李嘉とは非常に親しくして、週に二、三日は食事をしたり、お茶を飲んだりしました。彼のおかげで、私は台湾情勢を相当につかむことができた。それを大平さんに報告したのです。彼の秘書官の森田一[8]さんから「今日は何時に新橋のどこで、大臣が待っていますからどうぞ」と連絡があると、指定された場所に行って、李嘉を通じて知らされた台湾情勢を報告しました。そのなかには、もし日中が国交正常化したら、日本人の財産が差し押さえられる、飛行機は飛ばなくなる、日本の船は台湾海峡を自由に通航できなくなる、といった脅迫めいた情報はほとんどありませんでした。そういう類の情報は、台湾派の政治家から入ってくるのです。灘尾弘吉[9]さんやお付きの玉置和郎さん、藤尾正行[10]さんあたりからです。青嵐会の名簿を見ればそれらしき人たちが全員出ていると思います。彼らは、どこからそういった情報を得てくるのか、とにかく田中政権をつぶしてやれと、あることないこと言うわけです。そういう状況で、アジア局参事官である私が、大臣である大平さんに何か報告したとなると、新聞がうるさいですから、それを避けて秘密裏に静かなところを探して、新橋の料亭に

---

8 **森田一**（一九三四年—）　大平正芳の娘婿。一九八〇年、急死した大平首相に替わって衆議院選挙に立候補、初当選。森喜朗政権で運相を務めた。二〇一〇年、オーラルヒストリー『心の一燈　回想の大平正芳』（第一法規、二〇一〇年）を出版。

9 **灘尾弘吉**（一八九九—一九九四年）　広島県出身。一九五二年、衆議院議員初当選。岸政権、佐藤政権で文相、池田政権で厚相などを歴任し、一九七九年から八〇年まで衆議院議長を務めた。

10 **藤尾正行**（一九一七—二〇〇六年）　東京都出身。一九六三年、栃木二区から衆議院議員に初当選、労相、自民党政調会長などを歴任。第三次中曾根政権で文相に就任するが、歴史教科書問題に関連した発言が問題視され、罷免された。

なったわけです。

服部　訪台を前に、椎名特使との打ち合わせではどのような基本方針を立てましたか。また、台湾との断交などについて、外務省と自民党の間で見解の相違はあったのでしょうか。

中江　自民党と外務省の意見の相違といっても、なかなかつかみどころがないのです。両者の間できちんとした形で協議が行われたわけではなかった。個々人がめいめい新聞にしゃべったり、雑誌に書いたりしているのを見て、北京派か台湾派かの色分けが分かったという感じでした。ですから、見解の相違は個々人でありました。

基本方針として、はっきりしていたのは、日中間の国交正常化をすれば、台湾との関係は切れる。すると台湾は怒って何をするか分からない。だから、下手なことをさせないように台湾の頭をしっかりなでてこいということでした。そういうことを実際に文章に書いたわけではありませんが、書かなくてもみんな分かっていました。一番よく分かっていたのが、椎名さんだったと思います。

服部　台湾との関係は切れるということを、椎名特使もその時点で了承していたのでしょうか。

中江　いえ、椎名さんは了承していなかったでしょうね。大平さんが早々に彭大使に言ったことは椎名さんも知っていたはずです。だからといって、椎名さんが日中国交正常化、日台断交に抗議するために、誰かに会ったということもなかったように思います。

あの人のモットーは、省事《しょうじ》でした。やっかいなことはできるだけ省いて、根幹だけを守っていく主義でした。言わなくても分かっていることを、みんなの前でしゃべるのも面倒くさかったのでしょう。国会でも分かったような、分からなかったような顔して、答弁していました。ところが、国会の議事録をお読みになるとお分かりになると思いますが、実は椎名さんの答弁が一番はっきりしています。論理的にしっかりしていて、みんなシーンとなって聴き入っています。あの人は、すべて分かっていても、それを俗人のようにペチャクチャ言わず、黙って腹のなかにしまっておくタイプでした。ですから、「特使の台湾訪問の基本方針を協議いたしますから、大臣室で何時から……」といった準備作業は、あの人には不要でした。

服部　そうすると、基本方針について、必ずしも椎名特使とはしっかり詰めたわけではないということでしょうか。

中江　そうですね。詰めなかったというか、外務省にペーパーがあることはありました。しかし、それは椎名さんと協議をしたとか、椎名さんの了承を取ったとか、そういうものではなかったと思います。

服部　つまり、文書で椎名特使に提出したということですね。

中江　秘書官を通じて椎名さんに渡したことになっていますが、ご本人が読んだか読まなかったかは分からないですね。椎名さんからは何も反応は帰ってこなかったし、秘書官に聞いても「大臣に渡してありますよ」と言うだけでしたから。

服部　それは、先ほど大使がおっしゃったように、日中国交正常化はやる、そして台湾とは切れるであろう、という骨子のペーパーでしょうか。

中江　そうです。厳かな手続きを踏んだ権威あるペーパーとは思えないものですが、事務当局が考えていたことははっきり表われているのではないかと思います。

随行議員団の名簿作成

服部　大使はこの名簿の作成にあたって、自民党の竹下登にご相談されたということですね。[11]

中江　当時、台湾派に堂々と名前を連ねて台湾に行くのは勇気が必要でした。台湾派は少数派で、異端視されているような空気がありましたから。そういうなかで、あえて名を連ねた人もいれば、保険というか、将来俺も台湾に理解があったのだと言えるよう、恐る恐る名前を出した人もいました。名乗りを上げると、今度は序列が問題になってきます。蔣介石に会うことにでもなれば、誰がどの順番で並ぶのか、気になってくるわけです。

当時の吉田健三アジア局長には、「中江君、序列を慎重にやっておかないと、後で問題になるぞ」と言われました。私はそんなことにはこだわらないので、どうでもいいと思っていたのですが、吉田さんが「竹下さんに相談しろよ」と念を押すので、竹下さんに「名簿は大体二十人ぐらいでこういうふうに決まったのですが、序列をどうしましょうか」と相談したのです。すると竹下さんは、「ああ、それは任しといて」と言って、名簿を作成して、序列を決めてくれました。驚いたことに竹下さんは、国会議員名簿がそのまま頭のなかに入っているようでした。何県何区の自民党の立候補補者は誰々で、誰は何回

11　中江『らしくない大使のお話』五四頁。

生で、どこの大学の出身でといったことを詳しく知っていて、こんな政治家がいるのかと驚きました。竹下登さんという人は、大変な才能の持ち主だと思いました。

服部　大使のお話では、自民党青年部の松本彧彦《あやひこ》が台湾要人に人脈を持っており、椎名特使の受け入れについて働きかけたとのことですね。[12]

中江　椎名さんがいよいよ派遣される段になっても、台湾の方からは、「じゃあ、椎名先生、いらっしゃい」とは一言も言ってこないので、いったい誰に会えるのかも分からなかったのです。はたして椎名さんの台湾訪問が実現できるのか、頭を痛めていた時に、松本彧彦さんが彼自身の人脈をたどって、何とか椎名さんを受け入れてくれるよう伝えていました。もし受け入れてくれたら、蔣介石に会いたい、何応欽《かおうきん》[13]や張群《ちょうぐん》[14]にも会いたいと、地ならしをしていたのです。自民党の青年部には、こういう変わった人もいたのですね。

服部　蔣介石に宛てた田中首相の親書があるかと思います。これは橋本恕[15]中国課長もしくは小倉和夫[16]

12　中江「日中正常化と台湾」九七―九八頁。

13　**何応欽**（一八八九―一九八七年）　日本の陸軍士官学校卒。蔣介石の側近として北伐、対中国共産党戦を指揮した。一九四八年から台湾の国家安全会議戦略顧問委員会主任委員を務めた。

14　**張群**（一八八九―一九九〇年）　蔣介石の側近。戦前は外交部長、戦後は行政院長などの要職を務め、国民政府の台湾移転後も総統府秘書長を務めるなど、国民政府の中枢を担った。

15　**橋本恕**（一九二六年―）　一九五三年外務省入省。一九六八年四月に中国課長就任。その後シンガポール大使などを経て一九八九年から一九九二年まで中国大使を務めた。

16　**小倉和夫**（一九三八年―）　一九六二年外務省入省。経済局長、韓国大使、フランス大使などを歴任した。現在は国際交流基金

中国課首席事務官が執筆したものでしょうか。

中江　私は、親書なんて持っていっても、駄目だという気持ちでした。でも、日本の政治家はもったいをつけるのが好きですから、行く以上は、首相の親書を持っていくんだとか、持たせなきゃ椎名さんに失礼だとか、中身よりもそういうことにこだわって、結局親書を持っていくことになったのです。小倉さんという人は、何か頼むと明くる朝には全部ペーパーになって出てくるぐらいものすごい勢いで文章を書く人で、田中親書の案も、そうやって書いたのでしょうね。

ついこの間、台湾で日台断交当時をしのぶ会合があって、小倉さんも来ていました。「あの親書は、実は私が書きまして」と言うので、私は「あんなの知らないよ」と言ったら、「中江さん、それはないですよ。ペーパーをよくご覧になったら、中江参事官のサインがあるはずですよ」と。私は、親書の案にサインしているらしいです。

しかし、首相が蔣介石総統に宛てる親書というからには、荘重な、格調の高い立派な親書にしなければいけないというので、安岡正篤[17]さんに手を入れていただいたようです。これも、小倉さんから聞いた話です。ただ、椎名さんは親書について一言もおっしゃらないので、私は随行していながら特使がいつ、どうやって台湾側に渡したのかも、どうなったのかも知りませんでした。台湾側の話によると、椎名さんはちゃんと渡したらしいです。もっとも受け取った台湾の事務方は、封筒を開いて文章を読んでみた

理事長。

17　**安岡正篤**（一八九八―一九八三年）　東洋思想研究家。吉田茂、佐藤栄作をはじめ歴代首相に多大な精神的影響を与えた。

ところ、「あっ、これは駄目だ」ということで、蔣介石には上げなかったと言われています。

卵をぶつけられた椎名一行

服部　情報公開請求で得た外務省記録によりますと、椎名特使は九月十七日に台湾に到着した時、どうやら外務省が用意していたステートメントを読まなかったようですが、その時の状況をお聞かせください。

中江　これは、外務省記録ではどうなっていますか。

服部　私が見た限りで申し上げますと、外務省側は一応ステートメントを準備していたようですが、それを読み上げた形跡が見あたらなかったものですから。

中江　ステートメントどころではなかったですよ。飛行場に着くと、ものすごい反対デモと警戒で、どこから出ていけるか分からないような状況でしたから。赤いじゅうたんが引かれたところで、マイクロフォンが用意されて、「親愛なるみなさん……」と、ステートメントを読み上げるなんて考えもしなかったですね。

服部　あわてて自動車に乗り込んだところを、生卵を投げつけられたということですか。

中江　普通でしたら、飛行機のタラップを降りたところに車が待機していて、それに乗って出ていけばいいわけです。ところがすでにデモ隊が、車が通る道をみんな調べていて、待ち受けているわけです。それで、裏口かどこかに回ったらしいのですが、そこにもデモ隊がいました。私は二台目か三台目の車に乗っていたのでよく分からなかったのですが、何事が起きるのかとにかくみんな緊張していました。そのうちデモ隊の人たちが、私たちの自動車に向かって生卵をぶつけたり、棒で叩いたり、唾をかけたりして、それはもう、大変な反対デモに遭ってしまいました。[18]

椎名・蔣経国会談[19]

服部　椎名一行には、副団長として村上勇、秋田大助、顧問として福永一臣、加藤常太郎、菊池義郎、高見三郎、福井勇、鹿野彦吉、砂田重民、山村新治郎、中村弘海、綿貫民輔、浜田幸一（以上衆議院）、川上為治、大森久司、楠正俊（以上参議院）、随員として中江要介外務省アジア局参事官、七海祥朗外務省情報文化局海外広報課事務官、若山喬一外務省研修所事務官、秘書として岩瀬繁（椎名大使付）、頭山統一、小渕岩太郎、田口忠男、松本彧彦、横瀬昌博、の各氏がいたようです。[20]そのうち、椎名・蔣経国会談で発言しているのは、蔣経国と椎名特使、村上、秋田の両議員だけです。[21]この椎名・蔣経国会談に外務省から出席されたのは、大使のほか、宇山厚台北駐在大使、伊藤博教台北駐在公使、七海祥朗、

18　中江要介「生卵をぶつけられた日台断交使節団」（『現代』一九九二年一一月号）一三九―一四一頁。
19　**椎名・蔣経国会談**　一九七二年九月九日開催。
20　檜山幸夫「日中国交回復に伴う日華国交断絶における椎名悦三郎・蔣経国会談記録について――外務省参事官中江要介の会談記録『中江メモ』の史料論」（『社会科学研究』第二四巻第一号、二〇〇三年）一九〇―一九一頁。田村重信・豊島典雄・小枝義人『日華断交と日中国交正常化』（南窓社、二〇〇〇年）四六―四七頁。
21　中江要介「椎名悦三郎・蔣経国会談記録――『中江メモ』」（『社会科学研究』第二四巻第一号、二〇〇三年）六三―八〇頁。

若山喬一の各氏でしょうか。それに通訳はどなたがなさったのでしょうか。

中江　確か伊藤公使、七海事務官、若山事務官が陪席していたでしょうか。蔣経国と椎名さんが主に話をしました。日本側の通訳は、駒正春さんというものすごく中国語のうまい方でした。駒さんは、二〇〇〇年五月に亡くなりましたね。

服部　会談で椎名特使は、日中国交正常化協議会[22]の決議[23]に言及し、「『従来の関係』とは外交を含めた意味である」と述べています。[24]椎名特使は、政府の見解というより自民党の方針を伝えたのでしょうか。

中江　先ほど申し上げたように、椎名さんには政府の見解が正式に伝えられなかったですからね。田中さんはいい加減な話をするし、大平さんも自分では分かっているけれども、きちんとした見解を作っていなかったですから、椎名さんにしてみれば、俺はいったい、何をしに行くんだという不満があった。結局、椎名さんは考えに考えたあげく、正常化協議会の決議なら間違いないから、これを伝えるのが精

22　**日中国交正常化協議会**　一九七二年七月二十四日、中華人民共和国との国交樹立に関する内閣の方針を決めることを目的として自民党内に発足した。会長は小坂善太郎、副会長は江崎真澄、木村俊夫など十二名。自民党衆参両議院四三一人中二四九名が参加した。

23　**日中国交正常化協議会決議**　日中国交正常化協議会が九月五日に採択した「日中国交正常化基本方針」は、「わが国と中華民国との深い関係にかんがみ、従来の関係が継続されるよう十分の配慮の上交渉されたい」との付帯条件をつけたうえで、田中首相が日中国交正常化交渉を進めることを容認していた。

24　中江「椎名悦三郎・蔣経国会談記録」七二頁。

一杯ではないかと思ったのだろうと私は推測しています。田中さんが「正常化協議会の決議、あれを向こうに言ってくれていいよ」と言ったわけではなく、椎名さんご自身の判断で、ほかに言うことがないから言ったと思うのです。

ところが、この決議を読むと、「『従来の関係』には外交関係を含む」という正常化協議会の最後の申し合わせがあるわけです。青嵐会の中川一郎さんが、「従来の関係」は維持したいと頑張ったのです。それで、「従来の関係」には、従来、外交関係があったのだから、外交関係も含まれると、子供だましのようなことを言うものですから、「日本は中国と国交正常化しても、台湾とは断交するのではなく、外交関係を維持すると、田中角栄は言っているのか」と、蔣経国があきれたわけです。

服部　大使は、蔣経国についてはどのような印象をお持ちでしょうか。

中江　とても頭のいい人でした。蔣経国にしてみれば、本来、そんな見え透いた嘘をついて、何ですかと言いたかったはずですが、そういう面目をつぶすようなことは言いませんでした。ただ、蔣経国は「大平大臣は、東京にいる我々の駐日大使に対して、日中正常化したらその結果として台湾との法律関係、外交関係は切れるということを通知しているじゃないか」、「それは断交の宣言以外の何ものでもないじゃないか」と、その点だけを取り上げて、椎名さんとお話されました。

その様子を見ていて、私は、ああ、この人は、何もかも分かったうえで、しかも遠路はるばるやって来た椎名悦三郎という老人を大事にし、面目をつぶさないように、うまいぐあいに話を取り持ったな、という印象を持ちました。弁慶と義経が嘘をついているのを富樫は分かっていながら、見て見ぬふりをして関所を通してやる、あの勧進帳に似ています。蔣経国は、椎名さんが言っていることは嘘で、日本は、本当は台湾とは断交すると決めているのに、それを言ったのでは元も子もないから正常化協議会の決議を引っ張り出した。もう台湾とは断交するつもりでしょう、ということを暗に匂わせながら、椎名さんとの会談を、いかにも話ができたかのような格好で終わらせました。

服部　先ほど椎名特使について、迷ったあげくに党の方針を伝えたとおっしゃいましたが、椎名特使の真意はどのようなものだったとお考えでしょうか。

中江　椎名さんは、馬鹿げた役目を押しつけられたという気持ちだったと思うのです。でも、あの人は怒ったり怒鳴ったりせず、省事の主義で、大きく包み込んでしゃらーっとしていました。かつて椎名さんは外相の時に、国会で「アメリカは日本の番犬だ」と答弁したことがあります。社会党の議員から「椎名大臣、いったい、アメリカは日本にとって何だと思っているのですか」と聞かれまして。[25] そうしたら野党だけでなく、与党までもが「失礼な、あんなに世話になっているアメリカに、日本の番犬とは何事だ、撤回しろ」と言い出して、議場は騒然となりました。すると椎名さんは、手を挙げて、指名されるとトットッと出ていって、「言い換えます。アメリカは、日本の番犬様です」と言ったのです。議場はワーと笑って、それでおしまいになりました。「アメリカは日本の番犬様です」というのはふざけた表現とも思えますが、椎名流の物の言い方がよく出ています。椎名さんにはそういう類の面白い話が

25　一九六六年三月十八日開催の第五一回国会衆議院外務委員会での答弁。

たくさんあります。

台湾に行った時の椎名さんの真意は、田中角栄め、若いくせして偉そうに。俺を副総裁にして、政府特使として台湾に送るとは何だ、と内心思いながら、何か言えと言うなら、言ってやろうか。正常化協議会の決定は、こうだと言ってやろうか、ということだったと思いますね。

椎名さんと外務省との関係が、疎遠だったというより、椎名さんには、外務省や政府のために何とかしてやろう、というような気負った気持ちがまったくなかったように思われました。やれと言われたから、やりますよというだけのことで、被害を最小限に抑えて、実だけとったということではないでしょうか。

服部　大使のご論考によりますと、「蔣経国はニクソン訪中の発表後、もう大陸光復できないと感じており、椎名と会見した時点で、実は内心では大陸奪還をあきらめていた」と、台湾代表の羅福全《らふくぜん》が大使に語ったとのことですね。[26] しかし、蔣経国は、椎名特使との会談では「必ずや大陸を取り戻せると固く信じている」と述べています。[27] 大陸光復に関する蔣経国の真意はどのようなものだったとお考えでしょうか。

中江　これはもう知りようのないことですね。蔣経国も椎名さんも亡くなりましたから。でも、私は二人とも上手に嘘をついたと思います。日本は台湾との関係を切るつもりだと、蔣経国は分かっていま

26　中江「日中正常化と台湾」一〇一頁。
27　中江「椎名悦三郎・蔣経国会談記録」七五頁。

した。しかし蔣経国の立場からすると、俺はもう負けたよ、もう、あなたは台湾との関係を切るのでしょ、切られてもしょうがないと思っているよと、言うわけにはいかないわけです。台湾の代表、行政院長ですから。それならどうするつもりかというと、「必ずもう一度取り返します」と、強がりを言わなければならなかったのでしょう。腹のなかでは、もうそんな気持ちはないけれど、大陸光復なんてあきらめたとも言えないから、「必ず取り返します。十年でも二十年でも待ちます」と言ったのではないかと思うのです。

蔣経国も椎名悦三郎も、真実を分かっていながら、それを言うと自分の立場がなくなるから、やはりもとの立場を譲るわけにはいかないのですね。しかし、実はもう勝負あったんだと理解すれば、この椎名・蔣経国会談は非常に味のある大きな交渉でした。一つの国と国とが断交するということは、アメリカと戦争するか、しないか、ということと同じくらい大変なことだったと思うのです。そうした大きな交渉を担当した椎名悦三郎と蔣経国は、両者とも一流の役者でした。

服部　蔣介石は、風邪のため、椎名訪台の表舞台に出てこられなかったとされていますが[28]、蔣経国は椎名訪台をどのように受けとめていたと思われますか。

中江　椎名訪台は、先ほど申し上げたように、松本彧彦さんが一生懸命走り回ったこともあって、基本的に中華民国としては、椎名悦三郎という人物の面目を重んじて、どうしてもいらっしゃると言うのならどうぞ、ということで受け入れたわけです。しかし、表向きは、日本は北京と国交を正常化して台

28　中江「日中正常化と台湾」一二四頁。

湾とは関係を切ります、こんな悪いことをして申し訳ありません、どうぞお許し下さいと、謝罪で来るのでしたら受け入れません、と怒っているわけです。本来なら、あなたなんか台湾に来る必要はありません、と言いたいのですが、「まあ、そう言わずに、来ると言うなら来させようじゃないか」という決断は、やはり病院にいたと言われていた蔣介石が下したものだと、当時の台湾の要人たちは思っていたようです。台湾での会議で、彼らは、そういうニュアンスのことを話していました。

田中親書については、先ほど申し上げたように、蔣介石に見せる前に、下の方で没にされたようです。ですから、田中親書に対して、蔣介石から、結構なお手紙をいただきましたが、承服するわけにいきませんよ、といった返事は来ていません。

服部　椎名特使一行には、かなりの数の自民党議員が随行していますが、どなたか印象に残っている議員はいらっしゃいますか。

中江　先ほど少し申し上げたように、議員のなかには、ここに名前を連ねておけば将来の保険になるという思惑で随行した人もいたのです。例えば国民新党を結成された綿貫民輔さんは、一番後になって、「ぜひ私の名前を入れて下さい」と、当時アジア局長であった吉田さんのところに頼みに来られたそうです。随行員のなかに断固として台湾派だという人は見あたりません。村上勇さんや秋田大助さん、砂田重民さんもどちらかというと、みなさん温厚な方々です。浜田幸一さんにしても、当時ご一緒して、何か印象に残るようなことをされたわけでもなかったです。ですから、このメンバーで印象に残っている人を挙げろと言われても、思い浮かばないです。

服部　では、椎名特使の独り舞台という感じだったのでしょうか。

中江　そうですね。ただ、随行した人たちはみなさん、椎名さんに対して忠誠を尽くすというよりも、台湾に対して忠誠を尽くすという格好を見せるのが名目でした。要するに反田中です。自分は台湾派で、椎名さんと一緒に台湾に行って礼を尽くしてきたのだと。そういう大事な仕事してきたのだと言って、名前を連ね、写真を撮って帰ってきたのです。

台湾からの帰国後

服部　九月十九日、椎名特使一行が羽田に到着すると、吉田アジア局長が機内に入ってきて椎名特使に挨拶し、「特使の昨日の台北でのご発言が、北京で問題になっています。実は、小坂善太郎さん（自民党日中正常化協議会会長）が現在、北京を訪問中ですが、昨日、夜中に周恩来首相から呼び出されて、椎名特使の台北での発言は、日本政府は二つの中国を認めるということを意味するのではないか、と詰問されたのです」と話したようです。これを聞いた椎名特使は、「君に、そんなことを言われる必要はない」と述べたと言います。[29]その時の模様をご記憶でしょうか。

中江　それが全然記憶にないのです。帰りの飛行機では椎名さんとは離れたところに座っていたからなのか、そもそもそういうことがあったことも知りませんでした。吉田さんから、そういった話を聞い

29　田村・豊島・小枝『日華断交と日中国交正常化』七五頁。

たこともなかったですからね。でも、椎名さんが吉田さんに「君にそんなことを言われる必要はない」とおっしゃったとしたら、いかにも椎名さんらしい受け答えで面白いですね。それは椎名さんの言う通りですよ。

確かに椎名さんの発言で、北京では大騒ぎになりました。台北で椎名さんが、正常化協議会の決議によれば日台間の「従来の関係」は継続する、そのなかに外交関係が入ると言ったらしいと聞いた周恩来が、小坂さんを呼びつけ、「あんたたち、本当のことを言ってないではないか」と怒ったのです。山口淑子（李香蘭）さんが機嫌を取るために数曲歌い、一生懸命サービスしたという話も伝わっています。

服部　大使の回想には、青嵐会の石原慎太郎や浜田幸一などが台湾擁護の観点から日台断交を批判したのに対して、大平外相が国連中心主義を理由に説得したとあります。[30]どのような模様だったのか、教えていただけないでしょうか。

中江　大平さんは国会で、「国連に中華人民共和国が温かく迎えられるようになったら、日本の対中政策は再検討します」と発言しました。[31]したがって、これは、大平さんが中国代表権問題に関する議論をどう考えていたかという問題で、石原さんなど青嵐会の人たちを説得するために国連決議を持ち出したわけではなかったかと思います。

服部　大使の「日中正常化と台湾」の九一頁、一〇行目ですが。

30　中江「日中正常化と台湾」八九―九二頁。
31　同前、九二頁。

中江　「……それに対して、今言ったように青嵐会などは反対する。それを乗り切るために……」。なるほど、この箇所はちょっと、私の口が滑っていますね。これほどはっきりしているのかどうか。大平さんは、国連が温かく迎える時には、日本の対中政策も変わっていることだろうし、対台湾政策も変わっていることでしょう、という意味のことを言ったのであって、国連中心主義を青嵐会などの反対を「乗り切るため」の論理として持ち出したわけではなかったと思います。拙稿「日中正常化と台湾」中の私の表現は、正確でないかもしれませんので、今度引用される時は、「乗り切るために」という箇所については、私が異議を唱えていたとしておいてください。

国連中心主義という論理は、大平さん自身が自分のなかで頭を整理するためにそういったものだと私は受けとめていました。すでに国連では百何十カ国が共産党の中国を承認するようになっていましたから、国連決議がどうであろうと、日本は中国を承認してもよかったわけです。けれど、そういうとあまりにドラスティックな変更になりますし、当時はまだアメリカが反対していましたから。アメリカが反対しているのに、日本が正面切って承認するわけにもいかないですからね。

それで大平さんは悩んだ末、政策変更の理由に国連中心主義を持ってくれば、誰が見ても文句をつけようがないと思ったのでしょう。拙稿「日中正常化と台湾」では、大平さん自身が逃げ口上にこういう論理を用いたという意味のことを言おうとしたのです。

「法匪」発言

服部　周恩来が、高島益郎[32]条約局長を批判[33]したというのは。

中江　いまだに法匪の話が出てくるのですが、この件については拙著『らしくない大使のお話』（二八頁）に書いた通りで、これは作り話です。誰が作ったのですかね。周恩来は、立派な局長だ、日本は高島条約局長という立派な局長を持っていいねと、むしろうらやましがって言ったのであって、あんなうるさい奴、理屈をこねる奴は駄目だ、という意味で言ったわけではないのです。伝えられている話とはむしろ逆です。

高島さんは「俺が法匪になっちゃった」、「周恩来のああいった発言はなかったのに、みんながそう信じてしまって、今さら否定しても仕方がないから、黙って放っているんだよ」とおっしゃっていました。これは、私が高島さんと一緒にいた時の話なので間違いはありません。ですから、高島さんは別に批判されたとは思っていなかったでしょう。「立派な条約局長がいて、いいね」と言われれば、高島さんは「そうだろう、俺はいい局長だろう」とおっしゃるぐらいの人でした。

高島さんは、「日本は日華平和条約で中国との戦争状態は終わっているのだから、また北京の間で平和条約を結ぶことはできない」、つまり「一度平和条約を結んだ相手とは、二度同じようなことはできない」

32　**高島益郎**（一九一九―八八年）　一九四一年外務省入省。一九四二年に入営、一九四七年に外務省に復帰。一九七二年一月に条約局長に就任。その後アジア局長、外務審議官、外務次官、ソ連大使などを歴任した。

33　日中国交正常化交渉の席で、日華平和条約は国際法に基づいて合法的に締結されたものであるとの立場を堅持し、すでに終了した戦争状態を共同声明で再び扱うわけにはいかないとの議論を展開した高島条約局長を、周恩来が「法匪」と罵ったと伝えられている。

ない」と言われたわけですが、これはあたり前の話です。高島さんでなくても、当時の日本の外務省の条約局長であれば、誰でも同じことを言ったと思います。

高島さんは、周恩来に法匪と言われても、それをけしからんと言って、周恩来を非難するような人ではありませんでした。私はずっと高島さんに仕えていましたが、立派な条約局長です。この方は、外交官になってからだったと思いますが、戦争に取られ、戦後もシベリアに抑留されました。ですから、すぐには復員できず、二年か三年たってやっと日本に帰還し、それから外務省の研修所に入ってこられました。私は、研修所で高島さんと同じクラスでしたので、高島さんのことはよく知っています。なかなかの豪傑で、立派な方でした。

外務省員と日中国交正常化

服部 日中国交正常化、日華断交に際して外務省内ではどのように役割分担がされたのかについてお聞かせください。外務省アジア局や条約局の方々、具体的には吉田アジア局長や橋本中国課長、さらには今お話にありました高島条約局長、栗山尚一[34]条約課長らとは、どのようなお話しをされたのでしょうか。

中江 これも先ほど申し上げたように、日中国交正常化、日華断交にあたって、外務省内で、日中が

34 **栗山尚一**（一九三一年—） 一九七〇年一月に外務省条約局条約課長に就任。その後、条約局長、外務審議官などを経て一九九二年から一九九六年まで駐米大使を務めた。

国交正常化した時はどうしようか、台湾との断交はこうしよう、それには反対だといった丁々発止の議論を交わして、それらをまとめてペーパーを作り、それに基づいて日中国交正常化し、台湾との関係を処理したというわけではなかったのです。きちんと役割を分担して、アジア局ではどうだとか、条約局ではどうだ、アメリカ局はどうだ、といった話し合いがあったわけでもないです。個人的に酒を飲んだり、食事をしたり、お茶を飲んだりして、議論を闘わせたことはありましたが。個人ベースでいえば、吉田さんは大変利口な方で、最後までコミットしませんでした。田中さんがやいのやいの言うのなら、やらせておけばよいではないかぐらいの姿勢でした。

橋本さんがどうして日中国交正常化をあんなにしたがったのか、私には分かりません。たまたま、田中さんが日中国交正常化を掲げて自民党総裁になったので、それに乗じて、中国課長として業績を残したかったのかなという気がします。しかし、それなら人を説得して、正常化を成就しようとしそうなものですが、誰にも何にも言わずに、自分一人で田中さんとの間を行き来して正常化で走りまわっていたように、私には思われました。

高島さんは、先ほど申し上げたように、日華平和条約があるのに、それと同じようなことを日中国交正常化でやるわけにはいかない、賠償などは駄目だと言って、中国とやりあい、筋を通しました。

栗山さんは、後に『外交フォーラム』に台湾問題について書いています。私は、栗山さんの「カイロ宣言」の解釈は間違いだと思っています。私の考え方とは、必ずしも一緒ではなかったです。

服部　ところで、北京では田中首相、大平外相、二階堂進官房長官と並んで橋本課長が同席しています。中国課長があの場に外務省を代表して出席するというのは、かなり異例のことのように思うのですが、いかが思われますか。

中江　当時、私は台北におりましたので、北京の様子は分かりませんが、主管課長がその場にいてもおかしくはないと思います。

服部　四人のなかに必ず橋本課長が入っています。

中江　どの場面でしょうか。毛沢東《もうたくとう》と会った時ですか。

服部　毛沢東ではなく、周恩来と会った時です。

中江　中国流でいくと、普通は大体主管課長まで陪席させます。それで、橋本さんがいたのだと思いますが、外務省から、ほかには誰も出席していないのに、課長だけが入るというのはちょっとおかしいかもしれませんね。

台湾の帰属と「大平談話」

服部　カイロ宣言では、満州、台湾、澎湖島などを中華民国に返還するとされています。これを受けて、ポツダム宣言第八項では、「『カイロ』宣言ノ条項ハ履行セラルベク又日本国ノ主権ハ本州、北海道、九州及四国竝ニ吾等ノ決定スル諸小島ニ局限セラルベシ」とされています。一九七二年の日中共同声明第三項でも、「中華人民共和国政府は、台湾が中華人民共和国の領土の不可分の一部であることを重ねて表明する。日本国政府は、この中華人民共和国政府の立場を十分理解し、尊重し、ポツダム宣言第八項に基づく立場を堅持する」とされています。このようなカイロ宣言やポツダム宣言の解釈をめぐって、一九七二年当時の外務省では台湾の帰属についてどのように議論されたのでしょうか。

中江　それが、台湾の帰属について議論した覚えがないのです。本来なら、『「十分理解し、尊重して』、台湾は中国の不可分の一部であると認めます」というのが普通です。それを言いたくないから、ポツダム宣言八項で逃げたのです。何を避けたかというと、「カイロ宣言は履行されるべき」だということです。「カイロ宣言で中華民国に返還する」というところは、「日本政府としてそういう立場を堅持する」ということで、ごまかして逃げたと私は思っています。しかし、それはみんな後の議論であって、正常化直前に外務省内で台湾の帰属問題を検討したわけではありませんでした。

服部　日中共同声明第三項の「ポツダム宣言第八項に基づく立場を堅持する」が何を意味しているのか、省内で議論されたのでしょうか。

中江　していないです。私なりにこれを解釈して、中華民国に返還するという、このカイロ宣言が出された頃の中華民国は分かりますが、今こんなものを持ってきたって、中華民国というのは日本にとっては存在しないのだから、意味をなさないのではないか、と私は方々で述べているわけです。

服部　栗山条約課長の解釈では、カイロ宣言における中華民国を中華人民共和国と読み替えるわけですね。

中江　その通りです。

服部　その栗山課長の解釈が、外務省内では一般的だったのでしょうか。

中江　いや、知りません。

服部　そこをはっきりとした議論をせず、こう解釈するのだという申し合わせ事項のようなものは。

中江　それはないです。

服部　中江大使に賛同する意見は、外務省内では少なからずありましたか。

中江　どうでしょうか。今さら台湾の帰属の議論をして何になる、という雰囲気ではなかったでしょうか。

服部　当時の外務省で、大使は「大平談話」で台湾をあっさり切ってしまうことに批判的でいらっしゃったと思いますが、ほかにも「大平談話」に批判的な意見を持った外務省員はいたのでしょうか。

中江　いなかったです。みんなどういうわけか、「大平談話」のことを忘れていたのか、見逃していたのか、それとも気がつかなかったのか、いい加減で目配りはなくほったらかしていました。

あの「大平談話」を作ったのは、栗山条約課長だと思います。日華平和条約は堂々と新憲法下の国会で法律と憲法にしたがって締結されたものです。その国際約束を、たった一回限りの記者会見で、しかも外相談話で、「なくなった」、「存在の理由を失ったものと認めます」、「これが日本政府の立場です」などといい加減な扱いをしたのは憲法違反だと思います。憲法九八条には、締結した条約は忠実に遵守することとあるでしょう。にもかかわらず、日華平和条約については、忠実に遵守していないのです。一回の記者会見でしかも外相談話で、それこそ弊履のごとく捨ててしまいました。私は、ああいうやり方はおかしいと言っていましたが、当時は議論もされなかったですね。

服部　法眼晋作次官の立場はいかがでしたでしょうか。

中江　法眼さんは、君子豹変するということで有名ですが、どちらかといえばずっと台湾派でした。ご存知かもしれませんが、法眼さんはご子息の一人をモスクワで亡くしています。スパイ容疑で殺されたと言われていますが、それで基本的に反ソ、反共、反中共なのかもしれませんね。ですから、青嵐会をはじめ台湾派の人たちは法眼さんを頼りにしていました。

ところが、田中さんが首相になったとたん、法眼さんが日中国交正常化を促進する、外務省もそれを一生懸命すると言い出したものですから、青嵐会の人たちは怒りましたね。「今まで私たちは貴方の言う通りやってきたのに、今になって変わるとはどういうことですか」と、法眼さんに噛みついたのです。それに対して法眼さんは、「君、君子豹変すると言ってね、私は豹変したんだよ」とおっしゃっていました。それでみんな、「法眼さんが豹変するくらい世の中は変わったんだな」と言ったくらいです。あの人は頑固に筋を通すことで有名でしたが、新聞記者の人たちは、「反共だった法眼次官が北京政府を承認するなんて、何か話が違うじゃないか」と言っていました。

台湾要人の印象

福田　椎名訪台の際には、蔣経国との会談以外にも沈昌煥《ちんしょうかん》外交部長、厳家淦《げんかかん》副総統、何応欽日華経済文化経済協会会長、張群総統府秘書長などとの間で、多くの会談が設けられています。そのなかで特に印象深かったもの、その後の日台関係という観点から重要だったものをお聞かせください。

コラム⑥——日華断交と椎名特使の訪台

一九七二年七月、田中角栄内閣が誕生すると、新内閣は日中国交正常化へと本格的に動き始めた。しかし、それは台湾の中華民国政府（以下国府）との外交関係を断たなければならないことを意味していた。国府との「別れの外交」が日本にとって重要な外交案件として浮上したのである。外務省でこの案件を担当したのが、中江要介アジア局参事官であった。

「別れの外交」は、①中国政府との外交関係樹立と矛盾しないような断交宣言を国府から引き出し、②国府により報復的措置が採られることを回避し、③できるだけ円満に台湾との実務関係を維持することを具体的な目標としていた。そのために、日本政府は椎名悦三郎自民党副総裁に田中首相の蔣介石総統宛て親書を託し、特使として台湾へ派遣したのであった。中江も椎名特使に随行し、九月十七日から十九日まで台北を訪れた。この訪台について中江は、椎名・蔣経国会談メモ（「中江メモ」）や回想をすでに発表している。中江が勧進帳に例えているように、すでに断交がやむを得ない状況下で日本政府の特使が台湾へ赴き、国府の指導者と互いの立場を表明しあい、相容れないながらも頷きあってきたことにこそ、椎名訪台の最大の意義はあった。

日中共同声明への調印後、大平外相は記者会見で日華平和条約の「終了」を表明した。結局、日本側は最後まで「断交」という文言を使用しなかった。同日夜、国府は日本政府との断交および日本国民との友誼保持を表明し、日台実務関係は継続することとなった。最近の研究では、国府は「断交」やその責任の所在をめぐり、声明文の検討を発出直前まで重ねていたことが明らかになっている。

【参考文献】①川島真・清水麗・松田康博・楊永明著『日台関係史 一九四五―二〇〇八』（東京大学出版会、二〇〇九年）、②中江要介『日中外交の証言』（蒼天社出版、二〇〇八年）、③石井明・朱建栄・添谷芳秀・林暁光編『記録と考証 日中国交正常化・日中平和友好条約締結交渉』（岩波書店、二〇〇三年）。

（福田円）

中江　沈昌煥は役人あがりの右大臣という感じの人で、頑固な反共主義者でした。厳家淦には会いましたが、あまり記憶には残っていません。何応欽は有名な将軍であり、かつ日華経済文化経済協会会長というポストにあって日台関係にだいぶ貢献した人で、立派な人だという印象でした。それから、張群は大長老でしたから怖いおじさんという感じでしたが、あまり印象に残っていません。どの会談も大体予想された内容で、どこへ行っても、田中角栄はけしからん、共産主義を野放しにするのは危ない、日本が頑張らないとアジアは全部赤くなってしまう、というような話ばかりでした。それから、戦後の日華関係で張群がどのような役割を果たしたのかというご質問については、私には分からないです。

３　断交後の日台関係

日中共同声明発表後

服部　日中共同声明が発表された直後、一九七二年九月三十日、深夜一時頃ですが、台湾に駐在していた伊藤博教臨時代理大使から電話が入って、「田中内閣が中国を承認したのは何の根拠もない無効なもので許せないものだが、多くの日本の人々は変わらぬ友情を持って台湾との関係を重視していることをわれわれは知っている」という台湾側の反応が伝えられたとのことです。[35]この時の様子をお聞かせく

35　中江要介『残された社会主義大国 中国の行方』（ＫＫベストセラーズ、一九九一年）三四―三五頁。

ださい。

中江　その通りでした。日中国交正常化の際、最終的に台湾がどう出てくるのかが一つのポイントでした。日本が正常化した時に、それに対して台湾がどうコメントするか、どんな措置をとってくるのか懸念しました。おそらく日本に対して断交の宣言はするとしても、さらに日本の船を撃沈したり、日本人の財産を押さえたり、日本人を抑留したり、そういう事態になる可能性もあるのではないかと少なからず心配していました。そう思って固唾を呑んで待っていたところに、伊藤さんが電話でそのようにおっしゃられたので、内心これで助かったと思いました。

服部　伊藤臨時代理大使には台湾側のどなたが、そのような説明をされたのでしょうか。

中江　これは、台湾政府として発表したものでした。「台湾側の反応を伝えた」の「反応」というのは、台湾の国民政府の発表のことです。正式な対日断交でした。「この責任は全部、田中、大平にある」と書かれた有名な断交の発表でした。[36]

服部　在中華民国日本大使館が閉鎖される一九七二年十二月十五日まで、台湾関係ではどのようなことが懸案となり、また善後処理をどのように進めたのでしょうか。

中江　非常に事務的に、財産の処分が次々と行われました。台湾には大使の公邸や事務所など、日本国政府の国有財産がいろいろとありましたから。私の関与はまったくありませんでしたが、この時は割

36　**台湾外交部の対日断交声明**　田中政権に対する強い非難とともに、「わが政府はすべての日本の反共民主の人士に対し、依然、引き続いて友誼を保持する」との文言も記されている。

合に平穏、平静に処理されたと聞いています。

服部　先ほどの伊藤臨時代理大使が初代事務所長になりますが、交流協会台北事務所[37]が創設された経緯について何かお聞きになっていらっしゃいますか。

中江　経緯はまったく分からないです。何ら、議論された記憶もないです。誰が交流協会の事務所長になるのか議論もまったくないまま淡々と進められ、収まっていきました。私は台湾担当ではありませんでしたが、もうこういう段階になると関心もなかったし、誰かと相談をしたわけでもなかったですね。

台湾が実務レベルへの移行を受け入れた要因

神田　外交関係の断絶後、台湾が実務レベルの関係への移行を受け入れた要因の一つとして、一九七一年の国連総会で日本が「逆重要事項指定」、「二重代表制」決議案の共同提案国となったことを挙げることは可能でしょうか。

中江　一九七一年の国連総会で、日本が一生懸命台湾のために働いた結果、台湾が日本との実務レベルの関係を受け入れたわけではありません。やはり実利の面、経済面で有利だと判断して、そうしたのだと思います。今の中国もそうですが、台湾としては、日本と喧嘩しても得になることはないし、日本に対しては何だかんだ言っても、経済関係は緊密にやっていった方が有利だと判断したのが、台湾が、

37　**交流協会**　断交後の日台間の実務関係を処理するため、一九七二年十二月に日本側に設立された窓口機関。台湾側には亜東関係協会が設立された。

実務レベルの関係への移行を受け入れた要因だと思います。

神田　一九七一年の国連総会で日本が「逆重要事項指定」、「二重代表制」決議案の共同提案国となったのは佐藤首相の決断によるものだったと思いますが、この佐藤首相の決断に対して、台湾が感謝していたと思われたでしょうか。

中江　台湾が感謝していた、という説があるのでしょうか。

神田　当時の法眼外務次官は、「台湾がこの決断に対して非常に感謝していたことが、その後実務レベルの関係にスムーズに移行できた要因だった」と言っています。

中江　法眼さんが言いそうなことですね。この時の国連総会で台湾に恩を売るほど、誰も台湾のことを考えてはいなかったと思いますよ。結局その時はアメリカが反対しているから、その反対に日本も手助けして、決議案も一緒に作ってあげましょう、票集めも一生懸命やりましょう、という程度のことで、日本なりの中国政策や台湾政策があって、そういう判断をしたわけではなかったと思います。どうしても台湾の議席を守らなければならないという立場は日本にはなかったし、もうあの時は世界の大勢も決まっていました。

その後交流協会を作ったのも、ビザの発給など領事事務を行う場合に、そういう機関があった方が単純に便利だからです。

実務交流

福田　亜東関係協会と交流協会の設置について、名称[38]以外の問題で特に苦心されたことはございましたか。また、当時これに携わる人選は、どのように行われたのでしょうか。

中江　名称以外の問題で苦心したのは、ビザの発給をどこでやるかでした。日台断交以前は、台湾から日本に来る人または日本から台湾に行きたい人は、それぞれ大使館でビザをもらえて問題はなかったのですが、日台の外交関係がなくなると、領事事務ができなくなってしまい、ビザがもらえなくなりました。それで、台湾の人が日本へ来るには、台湾に日本の領事館がないので、わざわざ香港に行って、香港の領事館でビザをもらって、それから日本に来るしか方法がありませんでした。また日本から台湾に行く人も同じように、韓国や香港にある台湾の事務所からビザをもらっていました。それで、日本人は日本のどこかで、台湾人は台湾のどこかで、ビザを得られるようにしていかなければならないわけで、そのためのビザ発給問題が実務のうえで一番苦心したことでした。

また、人選については、人事担当の人はいろいろ考えたかもしれませんが、中国スクールにとってはそれほど大した問題ではなかったように思います。もちろん中国語のできる人の方が便利だし、かつて台湾にいた人たちが優先的に採用されるとか、そういうことはあったと思います。

福田　一九七〇年代に日台間の貿易等が縮小せず、逆に増加を続けたことは、日台の実務関係の基礎が築かれるうえで、何らかの影響があったのでしょうか。

38　**交流協会の名称問題**　当初日本側は「日台交流協会」とすることを予定していたが、台湾側が「日華交流協会」を主張したため、単に「交流協会」とすることで妥協が図られた。

中江　これもやはり損得の問題で、儲かる、儲からないの話でした。日本と台湾が経済、貿易あるいは投資関係を続けていったのは、仕事として興味があれば続けていくし、駄目なら止めるという、普通の経済原則から考えた結果のことで、日本にとっても、台湾にとっても、続けた方が有利なことが多かったので続けたまでのことです。それに対して日本政府は、国民の財産の問題、経済活動の問題ですから、それを続けたいのでなるべく続けさせました。そうやって日台間の関係が徐々に発展していったわけです。

ただ、日台間の貿易関係が発展していったことは、北京からすると決して好ましいはずはなく、せっかく国交正常化して台湾を切り捨てたのに、日本が台湾とそんなに金儲けを続けてもらっては困るという気持ちになったのです。それで、日本は台湾と断交したにもかかわらず、経済関係については引き続き発展させているではないかと、北京が文句をつけてきたわけです。実務レベルの事務所を作ったのは、日台関係を「継続」するためだけだったはずで、日台実務関係が「引き続き継続」というならいいが、「発展」というのは困ると中国が言ってきたので、日本では一時、「発展」という言葉を台湾との関係については使わないという時期があったくらいです。

しかし、これは今の中国と台湾の関係を見ても分かるように、口先では何と言おうと、実態としては台湾にも経済的な実力がありますので、台湾と日本との関係も、中国大陸との関係も、放っておいても自然と発展していくわけです。それで、今も投資はどんどん行われているし、観光客も増えているし、台湾は日本にとって無視できない存在になっています。それに対して中国は最初の頃はクレームをつけてきましたが、この頃はそうでもないようです。

以前、台湾の李登輝《りとうき》が日本にやって来て、倉敷のお医者さんにかかることになったら、中国が非難してきたことがありました[39]。しかし今では、中国もそんなことを言うのも面倒くさいと思うほど強くなりましたし、台湾も引き続き発展を続けているので、喧嘩することもあまりないようです。また、日本で「台湾、台湾」と騒いでいた人たちも、この頃は、そういうことを言わなくなりました。

結局台湾問題は、「現状維持」になりました。つまり台湾も中国も、そして日本も「現状」でいいではないかということです。「現状」は「現状」のままとして、それぞれがそれぞれの立場で「発展」していけばいいと。もし、基本的な事項について、例えば「台湾の併合」や「台湾は誰のものだ」というようなことを言い出してしまうと、中国も台湾も、またカッカするから、言わないでおこうということになったのだと思います。

この「言わない」という解決の仕方は、先ほど申し上げたように、外交交渉の一つの知恵だと思うのです。例えば尖閣諸島や竹島、あるいは大陸棚の石油資源開発の話もそうですが、領土問題というのは言ってしまうと感情的になって、両国にとっていいことはないから、言わないことにする、言わないで放っておけばいいというのが、鄧小平が三十年前に日本へ来て、言った言葉でした。つまり「尖閣諸島の問題は、今の世代で解決しようとしても無理だから、次の世代に任せましょう」ということです。次

39　**李登輝訪日問題**　二〇〇一年四月、李登輝・元台湾総統が心臓疾患の治療のためとして訪日を希望し、日本政府がこれを受け入れたことに対して、中国は強く反発した。

の世代がいい知恵を出すかどうかは別として、今すぐに解決しようというのは愚かだから、放っておこうという処理の仕方をしたわけです。日台関係についても、放っておけば発展するのだから、敢えて「発展」とは言わず、発展させればいい、ということになっているのだと思います。

福田　一九七〇年代の台湾と日本の実務関係に対して、「発展」という言葉を使わないということ以外に、中国政府から何か妨害を受けたとか、クレームをつけられたことはあったのでしょうか。

中江　中国からのクレームは、台湾要人の来日だけです。先に申し上げたように、李登輝が日本にやって来た時などです。それから日本の役人が台湾へ行くのも一時問題になって、局長以上は駄目だと言ってきましたが、この頃は日本の検査官が農産物の検査で台湾へ行っても、あまり文句を言わなくなっています。これは、言挙げしないことによって物事を平穏に済ませるという、ずるいといえばずるいけど、賢いといえば賢い、併せて「ずる賢い」という、そういう解決の仕方です。

ですから中台関係や日台関係というのは、今もごちゃごちゃ言わないことが賢いのです。東シナ海のガス田の問題にしても、向こうが開発したらこっちはどうするなんて、日本側で細かいことを言っていますが、事を荒立てて物事を不可能にするよりも、荒立てないで黙ってやっていく方が、お互いにとってずっと得になることもあります。先ほど申し上げた椎名・蔣経国会談でもそうですが、議論して決めるのではなく、分かっていても敢えてそれを口にしないで黙って飲み込んで、知らん顔して済ませていくという、そういう知恵が必要なのではないかと思います。

4 金大中事件

服部　金大中事件[40]の時、アジア局や中江大使、さらには大平外相、田中首相の対応はどのようなものだったでしょうか。

中江　金大中事件は証拠があるわけではありませんが、一口でいえば、日本の警察と韓国の警察、ＫＣＩＡ（韓国中央情報部）がグルになってやったと私は思っています。

日本の警察は情けないというか、けしからんですよ。この事件は、グランドパレスホテルから東名高速を通って、船を使って朝鮮半島まで金大中が拉致されたもので、その途中を米軍機がフォローしていたとかいなかったとか、さまざまなことが言われています。あの時、京都選出の田中伊三次《いさじ》法相が国会答弁で「世界に冠たる日本の警察当局が、この問題の真相を究明できないはずはありません」と見栄を切りました。しかし結局のところ、真相究明はできませんでした。

どう見てもおかしい話で、そもそも警察はＫＣＩＡと馴れ合いで、真相究明する気迫が感じられず、金大中を消そうという陰謀だったのではないかと私は見ています。真実は分からないですが、そう考える以外にないほど、警察当局に熱意が感じられなかったです。「主権侵害だ、けしからん」と言って、

40　**金大中事件**　韓国野党政治家の金大中が、一九七三年八月に東京で韓国の公権力によって拉致された事件。国際的な批判が高まり、金大中はソウルの自宅前で釈放された。

一度振り上げた拳をどこに下ろしていいか分からなくなって、田中首相から朴大統領宛てに田中親書というものを出したわけです。

要するに背景にあるのは、中国との関係でもよく言われることですが、歴史認識の問題です。日本には朝鮮半島に対する侵略、植民地化したことの認識が今も曖昧です。今、北朝鮮に対して口を酸っぱくして悪口を言っていますが、当時は韓国に対してもそうでした。普通に付き合おうという気持ちがなく、むしろ自分が悪いことをしたことを棚に上げて、それをごまかすために相手を非難しようとする。そういう捻じ曲がった日本人の根性が、この問題を複雑にしたと私は思っています。

大平さんの言う「業《ごう》」ですね。日本人と朝鮮人の間にある「業」です。昔から隣同士ゆえに仲が悪いと言いましょうか、問題の処理が難しいので、よほど慎重にやらなければ巧くいかないのです。日本は日韓正常化をやって「韓国、韓国」と言いましたが、背後にいるアメリカの極東政策が強く働いていました。同じように、いつまでもアメリカ一辺倒の自民党では、北朝鮮問題は解決できないものと、私は思っていましたので、政権が民主党に交替してどう変わっていくかです。

とはいっても、日本としては北朝鮮問題を解決しなければいけません。アジア地域で現在、日本人が普通にパスポートを持って行き来できないのは北朝鮮だけになっています。近隣の朝鮮半島に、そういう異常な場所を残してしまった原因の一つに、戦後日本のアジア外交の大きなミスがあります。

今、日本は北朝鮮の拉致問題に対して非難していますが、過去に植民地下の朝鮮で日本が犯した人権問題についても、目を向けなくてはいけないと思うのです。拉致問題を解決するためには、まず日朝関係正常化を急ぐことです。やはり、韓国と正常化した後、日朝正常化をやるべきでした。正常化ができていないため、話をする手だてがないのです。いつまでもアメリカや韓国、中国など周辺の国に頼ってばかりいないで、自分自身で北朝鮮と向き合っていかなければならないと思います。

やっと小泉純一郎首相が平壌に行って、せっかく日朝平壌宣言を出したというのに、それ以降、北朝鮮との関係改善が一向に進んでいないのがとても残念ですし、不可解でもあります。

服部　金大中事件の真相究明に対して大平外相は、どれくらい熱意があったのでしょうか。

中江　大平さんにも、熱意は感じられませんでした。「韓国との問題は厄介だ。政治家が口を出すと、傷がつく」くらいに思っていたのかもしれませんね。それを大平さんは「業」だと言って、何をやっても駄目だと諦めていました。「金大中事件はまだ捜査を続けています」と、金大中事件捜査本部の看板を出していたけれど、実際には何もしませんでした。国会で質問が出ても、「まだ真相究明のための捜査を継続しています」とごまかしていたくらいです。やはり日韓正常化をした時、北朝鮮問題を積み残したのが間違いのもとでした。朝鮮半島と関係を持つ時に、韓国だけと正常化しろと言ってきたアメリカの圧力に負けたため、こうなってしまいました。

服部　池田勇人内閣の時に大平外相は、「大平・金メモ」[41]をやっていて、韓国に対しては熱心な面も

41　**大平・金メモ**　第六次日韓交渉期の一九六二年十月二十日と十一月十二日に東京で大平正芳外相と金鍾泌韓国中央情報部長が会談を行った。当時は池田勇人政権であり、金の訪米を挟んで会談は二度開催された。大平外相と金は、経済協力として無償で三億ドル、長期低利借款二億ドル、さらに民間信用供与一億ドル以上で合意した。これが「大平・金メモ」と呼ばれるものである。

あったように見えます。しかし、金大中事件の時は、必ずしもそうではなかったのでしょうか。

中江　一貫性がありませんよね。本当はどちらにスタンスがあったのか。「大平・金メモ」を作ってまで日韓正常化をやったのは、正常化が必要だと思ったからなのに。それに貢献したまではよかったのですが、大平さんは、北朝鮮をどうするか考えていなかったのか、あるいは考えてはいたが打つ手がなかったのか。大平さんもお亡くなりになりましたので、北朝鮮に対してどんな気持ちでいたのか、今となっては知りようがありませんが。

服部　金大中事件の時も、「大平・金メモ」の一方の当事者、金鍾泌が来日しています。金鍾泌について、何か印象などおありですか。

中江　ただ、この事件をみても、金鍾泌は日韓関係を悪くした人物と言えます。こういう素直でない事件が次々に起きるというのは、やはり日本にも間違いがあったからだと思います。日本側ももっと反省しなければいけないし、謙虚でなければいけないと思います。

5　東南アジア政策

ベトナム戦争以後の経済復興

昇　前章（第4章5節）でお聞きしたことと関係するのですが、ベトナム戦争後の経済復興における日本政府、外務省のスタンスについてお聞かせください。当時の外務省の文書や報道された外相の発言では、テト攻勢の後、情勢が変わったという認識を持つようになって、ベトナム戦争後を見据えた、日本の大規模な経済援助に関する計画や構想が出されたようです。

中江　私自身はそういう分野には直接関与していませんでしたので、あまり生々しい印象や記憶というのはないのですが、ただ一般論として言えることは、日本はアメリカの影響を受けすぎて、アメリカに頼る癖がついてしまったということです。東南アジアへの援助となると、日本はまず、アメリカはどうだろうかと考えてしまいます。おそらくアメリカは、依然としてアジアから手を引きたくないであろう、アジアにおけるプレゼンスを保持していたいであろう、軍事的な影響力も持ちたいであろう、と。日本はそういうアメリカのことを慮って、東南アジアへの援助についても、われが、われがと、出ていってしまうと、きっとアメリカは嫌がるのではないか、と。加えてアメリカの方から、アジア政策の邪魔をするなといった意見が出てくると、日本はいよいよ政治面、軍事面でまったく口を出せなくなってしまうのです。

そうなってしまうと、日本ができることは、いわゆるモノとカネになってしまい、エコノミック・アニマルと言われるように、経済力のことばかり気にかけて動くようになってしまいます。そういう日本の姿が、アジアの国、開発途上国に対する援助政策の時に必ず問題になってきます。日本は、かつて朝鮮特需で大儲けしました。ああいう味が忘れられないのか、日本の経済界は、東南アジアの援助となると必ず目の色が変って儲け口を探し、虎視眈々と狙っていました。ベトナムの復興援助でも、そうでした。そのことで政策、外交に悪影響を及ぼしたことがたくさんあったように思います。

戦後の賠償協定を結んだ時がそうで、どの国と賠償協定を結ぶにも、必ず東京銀行が現地に支店を出してきて、資金繰りで儲けようとしました。通産省は競争入札と言いながらも、実際には指定企業に儲けさせ、賠償関係の事業で、日本の企業を優先的に使うよう指導していたのです。この金儲け一辺倒の思想が日本には絶えずあって、それが国際的な復興援助枠組みに時として悪い影響を及ぼしてしまうことになります。

援助国準備会議

昇　一九七三年にパリ和平協定が締結されると、日本は国際的な援助枠組みに積極的に取り組む姿勢を示しています。七三年、七四年にはインドシナの戦後復興を目指す初の援助国準備会議が世界銀行とアジア開発銀行の主催によって開かれ、日本もこれに参加しています。このあたりについては、どのような印象をお持ちでしょうか。また、日米間に何か意見の違いはあったのでしょうか。

なお、この七三、七四年の国際会議は正式なコンソーシアムではなく、あくまで準備会議でした。そこには日本やアメリカ、欧州諸国が参加しており、世銀、アジア開発銀行も参加しています。アメリカの国務省の文書からは、アメリカ政府は南ベトナムに対するバイラテラルな援助を早くやってくれるよう望んでいたことが分かります。しかし、日本の立場はやや違っていて、インドシナ全土を対象とし、将来的には北ベトナムも対象とするフォーラムの設置を視野に入れて、多国間援助の枠組みを作ろうと熱心だったようです。このように日米のスタンスに違いがあることが、アメリカ国務省の文書からうかがえます。

中江　ベトナム戦争以降、日本のアジア外交は行き詰ってしまいました。ベトナム戦争でアメリカが負けたことによって、日本はその先どうしたらよいか分からなくなってしまったのです。つまり、ベトナム戦争が終って、東南アジアは戦後復興の段階に入っていくわけですが、日本のアジア外交全体が閉塞してしまい、行き詰ってしまったのです。そのうち、中国がどんどん力をつけてきてアジアに出てきますし、アメリカは「アメリカ抜きで、東南アジアや東アジアの平和と繁栄の枠組みを考えるのは許せない」と言い出してきたのです。そうなると日本は、また怖気づいてしまいます。その後、シンガポールのリー・クアン・ユーやマレーシアのマハティールといった人たちが、東アジアの新しい枠組みについて考えを述べました。日本も彼らと一緒になって考えればよかったのが、アメリカがまた、アメリカ抜きにそういうものをやったらけしからんと言ってくると、それにすら参加できなくなってしまうのです。日本にはそういう悪い癖がいつまでも残っていて、せっかく問題に取り組んでも、結局は挫折し、うまくいかなかったことがたくさんありました。

ベトナム情勢の見通し

昇　この一九七三年のパリ和平協定で、ベトナム戦争がアメリカとの戦いという意味では一応終了したことになりますが、その後のベトナム情勢の見通しについては、外務省アジア局や中江大使はどのように見ていらっしゃったのでしょうか。パリ和平協定後の情勢について、南東アジア第一課の文書などでは、基本的に南北ベトナムが共存することが望ましいというような認識が見受けられます。[42]

中江　南東アジア第一課がどういうペーパーを用意していたのかは分からないですが、アメリカの敗戦が決定してから、サイゴンが陥落し、そして北ベトナムが南に出てきた時の一連の外務省全体の受け止め方は、「アメリカは負けはしたが、かといってハノイのベトコンの共産勢力がベトナム全土、南北ベトナムを牛耳るのはよくない、そうさせてはならない」という感じでした。

実際に南ベトナムは完敗しました。それまで日本はベトコンを馬鹿にしていましたが、ベトコンが次第にベトコンではなくハノイであることが分かってきて、実はベトナム戦争というのは共産主義と反共南ベトナムの戦いではなく、民族解放の闘争だったということが分かってきたのです。サイゴンが陥落して、思いがけなかったのは、ベトナムのなかに多くの隠れベトコンがいたことでした。この戦争で、民族解放闘争の方が、反共か容共か、ということよりも大きな要素を成していたということが分かったように思います。

最初の頃、外務省も非常に貧しいというか乏しい思考で、日本はベトナム復興援助で、相当の役割を演ずることによってアジアにおける日本の地位を固めることができるだろう、という発想がありました。しかし、他国からの、日本は金儲けのためにこのあたりを牛耳ろうとしているのではないか、という日

42　南東アジア第一課資料「インドシナ問題」一九七三年三月十二日（情報公開法による開示文書〔写し〕）〇一―六八三―六、外務省外交史料館。

本の経済侵略に対する警戒心を、東南アジアに喚起したという点ではマイナスでした。

田中首相の東南アジア歴訪

服部　一九七四年一月の田中角栄首相の東南アジア歴訪は、田中が石油輸出国のインドネシアだけは二泊するなど、資源外交の性格が強かったように見えます。田中の外交に対する姿勢は東南アジア諸国への関心それ自体が低く、そのことが歴訪失敗の一要因となったという、一面はなかったのでしょうか。

中江　田中さんの歴訪失敗の原因は、東南アジア諸国への関心が低かったからではなく、東南アジアへの関心が経済、金儲け中心だったから失敗したのです。田中さんも東南アジアに対する関心は強く持っていました。ただ、田中さんの話は必ず金儲けに偏っていました。「これにインドを加えていこう、インドと一緒になってこうすればいいんだ」とか、「あれを動かして、こうすれば、金が儲かるからやろうじゃないか」とか、次元の低いアジアへの関心でした。それで、今までのモノとカネのやり方では駄目だということで、「福田ドクトリン」の第二原則で、心と心の結びつきが大事だ、となったのです。この第二原則は、そういう田中さんの金権体質という災いが転じてのことです。要するに、田中さんの場合、資源外交のようにインドネシアの石油、マレーシアのゴムとか戦前と同じ発想であったため、そうではない、心と心の触れ合いというか、結びつきというか、そういうものでアジアの平和と安定の枠組みを作ろうという発想に欠けていたのが、歴訪失敗の原因だったと思います。

6 一九七四年一月の大平外相訪中と日中航空協定

服部　行き詰まった日中航空協定[43]を打開すべく、大平外相が一九七四年一月に訪中しています。大平訪中に関して中江大使は、日中平和友好条約締結の問題について、「大平外相が口火を切った」と記しています。[44]この時の模様をお聞かせいただけないでしょうか。

中江　あの時、私はアジア局にはいたのですが、実際には同行していません。一緒に行ったのは松永信雄条約局長で、高島益郎アジア局長も行っていません。航空協定がうまく打開できずに、大平さんは血尿が出るぐらいに疲労困憊、苦しんだと聞いています。

その時に、日中平和友好条約締結の問題を大平さんから中国側に持ち出して、それを梃子にして航空協定を動かしたと言われていますが、私は当時、そのやり方は間違っていると思いました。高島アジア局長がいるのに、どうして松永さんが、平和友好条約の締結交渉を始めようと余計なことを言ったのかと。というのは、当時日本は、日中平和友好条約を急ぎ締結しなければならない理由はありませんでした。しかし、中国の方は、平和友好条約を締結して、反覇権で反ソ陣営を作るために、この条約が欲し

43　**日中航空協定**　一九七二年九月の日中共同声明後、日台航空路の扱いなどをめぐって日中航空協定交渉は難航していた。一九七四年一月に訪中した大平外相が交渉を打開し、日中航空協定は同年四月に調印された。

44　中江『残された社会主義大国 中国の行方』五五頁。

かったのです。航空協定を打開するためとはいえ、そういうところに大事なカードを使ったのは間違いだったと、私は今でも思っています。

服部　そうしますと大平外相は、この時点で、日中平和友好条約の締結を姫鵬飛《きほうひ》外交部長に打診したということになるのでしょうか。

中江　打診したかどうか私は知りませんが、日本側が中国側に、日本政府としては日中平和友好条約締結の交渉を始める用意がある、と言ったことだけは間違いないようです。どういうルートで姫鵬飛に言ったのか、ほかに誰に言ったのか知りませんが、何もそんなことを日本から言い出す必要はなかったというのが私の考え方です。

7　福田ドクトリンと東南アジア政策

福田ドクトリンの政策過程

服部　先ほど中江大使もおっしゃったように、一九七七年八月、福田首相は東南アジアを歴訪した際、いわゆる「福田ドクトリン」[45]を示しています。この「福田ドクトリン」について中江大使は以前、「小

45　**福田ドクトリン**　ベトナム戦争終結後の東南アジア地域に対する日本の基本政策。その骨子は、①日本の軍事大国化の否定、②心と心が触れ合う相互信頼関係の確立、③ＡＳＥＡＮ各国の連帯性と強靭性の強化への積極的協力と、社会主義化したインドシ

和田恒《ひさし》首相秘書官、[46] 外務省アジア局、特に地域政策課が連携して作成した」と語っていらっしゃいます。[47]「福田ドクトリン」の作成では、小和田秘書官が最も重要な役割を果たしたと考えてよいのでしょうか。また、中江大使もアジア局長として同行されたと思いますが、ご自身の役割はどのようなものだったでしょうか。さらに、軍事大国にならないという第一項は、福田首相自身の意向だったのでしょうか。[48] あるいは、ほかにも、福田首相自身の意向が強く反映されているところはあるのでしょうか。

中江　小和田恒秘書官と西山健彦地域政策課長が重要な役割を果たしたことは、若月先生のご本にも書かれている通りです。福田さんの東南アジア歴訪には、もちろん、私も一緒に行きましたが、その時の役割というのは、以前田中さんが物質主義の金権政治の悪い模範を示して反日デモでひどい目に遭いましたので、日本のアジア外交を建て直すために、この際、新しい外交、アジア政策というのを世界に訴えよう、そういう気持ちが強くて、それに何とか役に立ちたかったのです。

この第一項の「軍事大国にならない」というところは、福田さんがそういう考えを強い信念としてお持ちだったからだと思います。その後、確か首相経験者のサミットがあったと思うのですが、何かあり

ナ三国との相互理解の醸成、であった。

46　**小和田恒**（一九三二年―）　福田政権当時、首相秘書官を務めていた。皇太子妃雅子の父。二〇〇三年から国際司法裁判所裁判官、二〇〇九年より同所長。

47　若月秀和『「全方位外交」の時代――冷戦変容期の日本とアジア・一九七一―八〇年』（日本経済評論社、二〇〇六年）一六七―一六八頁。

48　同前、一六九頁。

ましたよね。

服部　はい、ＯＢサミットです。[49]

中江　あのサミットの時、西ドイツのヘルムート・シュミット元首相が新聞か雑誌かで、「戦後の首相で世界を大きく動かす立派な理念を打ち出した人物は誰かといえば、自分は誰を置いても福田首相を推します」というコメントの記事が出ました。

それはこの「福田ドクトリン」の第一原則のことを指したもので、シュミットは「この人は心から経済大国になっても軍事大国にならない（という信念を持ち）」、「あの福田首相の信念は非常に大事なことで、日本の首相に限らず、世界中の指導者がそういう考えを持ってもらいたい」という非常に強い推薦の言葉でした。ＯＢサミットを提案して、そこで訴え続けた福田赳夫という人は、本当に戦争のない、軍事力のない世界秩序というものを考えていたのではないかという気がします。

そういう本当に戦争のない、軍事力のない世界秩序という考えを強く福田さんに印象づけたのが小和田さんであったのか、あるいは、福田さんがそういう考えだったので、小和田さんがそれを上手に外務省につないで、日本のアジア外交に「福田ドクトリン」として実を結んでいったのか、このあたりのことは分からないのですが、いずれにせよ、日本の戦後アジア外交にとって、あの時代の福田・小和田

49　**ＯＢサミット**　各国の首相・大統領経験者たちが集まって、核軍縮や環境といった地球規模の問題を討議し、国際世論に訴えるために作られた会議。福田赳夫元首相やシュミット前西独首相らが中心となって、一九八三年に第一回総会が開催され、以後定例化する。

コンビ、という恵まれた陣営というか、チームができていたというのが私の印象としてあります。

私が北京に在勤している時、鈴木善幸首相、中曾根康弘首相、森喜朗首相をはじめ何人もの日本の政治家、指導者が鄧小平に会っています。私は、たいていの会談に立ち合っていますが、鄧小平と対等に話ができたのは福田さんだけだったという印象を持っています。福田赳夫さんの息子の康夫さんにも共通したものを感じます。

服部 そうしますと、「心と心が触れ合う関係」というフレーズは、小和田さんから上がってきたフレーズでしょうか。

中江 福田さんなのか、小和田さんなのか、あるいはどこから出たフレーズなのかはっきりしないのですが、あの頃アジア局ではそういう気持ちが非常に強かったということです。「アジア外交で重要な役割を果たします」という題目のようなフレーズを繰り返したところで、どうせ日本はアジアでは認められないだろうって。もっと日本は心を開いて、アジアの人たちに戦争の時にどういうことをしたのか、そのことをふまえて戦争の後にどういうことをしようとしているのか、そういうことをよく話し合えるような国でなければ駄目だと、アジア局ではそういう気持ちでした。そういう雰囲気というのもやはり、田中さんの東南アジア歴訪の反日デモが反面教師になったのだと思います。

服部 その反面教師については、福田首相自身も、田中元首相の悪しき先例を払拭するんだ、というようなことをおっしゃっていたのでしょうか。

中江 それはあったでしょうね。

インドシナへの関与

服部　「福田ドクトリン」の第三原則で、ＡＳＥＡＮの強靭性強化とインドシナとの信頼関係とを打ち出すわけですが、同原則に対する福田首相自身のスタンスや考え方はどうだったのでしょうか。

中江　これもどっちがニワトリでどっちがタマゴか分かりませんが、当時は今と違って、首相官邸と外務省との意思疎通がうまくとれていました。事務当局の考え方がそのまま正しく総理官邸に反映していたし、総理官邸の息遣いがそのまま外務省事務当局に伝わっていました。その橋渡しをやったのが秘書官の小和田さんや西山さんたちで、人の配置がうまくいったのでしょうね。ですから、「福田ドクトリン」の第一原則も第二、第三原則も、いつの間にか事務当局の考え方でもあるようだし、福田首相自身の哲学でもあるようだし、一体化していたように思います。今から思うと、福田さんもそう思っていたかもしれないと思うくらい福田色になった、非常にうまくいった例でしょう。

服部　ベトナムなどインドシナ諸国との関係について、福田首相が慎重だったようにも見えますし、半面前向きであったようにも見えるのですが、そのあたり実際はどうだったのでしょうか。また、そのことについて、外務省、政治家がどのように見ていたのか、異論は出されなかったのでしょうか。福田首相自身、首相就任以前からＡＳＥＡＮ諸国と密接な関係を持ち、自身の回顧録ではインドシナの共産化に対して懸念を漏らしているようですが。[50]

50　福田赳夫『回顧九十年』（岩波書店、一九九五年）二七七頁。

コラム⑦——1970年代の対東南アジア外交

戦後日本の東南アジア外交は経済外交として始まった。戦時賠償支払いをきっかけに、「あいたずさえ繁栄する」（吉田茂『日本を決定した百年』中公文庫、一九九九年）ことを目指して歩みだしたのである。これを後押ししたのが、米国のアジア冷戦政策であった。

一九七〇年代初頭には、日本の東南アジア外交をとりまく環境は大きく様変わりした。国際関係では、米国の関与縮小と米中接近という、アジア・太平洋地域の構造変動が起こった。経済関係では、日本の援助は賠償支払い後の段階を迎えるとともに、投資などの民間の経済活動が活発化した。

こうした変化を背景に日本側では、安定した地域秩序形成に従来以上に積極的に貢献したいとの意欲が持たれたが、それがただちに実現することはなかった。この時期アジア局にあった中江要介は、「ポスト・ベトナム」に向けた日本の東南アジア外交が行き詰っていたと回想する。

ＡＳＥＡＮが大国からの自立性を高めつつあったこと、さらに、日本の経済的オーバー・プレゼンスへの懸念から、東南アジア諸国は日本のイニシアチブを受容することに慎重になっていたのである。

一九七四年一月の田中角栄首相の東南アジア訪問時の現地での反日暴動は、こうした国際環境や経済関係が変容する過程で起こった。ショックを受けた日本では、インドシナ諸国の共産化という事態を経て、東南アジア地域で自らが前面に出るのではなく、ＡＳＥＡＮ連帯強化を支援することを外交の中核に据えるという方向に舵を切った。これは、一九七七年八月の福田赳夫首相の東南アジア訪問時に発表された「福田ドクトリン」として結実する。そこでは、日本と東南アジアの「心と心の触れ合い」が強調されるとともに、日本がＡＳＥＡＮの強靭性強化に協力し、インドシナ諸国を含む東南アジア全域の平和と繁栄の構築に寄与することが明確に謳われた。ここに至り、ようやく日本の東南アジア外交は、戦後処理の段階を脱し、明確な政策的目標を伴った成熟したものに移行し始めたと言えよう。

（昇亜美子）

中江　慎重論や異論は出ませんでした。戦後の外交三原則の一つに「日本はアジアの一員」があります。国連中心主義とか、自由主義との協調というのはよく分かるが、アジアの一員と口で言っても、アジアの一員らしいことはあまりしていないだろう、という批判や反省があって、アジア外交を何とか打開したい、もうちょっと風通しよく、すーっと出ていけるようにしたい、という想いがありました。

そのなかの一つの大きな目玉がインドシナ半島でした。ベトナム戦争が終って、ベトナムは一つになりました。そこに、日本が経済復興という面でいいから、日本が出て行って、軍事大国になるのではなく、心と心の触れ合いを通じて、相互信頼のできるような関係を持つ努力をしていこうというものでした。ご質問の「インドシナ共産化に対して福田さんが懸念を漏らしている」ということですが、福田さんの『回顧九十年』のなかにそういうことが書かれているのでしょうか。

服部　そのようです。

中江　私は福田さんとはわりあい長い間仕事を一緒にしてきましたが、あの人のなかに反共を感じませんでした。ただ、福田派には反共の人がたくさんいました。いわゆる自民党右派ですね。

服部　そうしますと、福田首相はベトナムとの関係構築に慎重というより、むしろ前向きであったとの印象をお持ちでしょうか。

中江　そうです。当時、強靭性強化、レジリアンスという言葉が流行りましたが、ＡＳＥＡＮの強靭性を高めるために、日本は相当のことができるのではないかと言われました。このＡＳＥＡＮの強靭性というのは、何に対する強靭性かと言いますと、当時は共産主義の侵略に対する強靭性という受け止め方だったのです。ですから、共産主義にやられてしまうことのない、東南アジア、ＡＳＥＡＮそのものがしっかり自分の足で立てるよう、経済協力・援助を行ってレジリアンスを高めようという発想でした。

8 日中平和友好条約[51]

アジア政策の定まらぬフォード政権

服部　当時のフォード政権は、三木政権が進める日中条約交渉についてどのように考えていたと思われますか。また、何らかのメッセージを日本に対して送ってきたのでしょうか。

中江　平和友好条約締結交渉を始める頃は、アメリカはベトナムで失敗し、挫折していました。アジアに対して自信を失い、ヨロヨロした状態でした。私たちアジア局は、いいチャンスだから早く中国と条約を締結し、むしろアメリカの覇権にも反対していくぐらいの意気込みを持とうと、そういう想いでしたね。

三木首相と外務省との温度差

51　**日中平和友好条約**　一九七八年八月十二日に北京で調印された日本と中国の間の平和友好関係の基本原則を定めた条約。条約締結交渉は、一九七四年十一月に始まったが、「反覇権条項」の表記をめぐって、両国が対立し、長期化した。

服部　三木首相は、日中条約を締結して自分の政権基盤を固めようと、やや焦っていたのに対して、宮澤喜一外相は、「宮澤四原則」[52]に見られるように、むしろ日本の立場を中国側に強く主張して、無理に交渉をまとめようとしなかったように見られます。条約交渉に関する三木首相と宮澤外相・外務省事務当局との間に、温度差というものはあったのでしょうか。

中江　実際に三木さん、宮澤さんは交渉を何とかしてまとめようと、よく努力していました。ところが、中国側は文化大革命の後混乱していて、とても日中平和友好条約の締結交渉をじっくり始めるような状況にはありませんでした。これは中国側の見解とは異なりますが、私はそのように思っています。

服部　では、三木首相と宮澤外相・外務省事務当局との間の温度差はなかったということでしょうか。

中江　いえ、微妙な温度差はあったと思います。三木さんは、自分が首相のうちに条約を締結しようと焦っていたところがあります。宮澤さんもまたそれに歩調を合わせていました。ただ、宮澤さんは頭のいい方で、「宮澤四原則」を作って中国側にボールを投げました。ところが、宮澤さんは、「中国側の喬冠華《きょうかんか》外交部長がろくな返事しかしてこない。日本の外務大臣がちゃんと四原則を出しているのに、中国側が返答しないというのはけしからんじゃないか」と怒っていました。日中双方ともイライラして、雰囲気はよくなかったですね。私は、相手のあることなので、いくら焦っても駄目だと思っていました。それが、三木首相、宮澤外相と外務省事務当局との間の温度差といえば温度差になるでしょうか。

52　**宮澤四原則**　一九七五年九月の国連での喬冠華外交部長との会談で、宮澤外相が、日中条約の反ソ的な体裁を中和するために、覇権反対に関する日本側の解釈を四項目の形で提示したもの。

日中と日ソは別個の案件

服部　一九七七年十一月の内閣改造前後から、福田赳夫政権は急速に条約締結に積極的になります。ソ連との関係改善が進捗しないこともあって、対ソ関係をある種見切り発車する形で、日中条約締結に進んだのでしょうか。

中江　中国とソ連とを関連づけて、ソ連の方は仕方がないから、中国の方は見切り発車でいこうという発想は、私にも、福田政権にもありませんでした。最初から、「日中は日中」、「日ソは日ソ」と分けていました。ソ連と四島返還交渉を年中やっているとしても、そういうものに惑わされない、という考えが最初からありました。

服部　福田政権が二年目の一九七八年に日中条約締結を急いだ背景に、米国・カーター政権がこの時期からとみに中国との国交正常化を急いだことが、要因としてなかったでしょうか。

中江　いいえ、米中関係に先を越されるとか、ニクソンの頭越し外交みたいなことになっては困るから早く締結しようとか、そういう焦りのような気持ちはなかったです。

中ソ同盟条約の扱い

服部　中江大使の回想録のなかで、日中平和友好条約の締結に際して、日本を仮想敵国とする中ソ友好同盟相互援助条約[53]の廃棄というのを中国側に求めたところ、中国はこの条約が有名無実になっていることを理由に廃棄を拒否したとのことです[54]。では、日本側は中ソ同盟の廃棄をどれくらい重視していたのでしょうか。

中江　中ソ同盟の廃棄については相当重視しました。この点だけは、はっきりさせなければ駄目だというのが、日本側の立場でした。ところが、中国は「名存実亡」という言葉を使ってきました。つまり「名前は存するけれども、実は亡くなった、『名存実亡』だからもういいのだ」と。「廃棄を拒否したのではなくて、廃棄しなくても『名存実亡』になっているのだ」というのが、中国の言い逃れでした。これに対して日本側は「それならば、日中平和友好条約も『名存実亡』だと言って、廃棄するのか」と冗談を言ったぐらいでした。もっともその後、中国は中ソ同盟を廃棄しましたから、問題はなくなったのですが。そういうことであれば中国側は、日本との交渉中に廃棄してもよかったはずなのに、なぜか「名存実亡」と言い張ってきたのです。日本としては、対日敵視政策をそのままにしてはおけないという気持が強かったです。

53　**中ソ友好同盟相互援助条約**　一九五〇年二月に調印。期限は三十年。一九六〇年代に中ソ対立が顕在化した以降は有名無実となっていた。一九八〇年の期限満了後に失効した。

54　中江『残された社会主義大国 中国の行方』一七五頁。

日中条約交渉における反覇権条項の位置づけ

服部　三木政権時に宮澤外相と喬冠華外交部長との間で、反覇権条項を条文に挿入することで合意し、福田政権時に交渉の争点は反覇権条項ではなく第三国条項[55]に移行していたことから、日本の主眼は、むしろ、中ソ同盟条約の破棄と尖閣諸島領有権の黙認を中国に求めることであったと見ることができるでしょうか。それとも、反覇権条項が、福田政権期まで、本質的に最大の争点であり続けたのでしょうか。

また、鄧小平がベトナムに対する戦略的見地から日中条約の早期締結を急いだのに対し、福田首相が全方位外交[56]の文脈を強調しながらも、中ソ対立のもとで中国寄りの姿勢を示したというのが、日中条約交渉妥結の裏側にあったのでしょうか。さらに、中国から見ると、反覇権条項は反ソというよりも日中両国への自己拘束という面はなかったのでしょうか。

中江　私には、ベトナムへの戦略的見地から鄧小平が平和友好条約の早期締結を急いだとは思えませんし、また福田さんが中ソ対立のもとで中国寄りの姿勢を示したとも思えません。そもそも、反覇権条項を条約に入れることに躊躇したのは、中国がこの条項は反ソ条項であるとの立場をはっきり出しすぎ

55　**第三国条項**　日本が、日中平和友好条約が締約国と第三国との関係（事実上ソ連との関係）に影響しないという条項。日本が同条約の本文に反覇権条項を明記することを受け入れた代わりに、中国はこの第三国条項の本文明記を受容した。

56　**全方位外交**　福田赳夫首相が標榜した外交の一般方針。日米関係を基軸としつつ、政治社会体制の異なるあらゆる国々との友好関係を求めるというもの。

たために、日本は中国の反ソ政策にコミットしていくわけにいかなかったからです。それが問題の難しさだったと思います。

福田さんが「中ソ対立のもとで中国寄りの姿勢を示した」とは必ずしも言えません。むしろ、日ソ平和条約だけがまだ結ばれていないので、領土問題を含めて日ソ条約を締結するのに邪魔になっては困るという気持ちでした。中国と同じように「反ソ、反ソ」と言うわけにもいかないので、日本としてもこの点は難しかったです。ですから、交渉の最大の争点は、反ソに徹する中国と、反ソとまではなれない日本との対ソ政策をめぐる調整の問題だったと思います。

そして、この問題に関わってくるのが第三国条項です。どういうことかと言いますと、福田政権になって争点が反覇権条項から第三国条項に移行したのではなく、反覇権条項の存在があるから第三国条項が必要だったということです。一方で中ソ同盟の廃棄は大事でしたが、尖閣諸島の領有権の黙認を中国に求めることで、反覇権条項の問題を打開しようという気持ちはありませんでした。

服部　尖閣諸島の領有権問題は、この交渉ではそれほど重要ではなかったということでしょうか。

中江　そうです。日本の主眼は当然、中ソ同盟条約の廃棄です。また、尖閣諸島の黙認を中国に求めることは、反覇権条項の問題と関係はありませんでした。ここで中国が重要視している反覇権条項の明記に日本が応じることと引き換えに、尖閣諸島については、中国に「黙ってください」というようなことを言うつもりもなかったということです。

江藤　一九七八年四月に中国の漁船が尖閣諸島の海域に侵入したのは、[57]「日本側がこの問題を交渉目的として挙げていることへの反発だった」という見方はできないでしょうか。

この漁船に関して、中国側は一貫して漁船だと主張しましたが、アメリカの史料には、漁船は各港から出ている船であって、決して民間の船ではないのではないか、中国国内における鄧小平の交渉に対する不満と併せ考えると、何らかの条約交渉に対する中国国内からの反発行動ではなかったのでしょうか。

中江　そういう記述が、アメリカのペーパーにあるのでしょうか。

江藤　はい。この分析は、アメリカ側のペーパーです。当時、ブレジンスキー大統領補佐官のもとで対中政策を担当していたオクセンバーグの分析です。オクセンバーグは後にハワイ大学、ミシガン大学の教授を経て、スタンフォード大学へ行っています。彼の報告書のなかに「決してこれは民間の動きではないのではないかと、考えることも可能である」とあります。

中江　私は以前自分の本にも書きましたが、あの二百隻の漁船というのはもう永遠の謎となっています。いろいろなことが考えられますが、実際のところよく分かりませんでした。中国の表向きの説明は、「潮に流された」ということでした。全隻さーっと撤退して、「もう二度とこういうことはしませんから」と中国が発表して終わりになってしまいました。中国がそんな余計なちょっかいを出してきて

57　**中国漁船の領海侵犯事件**　一九七八年四月十二日未明、百数十隻の中国漁船が尖閣諸島周辺に集結し、うち数十隻が領海侵犯を繰り返し、二週間近く同諸島周辺に居座り続けた事件。この事件発生により、日中条約交渉の再開に向けた自民党内調整が一時中断する。

も、日本は、尖閣の領有権の黙認を中国に求めることが主眼である、という意識はありませんでした。

服部　反覇権条項ですが、一九七二年の日中共同声明にもすでに盛り込まれています。日本としては、改めて、日中平和友好条約に盛り込まなくてもいいのではないか、という感じだったのでしょうか。

中江　そうですね。すでに米中共同声明にありますし、日中共同声明にも盛り込まれています。それなのに中国が、それまでは反覇権条項について何も言わないでいたのに、条約のなかに出てきたとたん、「反ソ、反ソ」と言い出したというのは、反覇権条項をネタにして、対ソ政策の違いを浮き彫りにしようということだったのかもしれません。結果として違いが浮き彫りになったわけですが。

顧みれば、中国の思うままに引きずり回されたという点では中国の作戦勝ちでした。日本はこういうことは無視しておけばよかったのに、「これは反ソ条項だから日本は受け入れることはできない、だからこれは第三国に対するものではない」と、第三国条項で変なものを入れてしまいました。そのようなことをして、随分、無駄な時間と労力を費やすことになった、非常にまずい外交でした。その証拠に、この後ソ連が崩壊してから、中国は反覇権については一言も言わなくなりました。しかし考えてみると、冷戦がなくなって、アメリカの覇権が大手を振って歩き出したというのに、アメリカの覇権主義については、中国は何も言わないですよね。ソ連の時だけ言ったということです。つまりはっきりしたのは、自分の反ソ政策にお墨付きをもらうための話だったということで、高邁なる反覇権の思想によって提案されたものではなかったということです。中国の言うことは、いい加減なことが多いということを知っておかなければならないという教訓が、この平和友好条約交渉から得られました。

服部　つまり、中国の作戦勝ちというのは、中国が「反覇権条項がソ連だけを目的としたものではない」と言いながらも、実際はそうであったということでしょうか。

中江　そうです。その結果としてソ連は崩壊したわけですから。華国鋒《かこくほう》主席は、反覇権条項が明記された日中平和友好条約を持って、ルーマニアからユーゴを回り、ソ連衛星国の切り崩しを始めたわけです。それがうまく功を奏して、衛星国は次第にソ連から離れ、ソ連圏が崩壊していきました。そして、とうとうベルリンの壁が落ちたのです。ですから反覇権条項は、ソ連をやっつけることに非常に貢献したと言えます。そういう意味では、中国は目的を達したわけです。では、日本は反覇権条項で誰を攻撃し、どんな利益を得たのかというと、何も得ていないのです。本来なら、この覇権反対条項を使って、日中共同でアメリカのイラク介入やアフガン介入に反対するような外交努力でもすべきであろうと思うのですが、そういうことをするでもなく、今になってみれば私自身、日本はただ踊らされただけで、馬鹿を見たなという感じがしています。

園田外相の訪中

服部　一九七八年七月中旬、中江大使はアジア局長として訪中され、その時の回想で次のように述べられています。「どうしても現地限りでは解決できない問題点があと二つ三つにしぼられたところで、福田総理に報告、裁断を仰ぐべく、私は単身一時帰国。次の日の夕方白バイの先導で箱根へ。いわゆる『箱根会談』。そこで福田総理の大決断、成否を賭けた園田直外相の訪中にゴーのサインが出ました。

箱根会談（1978年8月6日）
左から福田赳夫首相、園田直外相、中江要介アジア局長。（写真提供：中江要介）

八月六日、日曜日の夜のことです」と。このうち、「現地限りでは解決できない問題点」[58]が二つ、三つに絞られたということですが、この問題点というのはどのようなことであったのでしょうか。

中江　これの一番のポイントは、日本を敵視する中ソ同盟条約をどうするかでした。もう一つは、覇権反対の反ソ条項は、第三国に対する政策に影響を及ぼすものではない、という第三国条項についてどう決断するかでした。第三国条項についてのいくつかの案のうち、中国がどの案でくるのか見極めることが重要でしたが、現地にいては少し難しい問題でした。それで私は東京に帰りましたが、その時はすでに結論が出ていました。福田さんは、園田さんを北京へ訪問させることに決めていたのです。ですから私の話を聞くまでもなく、

58　中江『らしくない大使のお話』一四五頁。

鄧小平・園田会談（1978年8月10日）
前列右から3人目中江要介アジア局長、7人目鄧小平副首相、8人目園田直外相。（写真提供：中江要介）

「この交渉はこれで手を打っていこう」と。つまり園田さんの訪中は箱根会談で決まったわけではなく、決まっていたのを後追いする形で、現状分析を加え、交渉は大体このあたりでいいだろう、というのが会談の内容でした。

服部　この箱根会談というのは、園田外相も出席されたのでしょうか。

中江　もちろん、出ました。園田さんは、あの条約交渉の時には自分がやりたいということで一生懸命やりました。普段はたいして仲がいいとも思われない人たちが、最後はおかしかったんですよ。北京から帰ってきて、条約が結ばれたからと、みんな涙を流して握手をしているのです。私たちから見れば、政治家は役人がやったことにただ乗っかっただけなのに、成功したらまるで自分たちのお手柄みたいに得意になって、駆け引きのことやらいろいろ話していました。政治家というのは、こうやって涙を流すほど、自分たちは一生懸命やったのだと表現するものなのかと思うと、私はとても不思議な気持ちでした。私もああいう場所では一緒になって涙を流すべきなのかと。

同じようなことが北京での交渉の時にもありました。平和友好条約交渉の最後の段階で、黄華《こうか》外交部長が反覇権条項の第三国条項について、「日本から三案出されたなかの第一案を、中国側が受けます」と言ったら、座っていたテーブルの下で、日本側と中国側の人たちが感激して握手していました。私は、ただ向こうが折れてきただけのことで、何も手を握って涙を流すまでもなかろうと。

服部　その握手をしていたというのは園田外相ですか。

中江　園田さんは日本側の首席代表でしたから。ほかの随員、交渉団員、それに条約局長など何人か

日中平和友好条約署名調印式（1978年8月12日）
左から4人目中江要介アジア局長、右から5人目鄧小平副首相、6人目華国鋒主席。署名は黄華外交部長と園田直外相。
（写真提供：中江要介）

いましたが、そういう連中まで一緒になって感激していました。

この条約は、確かにまとまらないよりはまとまった方がよかったのかもしれませんが、大体どうしてあの時に結ぶ必要があったのか、疑問でした。そもそもこの条約の話が出てきたのは、日中航空協定交渉が大詰めになって、一九七四年正月の一月四日に大平外相が北京で大交渉をやった時です。交渉の目的が日中航空協定交渉ということもあって、大平さんについて行ったのは条約局長で、アジア局長は付いて行かなかったのです。それを、アジア局長に何の断りもなしに、条約局長は「平和友好条約の交渉開始を提案しましょう」と勝手なことを言い出したのです。その提案を大平さんが支持し、中国側も乗っかって、条約交渉が始まったといういきさつがあります。

あの時点で、平和友好条約を結ばなければならない立場にあったのは日本ではなく、中国でした。アジア局には、平和友好条約を急いで結ぼうと思っている人は誰一人いませんでした。

私はその時、東京にいた高島益郎アジア局長に「まだその時期ではない、今頃結んだら中国の思う通りになって、中国に押されるだけだから、日本としては今は結ぶべきではない」と、アジア局の考えをはっきり言って欲しかったです。しかし、そういうことは言いませんでした。

大平さんは血尿が出るくらい苦しんでいましたが、努力のかいもなくまとまらないので、帰ろうと思っていたところに――これは中国側がよくやる手なのですが――ちょっとお話がありますよと、中国側が多少折れてきてまとまった話です。

コラム⑧——日中平和友好条約締結とその後

一九七八年八月一二日、三年九カ月あまりの交渉を経て日中平和友好条約が締結された。後に、日中共同声明（一九七二年）、日中共同宣言（一九九八年）とならび、日中関係の「政治的基礎」と位置づけられる重要文書である。そもそもこの条約は、日中間の恒久的平和と友好を条文化することを目的として日中共同声明第八項で締結が謳われたものであったが、いわゆる「反覇権条項」が争点となって交渉が長期化した。「反覇権条項」とは、①日中両国が覇権を求めないこと、②覇権を確立しようとする第三国およびその集団に反対すること、の二点からなる。日中共同声明第七項にも記載されていたが、中ソ関係が悪化するなか、日本は「覇権」反対を同条約に含むことが「反ソ」を明示したと見做されることを警戒したのであった。

同条約交渉過程に関しては、交渉会談記録が公開されたこともあり事実解明が進んでいるが、中国側の政策決定過程には未だ不明な点も多く、また同条約の影響についても様々な評価がある。これらの点について本書では、当時アジア局長であった中江要介の体験に基づいた認識が示されている。すなわち中江要介は、日本側が交渉過程で最も重視したのはソ連との関係であったこと、中国側に対しては中ソ同盟条約廃棄を求めたが、尖閣諸島の領有権に関する特別な意図は念頭になかったことを明言した。歴史資料として着目されるべき点であろう。

実際のところ、同条約の締結は日・中による対ソ政策に深く関係したのみならず、当時の国際情勢とも密接に連動した面は否めない。この観点からすれば日中平和友好条約は、日本の意図にかかわらず、米・日・中が協調してソ連の影響力拡大を防ぐという東アジア国際情勢の一端を支える役割を担ったとも評価されえる。他方、七八年以降の日中二国間関係が友好・協力を基調として経済関係を深めながらも、八〇年代からは歴史問題などの政治摩擦を頻出したことに鑑みれば、同条約の内容・交渉・締結については、後に続く日中二国間関係の課題を考慮に含め、複眼的に考察する必要があろう。

（江藤名保子）

鄧小平の来日

服部　鄧小平副首相と黄華外交部長は、一九七八年十月二十三日に日中平和友好条約の批准書を交換し、同日、昭和天皇と会見しています。昭和天皇と鄧小平の会談では、どのような会話が交わされたのでしょうか。

中江　私は陪席していなかったし、報告も聞いてないので分からないです。

服部　では、福田首相と鄧小平の会談（十月二十三、二十五日）はいかがでしょうか。

中江　私はそこにはいたはずですが、こちらはよく覚えていないですね。今から思えば、よく聞いておけばよかったのですが。その時は、批准書を交換するだけだと思っていましたので。

服部　この時大使は、関西旅行にご一緒されているかと思いますが[59]、鄧小平や黄華について、何か印象に残っていることはございますか。

中江　奈良のホテルで奈良県知事だったか、あるいは市長だったかな。宴会でお昼をごちそうになっている時、別の宴会場でどなたかの結婚披露宴がありました。鄧小平はそれを知って、こちらの宴会はそこそこにして、その結婚披露宴の方に行って、花婿花嫁と握手しながら「おめでとう、おめでとう」と言っていました。鄧小平は、日本の結婚披露宴というものを、大変珍しそうに見ていましたね。

59　中江『残された社会主義大国 中国の行方』一〇九―一一〇頁、中江『らしくない大使のお話』三八頁。

鄧小平中国副首相歓迎午餐会　＊本写真の表紙には「中華人民共和国国務院副総理　鄧小平閣下歓迎午餐会」（1978 年 10 月 29 日、大阪今橋つる家において）と表記されており、ここに写っている人物には次のように人名が付されている。「〔最前列左から〕佐藤中国大使、亀井関経協会長、符浩閣下、上枝国貿促会長、黄華閣下、河崎関経連副会長、鄧小平閣下、佐伯大商会頭、廖承志閣下、西山工業会会長、韓念龍閣下、川勝日中経協関西本部長、山田同友会代表幹事、〔前列二段目左から〕中江アジア局長、呉新安先生、浅井大商副会頭、高建中先生、森井工業会副会長、王暁曇先生、宮道関経連副会長、李力殷閣下、木島同友会代表幹事、沈平先生、村井大商副会頭、王植范先生、武田大商副会頭、有本大使、〔前列三段目左から〕田島中国課長、松村儀典官、前田関経協副会長、王世真先生、小林関経連副会長、金黎先生、佐治関経連副会長、丁民先生、西村関経協副会長、王效賢先生、陸琪先生、〔最上段左から〕古川関経連専務理事、葉啓鏞先生、大谷工業会専務理事、北村同友会常任幹事、木村国貿促理事長、呉学文先生、井上大商専務理事、魏小栄先生、峰永日中経協常務理事、山田関経協専務理事、小原事務官。（写真提供：中江要介）

鄧小平は、あまりしゃべらずに、黙って日本滞在中に方々を見学しました。新日鉄君津工場やナショナルの茨城工場ではロボットなどの日本の先進技術、科学技術に非常に印象を深くしたようで、口に出せないぐらい驚いたのではないかと思います。この体験がやがて、鄧小平が提唱する改革開放政策の原動力になっていくのです。そういう意味からも鄧小平の日本訪問というのは、中国の近代化にとって、非常に大きな意味があったと思います。

服部　先ほどの大使のお話では、福田首相以外は鄧小平に頭が上がらなかったというニュアンスのようなことをおっしゃっていましたが、鄧小平にはそのようなオーラが感じられたのでしょうか。

中江　オーラといっても、鄧小平の印象というのは、何よりも言葉が非常に分かりづらいことでした。通訳もよく分からないほどで、何しろ中国人の通訳でも日本語にできないくらい聞き取りにくい中国語だったらしいです。それから耳が悪くて、人の話がよく聞こえなかったらしいです。そのため、鄧小平は通訳が言っている中国語も聞き取りにくいので、こちらと話をしていても、細かいところでかみ合わないことがたくさんありました。結局、彼の直筆なのか、あるいは側近の誰かが書いたと思われる文面が後で新聞発表され、その記事を読んで、鄧小平の哲学というものに印象づけられるという感じでした。直接会って、私がすごいと思ったのは胡耀邦でした。頭の回転は速いし、それからやることが「すぐやる課」みたいに、判断したらすぐに実行する、すばらしい政治家だという印象を持ちました。ただ、あまりに日本びいきだったために、日本に対して弱腰だと言われ、疎外もされたようです。

第6章　非同盟諸国での経験

――在ユーゴスラヴィア駐箚特命全権大使、在エジプト駐箚特命全権大使、南イエメン国駐箚兼任時代（一九七八―八四年）――

一九七〇年代後半、ソ連が軍備増強を推進するかたわら、アンゴラ、エチオピアなど第三世界に対する影響力拡大を図るのを受け、米国国内でもソ連とのデタントを進めることに対して懐疑的な見方がすでに台頭してきていた。このように陰りが出ていたデタントの命脈を最終的に断ち切ったのは、一九七九年末のソ連軍のアフガニスタン侵攻であった。これを機に、カーター政権は、SALTⅡ（第二次戦略兵器制限条約）批准延期、モスクワ・オリンピックのボイコット、対ソ穀物輸出大幅削減、高度科学技術品目を含む輸出制限などの制裁措置を発表し、西側諸国に対して同調を求めた。さらに、カーター大統領は、軍事力を行使してでもペルシャ湾岸での石油を中心とした米国の死活的利益を守るとする「カーター・ドクトリン」を打ち出し、国防費の増額を発表した。ここに、「新冷戦」と呼ばれる時代が始まった。その後、一九八一年に成立したレーガン政権は、ソ連を「悪の帝国」と呼び、八三年には戦略防衛構想（SDI）を打ち出すとともに、中距離核兵器（INF）をヨーロッパに配備する。

米ソ間の緊張はいやがおうにも高まった。

　新冷戦時代の到来に直面し、日本外交も従前の「全方位外交」の旗印を降ろし、「西側の一員」を掲げて、米国の同盟国としての立場を鮮明にするようになった。とりわけ、一九八二年に成立した中曾根康弘政権は、日本の防衛力増強に積極的に取り組む姿勢を打ち出すことで、日米同盟関係を強化するとともに、その充実した経済力に見合った国際政治上の役割を行使する道を模索したのである。

　この時期、中江要介は、日本を離れ、ユーゴスラヴィア、次いでエジプトといった東西両陣営に一線を画す非同盟の国々に大使として赴任している。ちなみに、ユーゴスラヴィア在任中の一九八〇年、労働者自主管理と呼ばれる独自の社会主義路線を標榜し、インドやエジプトと連携して非同盟外交を牽引してきたチトー大統領が死去している。第二次大戦直後から長きにわたって君臨してきたカリスマ指導者の死は、ユーゴスラヴィアの不安定化を招き、一九九〇年代の凄惨な内戦へと発展することになる。また、一九八二年にエジプトに赴任する直前の八一年、イスラエルとの講和に踏み切ったサダト大統領が、過激派の手により暗殺されている。

1　東欧から見た日本外交のイメージ

ソ連圏の国々

中島　中江大使は、一九七八年十一月から、ユーゴスラヴィア駐箚特命全権大使として東ヨーロッパに赴任されています。当時の東欧の様子、また東欧から見た日本外交についてのご印象はいかがでしたでしょうか。

中江　私のユーゴスラヴィア時代では、チトー大統領[1]の葬儀が一番大きなイベントでした。赴任後すぐのことでした。チトーの死はユーゴスラヴィアにとって大変な出来事でしたが、チトーの葬儀は非同盟[2]諸国全体にとっても、おそらく世界的に見ても、二十世紀最後の大喪服外交だったと言えるでしょう。世界中から、あれだけの指導者が集まった国葬というのは、後にもないのではないでしょうか。チトーが、それだけ偉大な人物だったということです。

1　**ヨシップ・ブロズ・チトー**（Josip Broz Tito, 一八九二―一九八〇年）　第二次世界大戦中、対独パルチザンで活躍。一九五三年にユーゴスラヴィア大統領に就任。一九七四年に終身大統領。非同盟主義を唱えた。

2　**非同盟**　冷戦時代、米ソ両陣営のいずれにも属さずに、中立主義と平和共存を目指した外交上の理念。一九六一年九月、第一回非同盟諸国首脳会議がユーゴスラヴィアで開催されている。

ユーゴスラヴィアは、私にとって初めての大使のポストでした。それで、前に国連大使を務めていた加瀬俊一さんが、「中江君、ユーゴスラヴィアに行くのなら、ちょっとユーゴスラヴィアの話をしてあげましょう」とおっしゃるので、皇居のお堀の前にあるパレス・ホテルのレストランで昼食をご馳走になったことがあります。加瀬さんは、一九五八年から六〇年までユーゴスラヴィア大使を経験された大先輩でした。

加瀬さんとの話の内容は、チトーが亡くなった後のユーゴスラヴィアの行方が話題の中心でした。外務省のなかでも、もっぱら同じことが言われていて、チトーが死んだ後のことに関心が集まっていたのです。しかし私は、チトーという人物についてはよく知りませんでした。ただ赴任前に、私は「非同盟」がどういうものなのか、少々勉強して行きました。ユーゴスラヴィアの現地でも、やはり外交界の関心はポスト・チトーのことばかりでした。

ユーゴスラヴィア以外の東欧圏にはどういう国があるのかというと、いずれの国も十把一絡げという感じで、これといった特徴、特色というものは感じられませんでした。ただ東欧圏のなかでは、ブルガリアが一番ソ連寄りだったような印象を受けました。その次がハンガリーでした。当時、東欧のソ連圏の国というのは、ブルガリアを観れば、大体の様子が分かると言われていて、どの国もさほど差がなかったのです。しかし、東ドイツ、ポーランド、ハンガリー、ルーマニアなど国によってはニュアンスも多少違っています。ユーゴスラヴィアは、昔から「チトー化」、「チトーイズム」と言われていて、東欧圏のなかでは非同盟であり、ソ連圏には属していなかったのです。ソ連と一番距離があった国は、ユーゴスラヴィアの隣のルーマニアでした。ルーマニアは、他の東ヨーロッパの国々に比べて西ヨーロッパに一番近い関係にありました。ルーマニアはチャウシェスク大統領[3]の頃から、次第にソ連の支配から逃れようとする動きが出てきたのです。このように東欧圏のなかでは、ルーマニアとユーゴスラヴィアに、ソ連に背を向けようとする一つの動きが見られました。そこに注目したのが中国であり、日中平和友好条約の締結直後の華国鋒の東ヨーロッパ訪問につながっていったのです。

東欧圏の国々からは、日本はあまり注目されていなかったです。なぜかというと、日本はアメリカにべったりでしたし、東欧圏の国はいずれもソ連にべったりでしたから、東欧圏の国にしてみれば日本から学ぶことはなかったのです。東アジアではどちらかというと、日本よりも中国がどういう考えを持っているかに関心があったようです。また、中国の方でも、日本とは違って、東ヨーロッパに対して非常に関心が高く、勉強していました。当時、中国は反ソでしたから、ソ連に対抗していくにはソ連圏の動きに対して神経を使っていたのです。

非同盟主義

ユーゴスラヴィアは、ソ連圏ではなく非同盟でした。それで、私はユーゴスラヴィアの大使として、非同盟主義や非同盟諸国の動きに関心を持ったのです。ところが日本政府は、非同盟に対して極めて冷

3　**ニコラエ・チャウシェスク**（Nicolae Ceaușescu, 一九一八―八九年）　一九七四年にルーマニア大統領に就任。一九八九年十二月に失脚、死刑となった。

たい態度をとっていて、ほとんどの政治家が非同盟について不勉強でした。でも、社会党だけは勉強していました。どうしてかというと、ユーゴスラヴィアの労働者自主管理[4]の経済は、社会主義を勉強している人から見ると、一つの新しいモデルとして注目されていたからです。それで、社会党の議員のなかに、ユーゴスラヴィアに出張してきて、労働者自主管理経済を勉強する人がいたのです。

私は、大使として「非同盟主義、あるいは非同盟の動きを知ることは大事だ」と、東京へ意見具申したのです。すると、牛場信彦元事務次官が「中江君はユーゴスラヴィアに行って、変なことを言っとるそうじゃないか」、「日本は非同盟でいくべきだと言っとるそうだが、本当か」と、非常に驚いて身近な人に話していたというのです。私は、「ユーゴスラヴィアをはじめとする非同盟諸国の動きに注目すべきだ」と言っただけで、「日本が非同盟主義でいくべきだ」と言ったわけではなかったのですが、このことだけを取り上げてみても、日本では、非同盟主義がいかに評価されていなかったか、あるいは認識すらされていなかったかが分かります。

中島　今の中江大使のお話をお伺いしていますと、ユーゴスラヴィアの日本大使館が、非同盟諸国の情報を集める役割を担っていたように思えたのですが。

中江　ユーゴスラヴィアの日本大使館の連中が、それほど非同盟のことを勉強していたわけでもないのですが、チトーには関心があって、「チトーがある日突然亡くなって、ユーゴスラヴィアが乱れたら、

4　**労働者自主管理**　資本家ではなく勤労者が自らを管理し責任を負う考えで、旧ユーゴスラヴィアにおいて実践された。労働者評議会を通じた企業の自主的管理、労働者による工場の自主管理などが試みられたが、失敗に終わった。

日本大使館としても大変な事態になるだろう」と心配したようです。ユーゴスラヴィアの「チトーイズム」ないし「チトーのユーゴスラヴィア」がいつまでもつのか、潰れるとすればどのような形で潰れるのか、それが周辺の安定にどういう影響を及ぼすのか、関心があったわけです。

中島　外務省本省が現地のユーゴスラヴィアの日本大使館に期待する役割は、ソ連をはじめとする共産圏の情報や中国の情報をとることにあったのでしょうか。

中江　そうあるべきでしたが、実際はそうはいきませんでした。どれだけ東京の門を叩いても、東京には応える用意がなく、そういう気持もなかったように思えました。

中島　先ほどのお話では、野党の社会党が熱心だったということでしたが。

中江　社会党には、社会主義が世界でどのようになっていくのか、将来がかかっているという気持ちがあったので、ユーゴスラヴィアの行方に関心があったのだと思います。

国際政治の観点から大事なことは、非同盟諸国が国連のなかで非常に大きな勢力を持っていたということです。その頃は非同盟諸国のほとんどが開発途上国であり、非同盟諸国の動きは国連全体の流れ、勢力関係を見るうえで、非常に重要な要素だったのです。にもかかわらず、東京は、非同盟に関心を持たず、昔からアメリカ一辺倒の外交で、アメリカが関心を持つと日本も関心を持ち、アメリカが関心を示さないものには知らん顔をしていました。「自主外交」というのは嘘っぱちで、東京の外交には自主的な判断、考え方というのはほとんどなかったのです。

中島　社会党の議員では、どなたがユーゴスラヴィアに来られましたか。

中江　和田静夫代議士が来られました。それから堀昌雄代議士が労働者自主管理の勉強のために、何人かの学者と若い社会党の代議士を連れてこられました。彼らとは大使公邸で食事をしながら、議論した覚えがあります。彼らは、ユーゴスラヴィアの多くの関係者に会って、労働者自主管理を熱心に勉強して帰られました。

中島　社会党ではほかに、後に委員長になる石橋政嗣さんは来られましたか。

中江　石橋さんは来られなかったと思います。石橋さんと私が関係したのは、北京においてでした。

石橋政嗣社会党委員長の訪中

若月　少し中国大使時代の話に飛びますが、北京では、石橋政嗣委員長とはどのようなお話をされたのでしょうか。北朝鮮に関することでしょうか。

中江　社会党の代表団が北朝鮮に来る時は、必ず北京を経由してきますので、食事に呼んで、いろいろ意見交換し、彼らの考え方を聞きました。

若月　北朝鮮に関するお話で印象に残っているのはどのようなことでしょうか。

中江　特にこれといって印象に残っていることはないのですが……そうですね。今は日本と北朝鮮との間に拉致問題がありますが、あの頃からすでに多くの問題がありました。それで社会党の人たちは、日本と北朝鮮の間がもっとうまくいくよう中国に口を利いてほしい、仲を取り持ってほしいと言ってきたのです。私はそういった話は無理ですので、「お話があるようでしたら、北朝鮮に直接話せばいいことで、中国に頼む必要はないですよ。もともと中国は北朝鮮をそれほど信頼していないですから」といった話をしていました。

この点は今でもそうだと思います。中国は北朝鮮を心から信用しているわけではないですから。中国は、金日成《キムイルソン》が主席の時、北朝鮮は中国とソ連とを手玉に取るような外交をやったり、駆け引きをするのでけしからん、といった不快な印象を持っていました。「朝鮮戦争の時、本当に戦ったのは誰だと思っているのだ。中国の義勇軍、中国兵だろう。ソ連は武器・弾薬とか、お金の面では北朝鮮に援助したかもしれないが、ソ連兵は一人も死んでないだろう。中国は義勇軍を出して多くの中国人の命を犠牲にしてまで、北朝鮮を援助してやったのに、金日成は中国とソ連を天秤にかけて、ある時はソ連風、ある時は中国風に自分を見せかけて、ゲームのようなことをしたではないか。けしからん」という不信感が中国側にあったわけです。

私は、そういうことを聞いて知っていますから、「中国に頼みますと言ったって、全然中国が親身になってくれるとは思えませんよ」と話していました。

若月　ほかに内容のある話は。

中江　彼らは北朝鮮の話ばかりですからね。社会党の人たちですから、アメリカについてどういう考えを持っているか聞かなくても分かっているし、そのことには触れなかったです。ただ、河上民雄さんが、平壌から日本に帰る途中、北京に寄られ、「中江さん、北朝鮮は悪い国だという人が多いのですが、平壌に行ってみると、北朝鮮の方が日本より門戸が開放されているという印象を持ちますよ。北朝鮮には多くの国の人が来ているし、多くの国と付き合っていて、日本が思っているほど、北朝鮮は閉鎖され、孤立した国ではないですよ」とおっしゃったのが、私にはとても印象的でした。なるほど、そういうこともあるのかなと。北朝鮮も考えてみれば、非同盟国の一つですからね。そういえば、社会党の訪朝団で田辺誠書記長が団長で行ったこともありましたね。

リュブリアーナでの葬儀

ユーゴスラヴィア時代の話に戻りますが、労働者自主管理というのは、非常に面白い考え方です。労働者自主管理という一つの独特の社会主義経済体制を理論づけたのは、ユーゴスラヴィアのカルデリ[5]という学者です。カルデリはスロヴェニア出身の学者で、チトーの右腕と言われた人物です。反チトー派は、カルデリの社会主義経済理論をいろいろ攻撃しました。それだけ、彼は社会主義経済理論の象徴的な人物だったのです。

カルデリは私が着任して半年もしないうちに亡くなったのですが、彼の大葬儀が出身地スロヴェニアの首府リュブリアーナでありました。各国の大使や外交団に葬儀の案内が届き、私はまだリュブリアーナに行ったことがなかったので、興味があって行きました。葬儀は、大雨でしたので、てっきり体育館

5　**エドヴァルド・カルデリ**（Edvard Kardelj, 一九一〇―七九年）チトーの側近で、労働者自主管理に基づく社会主義や非同盟外交に関する理論を具体化した。著書に、エドヴァルド・カルデリ／高屋定國・定形衛訳『民族と国際関係の理論　世界政治と平和共存』（ミネルヴァ書房、一九八六年）。

かどこか、屋内で行われるものと思っていたのですが、予定通り屋外で行われました。大降りの雨のなか、外交団全員が葬儀の広場の真ん中へ出ていくのですが、傘を差し伸べる人がいるわけでもなく、みんなずぶ濡れになっているのです。日本だったらこういう場合、各国の大使に傘の一本も差し向けるところですが、そういうことがまったくないのです。

そのうえ弔辞が長く、私には言っている意味がまったく理解できないので、通訳の大羽奎介《おおばけいすけ》さんに「大羽君、今の弔辞は何て言っているのかね」と聞いても、「分からない」という返事なのです。大羽さんはもう亡くなりましたが、ユーゴスラヴィアの専門家であり、外務省では「ユーゴスラヴィアのことなら大羽奎介の右に出るものはいない」というくらいによく語学のできた人でした。その彼が言うには、「大使、弔辞はスロヴェニア語で話されており、私はセルビア語が専門なので分からない」と言うのです。ユーゴスラヴィアには四つの言葉があって、[6] それぞれがそれぞれの言葉で話すので、ほかの共和国の言葉は分からないのです。そのため、ユーゴスラヴィアの国会では、それぞれの同時通訳がつきます。つまり、国会議員の間でも言葉が通じないくらいに、多様な民族が集まってできた国だと言えます。ほとんどの大使が連れている通訳は、セルビア語が専門です。ベオグラードですからセルビア語なのです。そのためリュブリアーナでスロヴェニア語の弔辞を聞いたところで、何も分からないのが当然なのです。

6　**ユーゴスラヴィア**　七つの国境、六つの共和国、五つの民族、四つの言語（スロヴェニア語、クロアチア語、セルビア語、マケドニア語）、三つの宗教、二つの文字から構成される一つの国家と言われた。

この葬儀でユーゴスラヴィアという国はすごい国だと、私はつくづく思いました。「雨で困るでしょう」、「傘をさしましょう」なんて、そんな生ぬるい国ではないのです。そもそもそんな国だったら独立できないでしょうし、やってもいけないのでしょう。つまりチトーが率いていたパルチザンは「自主独立、民族独立の戦いというのは、そんな生易しいものではないんだよ」と、各国大使の集まる外交団に知らせるために土砂降りの雨のなかでわざわざやったのではないかと思うくらいでした。要するに甘やかさないのです。ユーゴスラヴィアにとって、人間はみんな「革命の闘士」であり、「民族解放闘争の同志」なのです。ユーゴスラヴィアという国をナチス・ドイツから守り、ソ連の共産主義から守り、ユーゴスラヴィアという国を作った、チトーをはじめとする人々の気概に激しいものを見ました。

ユーゴスラヴィアは、やはりチトーで保っていました。六つの共和国から連邦を構成していて、「モザイク国家」と言われるくらい、国を一つにまとめていくことが非常に難しかったのです。チトーだからみんな言うことを聞いていました。チトーの出身は、セルビアのベオグラードでも、スロヴァニアのリュブリアーナでもない、クロアチアのザグレブでした。しかし、チトーは他の共和国の人たちからも尊敬されました。「民族」や「言葉」とは関係なく、ユーゴスラヴィアのパルチザン闘争の効果があって、大国ロシア、大国ドイツを破ったことでみんながチトーを尊敬したわけです。チトーはユーゴスラヴィアのシンボルだっただけに、彼の死後、ユーゴスラヴィアがどうなるかが大きな関心事となったのはあたり前のことでした。

私の四代、五代前の大使からチトーが亡くなった後のことをずっと考え、勉強していたのですが、私が大使に着任したとたん、チトーが突如亡くなったのです。チトーの葬儀には各国から多くの人が出席し、日本からは大平正芳首相が参列しました。それ以外にもユーゴスラヴィアを見直して、チトーイズムを勉強し直すために多くの人が日本から来ました。みなさん私に、「中江大使、チトーが亡くなりましたが、ユーゴスラヴィアはこれから先どうなっていくのでしょうか」と聞いてきます。現地の大使に聞けば分かると思うのでしょうが、着任して間もない私に分かるはずもありません。

大統領の輪番制

ただ、チトーは、自分が死ぬ前に大統領の輪番制という制度を作ったのです。これは、各共和国の大統領が順番に連邦の大統領になるという制度で、各共和国の大統領が権力争いをすることなく、連邦の大統領が順番に決まっていくというものです。私はそのことを考えて「ユーゴスラヴィアは、まだ十年はもつのではないか」と言っていたのです。

十年後、ソ連が崩壊し、東ヨーロッパはバラバラになりました。それで、ある人が「中江さん、あなたは、あの時十年後とおっしゃいましたが、どうして分かったのですか。本当に十年後に潰れましたね」と、何か褒めるような、貶すような、ちゃかすように言われました。私は、輪番制でいけばユーゴスラヴィアは十年ぐらいもつのではないかと、当時感じたことを言ったまでのことでした。

それを裏づける確信を持ったのが、スポーツでした。チトーが亡くなる直前、西ヨーロッパの団結というか、連帯観念が次第に強まっていったのです。ユーゴスラヴィアも、西ヨーロッパの一員として、そういう連帯のなかに入りたいという気持ちがあって、それがスポーツの世界で見られました。

ご存知のように、セルビアはスポーツが強いでしょう。サッカー、体操、柔道、テニスなど多くの競技で優秀な選手がたくさん出ています。男たちは逞しくて、とても強いです。ヨーロッパの各種スポーツ大会にユーゴスラヴィアが出るようになって、彼らを見ていると、普段はユーゴスラヴィアの六つの共和国がお互いに反目しあったり、争ったりしているかのように見えても、選手はユーゴスラヴィアという一つの国で団結しているのが分かります。それで、ユーゴスラヴィアが連邦共和国というよりも、ユーゴスラヴィアという一つの国としての意識ができているという印象を持ったので、チトーが死んでも、ユーゴスラヴィアがすぐにバラバラになることはないだろうと思ったのです。

ユーゴスラヴィアの崩壊

そのユーゴスラヴィアがなぜ、十年後、バラバラになったかというと、経済問題が引き金になったからです。ユーゴスラヴィア連邦の六つの共和国の間には南北問題がありました。それは、経済発展の違いから、貧富の格差が大きくなっていったからです。リュブリアーナ、ザグレブがある西の方は豊かですが、次第に東方に移るにつれ、経済発展の遅れが見えます。ボスニア・ヘルツェゴヴィナ、セルビア、それからモンテネグロ、セルビア南部のコソヴォ自治州、マケドニアなどの共和国や地方です。

チトーの時代は、豊かな共和国の富が貧しい共和国に連邦予算で回されていたのです。貧しい共和国は、豊かな共和国から回ってくる補助金や助成金でバランスをとって、ユーゴスラヴィア全体が一つの国を保っていたわけです。

その経済格差の是正が、政治的なバランスでは保てなくなってきたのです。豊かな共和国からすれば、貧しい共和国に資金援助をしなければならないのは不公平だというわけです。それで、豊かな国は自分たちだけで独立しようと、まずスロヴェニアが独立したのです。先にお話したカルデリがいたスロヴェニアですね。

昔、ナチス・ドイツが、ユーゴスラヴィアの天然資源や富を手中におさめようとしたことがありました。ナチス・ドイツは相当激しく、ユーゴスラヴィアの西方の豊かな地域を勢力下に置く政策をとりました。その影響が残っていて、独立運動が始まったのです。ユーゴスラヴィアの内戦はテレビ・新聞等でご覧になったと思いますが、こういう経緯があってユーゴスラヴィアの大混乱が始まったのです。

労働者が社長を選ぶ――労働者自主管理

労働者自主管理の話でもう一つお話しておくと、中国から、労働者自主管理の調査研究のチームが勉強のためユーゴスラヴィアにやって来たことがありました。日本の社会党の連中は、「中国はさすがだ。社会主義のことをよく勉強している」と注目しました。ところが中国のチームが、ユーゴスラヴィアの労働者自主管理という社会主義をどう評価したかというと、「労働者自主管理は中国には向かない」から諦めた経緯があります。

労働者の自主管理というのは、労働者が企業を管理することですから、大企業でも労働者が管理し、労働者が社長を雇うことになります。労働者が集まって、社長候補になりたい人を面接し、いろいろ質問して調べたうえで、この人物をわが社の社長にしようとしぼって、みんながＯＫすれば社長にするという形態です。選ばれた経営者は、労働者に雇われて経営にあたることになるわけです。つまり労働者が主体ですが、この労働者が主体であることが、社会主義の一番のエッセンスです。

これは理屈としては立派であり、日本でもそういう考え方に賛同する人がたくさんいました。しかし労働者がしっかりしていればいいのですが、そうでなかったらうまくいかないという欠点があるのです。いくら労働者が自主管理を行っても、いい加減な労働者がいい加減な社長を雇ったとしたら、うまくいかないですよね。中国のチームは、労働者自主管理の根本は、労働者が自覚を持ってしっかりすることだということに気づいたのです。そういう一面から中国を考えてみると、中国の労働者はとてもそのレベルには達していないから駄目だということだったのでしょう。私は、それが正解だったと思います。

非同盟国での北朝鮮大使との交流

中島　中江大使は、中国や台湾との関係において重要な役割を果たされたという印象が強いのですが、東欧時代も、大使の外交官人生で重要な位置を占めていたように思われます。

中江　それはどうでしょうか。ユーゴスラヴィアにいた頃は、台湾問題はすでにほとんど頭になかったですね。ユーゴスラヴィア時代の数少ない仕事として印象に残っているのは、北朝鮮の情報をユーゴスラヴィア在勤の北朝鮮大使から時々得ていたことでしょうか。日本人は、今も北朝鮮を毛嫌いし、嫌な国、恐ろしい国、異質な国と見なし、まともに付き合おうという意識がないですものね。政府もそうでしたが、政治家も同じでした。政治家の一部の人たちが北朝鮮に行ったり、社会党のように関心を持ったり、そういう党もあったことはあったのですが。

私がユーゴスラヴィアにいた時の北朝鮮の大使は、常識のある面白い大使でした。いろいろな場面で一緒になりましたが、私が話しかけても、日本か、知らんといった顔色一つ見せず、実によく話してくれました。彼らは、やはり孤立していたのだと思うのです。言葉の問題もありますが、何よりも体制の問題がありますから。北朝鮮の大使と親しく付き合っていこうと思っていた大使は、私ぐらいではなかったでしょうか。

私自身は、戦後処理でただ一つ残されたのが対北朝鮮問題ですから、早く北朝鮮と関係を持ち、戦後処理を済ませることで、アジアにおける日本の立場をもっと自由なものにしなくてはいけないと思っていました。私は、いつまでも北朝鮮を疎遠にしておくのはよくないと思っていましたので、空港で要人を待っている間や、国家的行事に外交団が集まる時など、機会をみつけては努めて、北朝鮮の大使と話をするよう心がけました。

中島　北朝鮮の大使とはどのような話をされたのでしょうか。

中江　例えばですね。北朝鮮の大使に、「大使、ご存知ですか。これから寒くなると、おいしいフグ料理が食べられるようになりますね。フグは日本海の北朝鮮の沖合でも獲れるのですよ。日本では、日本海の北朝鮮の沖合で獲れたフグが重宝されていますが、日本の漁船がフグ漁で北朝鮮に捕まったり、我が国の船が北朝鮮の船と問題を起こしたりすることがよくあります。そういうことがないよう、日本のフグ漁が何というか、平和、平穏にできるようにしていただきたいものですが」といった、大体がそういう類の話でした。

中島 政治情勢の話もされたのでしょうか。

中江 政治の話はしなかったです。政治の話ははじめから駄目なので触れません。話をしたところで、彼らの答えは聞かなくても分かっていますから。むしろ、北朝鮮の大使と仲よくなっておいて、何かあった時に話を持っていけるよう、つまりいざという時に北朝鮮と話が通じるようにしておくため、付き合っておくというのが私の考えでしたから。

そういう姿勢は、場所が変わって、エジプト・カイロでも同じでした。カイロにいた北朝鮮の大使は、大使よりもご夫人の方が開けた人でした。みんなで集まっていると「あーっ、中江さーん」と、大使夫人の方から寄ってくるのです。私は踊りが好きでしたので「あなたの国のマンス・デ舞踊団が今度来るそうですね。一度見たいもんですね」と言ってみたら、大使夫人が「中江大使、マンス・デの舞踊団が来ますよ、いかがですか」と言ってくれたのです。それで会場に行ってみると、前方の貴賓席のような所から一人立ち上がって、「中江さーん」って手を振る女性がいらっしゃるのです。誰かと思ったら、北朝鮮の大使夫人でした。それで一緒に見ました。

こういう関係というのは、政治的な関係ではなく、人間関係ですから、その後会ったこともなければ、彼らがどうされているのかも分かりません。ただ、こういう付き合いができたのも、ユーゴスラヴィアやエジプトが非同盟の国だったからです。右でもない、左でもない、かといって中立というわけでもない、そういうことにこだわらない「非同盟」という国が持つ雰囲気がそうさせたのだと思うのです。

中島　もう一点お尋ねしたいことがあるのですが。中江大使がユーゴスラヴィアにいらっしゃった一九七九年十二月、ソ連がアフガニスタンに侵攻しています。この前後で、中江大使の周りで大きな変化はありましたか。

中江　なかったですね。おそらく私自身が、このソ連の侵攻にあまり関心がなかったのでしょうね。それに、その背後のことについては、中東の専門家がしっかり見て勉強しているから、何もベオグラードの片隅にいる日本の大使が言うほどのことでもないだろうと、そういう気持があったのかしれません。

服部　先ほど中江大使のお話のなかで、日本政府、東京の側はあまり東欧情勢や、非同盟に関心がなかったとおっしゃいましたが、高島次官も、東欧情勢にはご関心がなかったのでしょうか。

中江　どうですかね。高島さんもあまり関心がなかったと思いますよ。

２　チトー葬儀後の大平・華国鋒会談

二十世紀最後の大喪服外交

服部　先ほど中江大使は、「二十世紀最後の大喪服外交」という表現を使われました。大平首相は、アメリカ、メキシコ、カナダ歴訪後にユーゴスラヴィアのチトーの国葬に参列していますが、この喪服外交の時、「故大平総理と、いまは表に出ない華国鋒中国首相との会談を大使公邸に演出したりした」とのことです。[7] そこで華国鋒は、ソ連の中東政策を批判したようですが、どのような会談だったのでしょうか。

中江 大平さんを引っ張り出すのが大変でした。大平さんがアメリカ、メキシコ、カナダを回っている最中にチトーが他界したのですが、自民党の人たちは、「アメリカから東ヨーロッパのユーゴスラヴィアのベオグラードみたいなところまで、首相を引っ張り出すことはない、代理を出せばいいのだ」と、それが常識でもあるかのように言っていました。首相は首相で、規定通り訪米を終えたら、日本に帰る意向でしたので、誰を国葬参列の特派大使にするかに関心が集まったわけです。

私は、その考えは違うと思っていましたので、「非同盟主義の動きは、日本が考えているよりもずっと国際的に重みがある」と東京に具申したのです。「チトーの国葬は非同盟諸国に注目されており、誰が代表として行くのか、各国が注目しています。どの国も元首が出席するのですから、日本も首相が出席すべきです」と。しかし東京では、「そんなものに、大平首相を出すことはない」というのが、大方の意見だったようです。

ところが私の意見具申の電報に対して、「ここは、中江大使の言う通りかもしれない。大平首相に回っ

7 中江『らしくない大使のお話』三八頁。

ていただくことを考えてみたらどうだ」と、伊東正義[8]官房長官がおっしゃってくれたのです。伊東さんは、国会議員のなかでも数少ない勉強家で、伊東さんに呼ばれていろいろ話をしていると、克明にノートをとったり、参考書に赤線を引いたりしていました。結局伊東さんが、「首相のベオグラード派遣を考えよう」と言って下さったのです。伊東さんは大平派の重鎮でした。そういう経緯で、大平さんがベオグラードにやって来ることになったのです。この派遣は確かに異例だったのかもしれませんが、私はこれで面目が立ったと思いました。

国家元首を派遣しないで恥をかいたのが、アメリカでした。ほかの国はすべて首相か大統領、その国の元首が来たのに、アメリカはカーター大統領でなく、モンデール副大統領が来たのです。これでアメリカは、非同盟に対して冷たいという印象を各国に持たれました。つまり、国際社会を動かしているのは米ソ両大国であり、非同盟の国はどちらでもない弱小国が集まって、ただ数でワイワイ騒いでいるだけだ、というアメリカの大国主義的な考え方がここではっきりしたのです。日本もその考えにならっていたのですが。

チトーの国葬に大平さんが来て下さったので、日本がどれだけ恥をかかずに済んだことか。中国からは華国鋒、インドからはマハトマ・ガンジー、ソ連からはブレジネフが来ました。それで私は、華国鋒が来るなら、大平・華国鋒会談をやろうと中国に提案したところ、中国は受けました。場所を大使公邸

8　**伊東正義**（一九一三―一九四年）　福島県出身。官房長官、外相、政調会長、総務会長を歴任。

にし、華国鋒を迎える準備にかかったのです。
チトーの葬儀が終わって、私も大平・華国鋒会談に間に合わせようと、運転手に「急いで公邸に帰ってくれ」と言ったのですが、交通規制にあって、とても大平・華国鋒会談の時間までに帰れそうにないのです。各国の元首の車はパトカーに誘導され、サーッと行けるのですが、大使の車ではそうはいかないのです。葬儀の終了から大使公邸までの移動時間を二十分ぐらいみていたのですが、間に合いそうもなく困ってしまい、運転手に「何とか時間までに帰らなければ」と頼んだら、これが傑作でした。運転手は「分かりました」と言って、彼はどうしたかというと、イスタンブールからずっとヨーロッパを走っていく、ほら、何列車と言ったでしょうか。
昇 オリエント急行ですか。
中江 そう、オリエント急行です。トルコからユーゴスラヴィアを通って西ヨーロッパに行く列車です。大使公邸の真下にドナウ川の支流であるサヴァ川が流れていて、その鉄道線路はその川に沿っているのです。運転手は何とこのオリエント急行の走っている線路の上を走ってくれたのです。それで公邸にかろうじて間に合い、本当に助かりました。とても面白い体験でした。

大平・華国鋒会談／大平・ガンジー会談

中江 ところが間に合ったのはよかったのですが、そこからまた大問題が発生しました。というのは、華国鋒は、ものすごいなまりがあった。それで、大平・華国鋒会談のためにジュネーブに在勤していた

大平・華国鋒会談（1980年5月8日）
右から華国鋒主席、美根慶樹通訳、大平正芳首相、加藤紘一官房副長官、鹿取泰衛外務審議官、中江要介大使。（写真提供：中江要介）

中国語専門家の美根慶樹《みねよしき》さんをわざわざ呼び寄せていました。ところがいざ会談が始まったら、美根さんが「大使、すみません。私では、華国鋒の言葉が分かりません」と言い出したのです。仕方ないので、中国側で華国鋒の言ったことを一度英訳して、それから日本側で、その翻訳された英語を日本語にして、大平さんに通訳したという奇妙な会談になってしまいました。

内容的には、会談で高尚な話が交わされた覚えが何一つないのです。ひたすら言葉の問題でオタオタして、国際政治の問題、外交問題を大平・華国鋒の間で話し合ったという印象がまったくないのです。

覚えているのは一貫して、大平さんが華国鋒に対して低姿勢だったということくらいです。私には未だにそれが謎で、なぜあれほどまでに中国に対して卑下したのか、下手《したて》に出たかが分からないのです。日本の主張を堂々と話すことがまったくないまま、ひたすら中国の指導者が言うことを、「ハァーハァー」と聞いていました。大平・華国鋒会談といっても、その程度のことでした。

服部 大平首相自身は、喪服外交の重要性をどれぐらい認識していたのでしょうか。先ほどのお話では、伊東正義官房長官が大平首相を説得したということでしたが。

中江 これは私にも分からないのです。大平さんは、そういうことを漏らしたりするような人ではなかったので。「やっぱり、君が言ったように、こうやって来てよかったよ」とか、「各国は元首が総出だったね」とか、普通ならそういう常識的なコメントが出てもいいと思うのですが、そういうことを一切口にしない人でした。

大平さんはよく、「わしゃ、香川県のどん百姓だから」と言っていましたが、都会人に見られるチャラチャラした上辺だけの挨拶やお世辞とか、そういった気を利かせるようなところは一つもなかったです。そういう点では、大平さんという人は最後までよく分からなかったです。あの人と一緒に歩いていても、お茶を飲んでいても、食事をしていても、宴会でも、そういった会話をした記憶があまりないです。

服部 それは寡黙だった、言葉の数が少なかったということでしょうか。

中江 そうですね。寡黙でしたね。キザで寡黙というのでなく、おそらく根から寡黙な人だと思うのです。

服部 そうすると、なかなか本心が分からない。

中江 分からなかったですね。

服部　大平・華国鋒会談で、印象に残っている大平首相の言葉はございますか。

中江　ないです。私がせっかくアレンジしたのに。でも、この大平・華国鋒会談は、二人が会ったということだけで意味があったと思います。日本と中国の最高指導者が会ったという、ただ、それだけのことでいいわけです。このチトーの葬儀で大平さんが個別会談で会ったのは、華国鋒とマハトマ・ガンジーだけでした。

服部　大平首相との会談で、華国鋒がソ連の中東政策を批判するようなことはなかったですか。

中江　そういう話題がでたのかどうか……。

服部　政治的な話はあまり出なかったのでしょうか。

中江　そういう話をしたのかもしれませんが、何しろ言葉が通じないので、ちぐはぐして大変でした。それに大平さんは、秘書官で一緒に来ていた森田一さん（後に代議士）もそうでしたが、アメリカ、メキシコ、カナダを慌ただしく回ってきて、くたびれ果てていたのだと思うのです。少しでも時間が空いたら、「ガウンを貸して下さい」と言って、ベッドで横になっていましたから。それで、当時の秘書官は佐藤嘉恭《よしやす》さん（後の中国大使、現在日中友好協会の副会長）でしたが、政治的な話については、鹿取泰衛《やすえ》外務審議官がやっていました。鹿取さんはすでに亡くなられましたので、どんな話だったか、今となっては確かめようがないですね。

服部　ガンジーとの会談はいかがでしたか……。

中江　私は、ガンジーとの会談には出席しませんでした。大平さんとガンジーはまた別のところでアレンジして会いましたので。私はベオグラードにいても、先ほど話したような厳しい交通規制にあいましたから身動きができず、両方の会談に出ることは無理でした。大平さんはどういうわけか、割合にインドが好きでした。「日本にとってこれから大事な国は、アジアでは中国とともにインドだよ」とよくおっしゃっていました。

3 文化支援

職業訓練センターかオペラハウスか

昇 大使は一九八二年からエジプトへ赴任されています。エジプト大使時代について印象に残っていることがありましたらお聞かせください。

中江 これは、私の外交官時代全体のなかでも思い出深いことの一つですが、日本の経済協力によってカイロのオペラハウスを造った話は普通では経験のできないものでした。私が赴任したのはサダト大統領[9]が暗殺された直後で、ムバラク[10]が大統領になっていました。当時、日本の中東問題の外交案件は特

9 **アンワル・サダト**（Anwar al-Sadat, 一九一八―八一年） エジプトの政治家。一九五二年のエジプト革命に参加。七〇年のナセルの死後、大統領に就任。イスラエルとの間に平和条約を成立させ、ノーベル平和賞を受賞。イスラム過激派に暗殺された。

10 **ムハンマド・ホスニ・ムバラク**（Muhammad Hosni Mubarak, 一九二八年―） エジプトの軍人・政治家で現職大統領。空軍

カイロタワーからオペラハウスを望む
（写真提供：エジプト大使館エジプト学・観光局）

- 位置：首都カイロを流れるナイル川の中州・ゲジラ島
- 総工費：約 65 億円（5,000 万米ドル、日本政府無償経済協力）
- 施工：鹿島建設株式会社
- 工期：1985 年―1988 年（34 カ月）
- 竣工：1988 年 3 月 10 日
- 規模：45,000 ㎡
- 建物：6,375 ㎡（7 階建、地下 1 階、メインホール 1,300 席、小ホール 500 席、野外劇場 600 席）
- 楽器寄贈（4,700 万円、日本政府文化無償援助）
- 贈呈式：1988 年 6 月 24,25,26 日　宇野宗佑外務大臣出席
- オープニング・セレモニー：1988 年 10 月 10 日　ホスニ＝ムバラク・エジプト大統領「祝賀式典」
- 記念行事

10 月 10 日午後 9 時　「花火」800 発打ち上げ
10 月 10,11,12 日　歌舞伎「俊寛」（メインホール）
10 月 14,15,16 日　コンサート（カイロ交響楽団、指揮・エスク・エル・シン、メインホール）
10 月 14,15,16 日　バレエ「動と静――アブシンベルの幻覚」（国立カイロ・バレエ団、シナリオ・霞完〔中江要介〕、音楽・池辺晋一郎、振付・執行伸宣・ブラジルモネイム・カメル、メインホール）
10 月 11,12 日　写真展

にありませんでした。

一九八一年にムバラクが大統領に就任して初めて日本を訪問することになって、俗に言う「お土産」として、日本からエジプトに対する経済協力案件を考えることになったのです。多くの場合、記念に学校や病院、職業訓練斡旋所を造ったりしますが、エジプト政府側から、日本にオペラハウスを再建することを頼めないだろうかと提案してきたのです。カイロにはもともと百年以上前に造られたオペラハウスがありました。そのオペラハウスができた時、記念として当時のエジプトの王様がヴェルディに依頼して作らせたのが、かの有名な中東を舞台にした「アイーダ」です。しかし不幸なことに、そのオペラハウスは木造でしたので、これが漏電で燃えてしまいました。それでムバラク大統領はこれを再建して、再びエジプトが中東における文化的な中心になりたいという考えを出してきたのです。

私は個人的にもオペラや芝居が大好きだし、若い世代のために精神的なよりどころであるオペラハウスを再建しようというムバラクの発想はすばらしいと思い、努力してこの案件を実現させました。その後ムバラクが来日し、いよいよ話をまとめる段になって突然、エジプトの随行団から「オペラハウスではなく、職業訓練センターが必要だ」という話が漏れ聞こえてきて、オペラハウスで決着が着くまでにずいぶん気をもみました。

オペラハウスは、エジプトの首都カイロの街中を横切って流れるナイル川の中州にあるゲジラ島の突

司令官兼国防副大臣、空軍元帥などを経て、一九七五年副大統領。八一年にサダトの死去に伴い大統領に就任した。

先に建てられました。かかった総工費は約六十五億円（五千万米ドル）、日本政府の無償経済協力でした。

一九八八年、いよいよオペラハウスがオープンすることになりました。その時、歌舞伎の「俊寛」と、私の書いたバレエ「動と静――アブシンベルの幻覚」が上演されました。この「動と静」というのは、古代エジプトのアブシンベルの大神殿を舞台にして、今から三五〇〇年前の話をバレエにしたものです。上演の初日、私は招かれてカイロに行きました。

今では、このカイロのオペラハウスは上演使用申込みのウェイティング・リストがあるくらい非常に有名です。芸術文化活動は、ヨーロッパがシーズン・オフの時はカイロがシーズンですから、エジプトに国賓が来ると、ムバラク大統領は必ず彼らをオペラハウスに招待しているようです。そういうことで、外交官時代を通して、最も働き甲斐のある仕事の一つとして思い出すのが、このオペラハウス建設です。

４　昭和天皇へのご進講

服部　エジプトのムバラク大統領訪日に際して、中江大使は一九八三年四月五日に昭和天皇へのご進講をされています[11]。この時のご進講内容と、昭和天皇のご反応についてお聞かせください。

中江　ご進講の内容は、たいしたことはなかったです。政治的な背景は、当時でいえば中近東アフリカ局長が宮内庁の方に話します。現地の大使というのは、個人的な、パーソナル・タッチといいますか、

11　中江『らしくない大使のお話』一七〇頁。

陛下に「ムバラク大統領というのは、こういう人です」、「こういう面白い人です」とか、そういったことをお話することになっています。

私は、「ムバラク大統領は軍人出身ですが、スポーツが非常にお好きな方でもあって、スクワッシュをやっていらっしゃる」という話を申し上げました。今でこそスクワッシュは知られるようになりましたが、当時マイナーなスポーツでした。私はそれにもかかわらず、そんな話をいたしました。

そうしたら陛下が、「お話ではムバラク大統領はスポーツを『少し』やられるそうですが、何のスポーツをやられるのですか」とちんぷんかんなご質問をされました。それで、もう一度「スクワッシュをなさいます」と申し上げたら、昭和天皇は黙っておしまいになりました。

後で当時の侍従長から、「中江大使、陛下はスクワッシュというのがお分かりにならなかったようです。日本では、あれはスカッシュと言うのです」と聞かされました。「スクワッシュ」と言ったのが、陛下には「少し」と聞こえたらしいです。つまり、「スポーツを少しやるようだ」と。当時の侍従長は入江相政《すけまさ》さんだったと思うのですが、「陛下はちょっと勘違いされたようなので、後でよくお話しておきますね」と、そういうことがありました。ムバラク大統領の訪日に際しては、昭和天皇へのご進講といってもそれぐらいのことでした。

第7章　曲がり角の日中関係

――在中華人民共和国駐箚特命全権大使時代（一九八四―八七年）――

一九七〇年代末以来の米ソ間の緊張激化は、八〇年代半ばに差しかかった頃には、早くも収束に向かい始めた。すなわち、一九八五年三月にゴルバチョフが新たなソ連書記長に就任した後、同年十一月、七九年以来実に六年ぶりの米ソ首脳会談が開催され、八七年十二月には、米ソ両首脳がＩＮＦ（中距離核戦力）全廃条約を調印するに至ったのである。この流れは、そのまま一九八〇年代末の冷戦終結につながっていく。

一方、日本を取り巻くアジアの国際情勢は、比較的安定した状態で推移していた。確かに、極東ソ連軍の増強は続き、カンボジアでは戦火が続いていた。しかし、米中日三国間の相互協力関係の構図が依然継続すると同時に、当時世界のＧＤＰ（国内総生産）の一割以上を占めていた日本を先頭に、韓国や台湾、シンガポールが新興工業国として経済発展を軌道に乗せ、その後にＡＳＥＡＮ諸国や中国が続くという、東アジア全体で雁行的な経済発展が見られた。一九六〇年代以前、冷戦対立によって引き裂かれ、戦争と革命、貧困に覆われた東アジアは、世界で最も経済的に活力に満ちた地域となり、その経済発展と諸国間の相互依存の進展により、「アジア太平洋地域」という概念がより実態的なものになりつつあった。

そして、一九八四年当時、日中関係は、「二千年の交流の歴史のなかで最良の時期」と評されるほど良好な状態にあった。日本の円借款供与を通じて緒につき始めた中国の改革開放政策を積極的に支える関係性が定着する一方、胡耀邦総書記[1]が親日的な外交姿勢を打ち出し、中曾根康弘首相とも家族ぐるみの交流を行うなど、日中関係は実に幸福な時代にあった。

日中関係が最高潮にあったこの一九八四年、中江要介は中国大使として北京に赴任した。ところが、翌年に中曾根が首相として靖国神社を公式参拝して以降、日中関係は歴史認識問題で動揺し始める。こうして、中江は曲がり角を迎えた日中関係に立ち会うことになる。一九八七年に中江は中国大使を退任し、四十年におよぶ外交官キャリアにピリオドを打つが、それ以後、現在に至るまで、歴史認識問題は持病のごとく、両国関係の阻害要因として存在し続けるのである。

1 **胡耀邦**（一九一五—八九年）　一九八二年に中国共産党トップの総書記に就任。八七年に失脚。

１　日中関係最良の状態

若月　大使が一九八四年に中国に赴任された時は、日中関係は「二千年の歴史で最良の状態」と言われ、大規模な青年交流が行われていました。大使はそのような大使就任時の日中関係の状況をどのように認識されていましたか。両国の関係に何らかの「上滑り感」を感じていらっしゃいましたか。

中江　赴任する時に、「君はいい時に行くね。今、日中関係は最高だよ」とみんなに言われたのです。なぜそうなのかよく分からなかったのですが、実際に中国に行ってみて、胡耀邦という人がいたからということが分かったのです。今言われたように、日中間の青年交流の一環として一九八四年に三千人の日本の若者を国慶節の日に天安門広場に招くという話は、中曾根・胡耀邦時代の象徴的なイベントでした。最高にいい時代だったのは、中国側の指導者が最高にいい人だったからとも言えるでしょう。日中関係を絶えず左右するのは、両国の最高指導者の人柄です。どちらの国も最高指導者に人を得ればうまくいきますが、最高指導者を誤れば、どんなに下の者が努力しても駄目になるのです。

上滑りの感は、確かにありました。両国ともこの頃は、一九七二年の正常化直後のように、日中関係は非常にいいのだ、友好だ、友好だとみんな浮かれていました。

例の一九八四年の国慶節においての天安門での三千人の日本の青年が招かれた現場を見て、あるヨーロッパの国の外交官が、「我々ヨーロッパの人間からすると、ついこのあいだまですごい戦争をした日本人と中国人がこんなに仲よくなるのは信じられないことだ。だから、この日中友好がどのくらい続くか見ものだ」と言っていたのが、私には非常に印象的でした。

やはり、彼の言う通りでした。翌年の一九八五年には、中曾根首相の靖国神社公式参拝がきっかけになって、日中関係がうまくいかなくなっていくのです。三千人の日本の若者を呼ぶというのは、胡耀邦の思いつきで、大変なイベントでしたが、結局はそれが本当に地に足が着いた、しっかりした日中友好でなく、上っ面の恰好だけの日中友好にすぎなかったことが分かったのです。それを証明したのが、その次に出てくる首相靖国参拝問題で、ほかにも光華寮問題[2]、防衛費対GNP比一%枠撤廃問題[3]、教科書問題[4]などいろいろなものが出てきて、ますます関係が悪化していきました。

そういう時に、青少年交流をやった日中両国の若者たちが、こんなもので日中関係がおかしくなるのはよくない、我々が日中関係をしっかり守ろうじゃないかと立ち上がったわけでもない。ですから、やはりあの青少年交流は本当の意味での交流ではなく、あの時のヨーロッパの外交官が言ったことが本

2　**光華寮問題**　台湾当局が京都市にある中国人留学生寮・光華寮の寮生を相手に、家屋の明け渡しを要求した裁判に端を発する。一九八七年二月、大阪高裁が、光華寮の所属は台湾にあるという判決を下したのに対し、中国が反発。外交問題に発展した。

3　**防衛費対GNP比一%枠撤廃問題**　一九八七年一月、日本政府は閣議決定で、七六年に三木政権が決めた防衛費の対GNP（国民総生産）比一%枠を正式に撤廃した。

4　**教科書問題**　一九八六年六月、中国外交部が、国家主義的色彩の強い「日本を守る国民会議」が編集した高校教科書が文部省の検定を通ったことに対して、抗議を行ったことにより外交問題に発展。日本側で教科書記述を手直しする措置をとることにより、事態が収拾された。

胡耀邦総書記主催の中曾根康弘首相歓迎パーティー（1984年3月24日）
左から中曾根康弘首相、胡耀邦総書記、中江要介大使。（写真提供：中江要介）

当だったとつくづく思いました。複雑な国際関係を経験してきたヨーロッパの人たちから見れば、三千人の若者が天安門広場に集まって、バーンと花火を上げて、ワーワー言って、友好関係ができるものではないということを言いたかったのでしょう。

服部　この時は中曾根政権発足後一、二年がたった頃だと思いますが、大使が中国に赴任されたというのは、中曾根首相自身の意向というのをかなり反映していたのでしょうか。

中江　中国に赴任する時、中曾根さんのところに挨拶には行きましたが、特に印象に残る話もなかったです。ただその時、一般に大使が赴任の挨拶にうかがうとよくあるように、「中曾根康弘」とサインされた写真が納まった小さい額を渡され、「天皇陛下、皇后陛下の写真と同じく、公邸に飾るように」と言われたわけです。今でもまだ持っていますが。そのような写真をもらっただけで、中国との関係の重要性とか、外交上の見解や指示といった話は一切なかったです。

服部　安倍晋太郎[5]外相からも、特に何か赴任に際して託されたような外交懸案はなかったわけですね。

中江　何もなかったです。

2　中曾根首相の靖国参拝

参拝前後

若月　一九八五年八月十五日の中曾根首相の靖国神社公式参拝について、大使は事前に「公式参拝がされたらまずい」とお感じになりましたか。

当時の柳谷謙介[6]外務事務次官が、ご自身のオーラル・ヒストリーで述べているのですが、中曾根首相が参拝する直前に、公式参拝をするのは慎重にした方がよいと進言しているようです。「仮に中曾根首相が参拝して、中国側から反対された結果、翌年から行くのを止めたということになれば、日本にとってもまずいと。他の国から言われて止めるという形になるのはまずい」と。しかし、結局のところ、中

5　**安倍晋太郎**（一九二四—九一年）　山口県出身、通産相、外相、自民党幹事長を歴任。

6　**柳谷謙介**（一九二四年—）　一九四八年に外務省に入省。アジア局長、外務審議官を経て八五年に事務次官に就任。

曾根はそこを押し切って靖国神社に行ってしまい、柳谷次官が一番心配していた事態になってしまいます。[7]その一カ月後に北京で大規模な学生デモが発生するわけですが、大使は事態収拾にあたられたと思います。そのあたりの事情についてお話ください。

中江　靖国参拝問題については言いたいことが山ほどあるし、その関係資料がたくさんあります。事前に「公式参拝をしたらまずいな」と思ったかというと、これは後付けの話です。後から見れば、公式参拝はしなかった方がよかったのですが、実際のところ、あの時点では、公式参拝が日中間の大問題になるとは誰も思わなかったのです。私自身も思いもよりませんでした。

もともとあの時は、首相の参拝が、憲法違反かどうかが問題でした。つまり、「靖国に参拝するのは政教分離に反するのではないか」という違憲裁判が起こされて、靖国参拝をわりあいに擁護する最高裁判決（津地鎮祭訴訟の最高裁大法廷判決）[8]が出ていました。そこで、中曾根さんも、これで胸を張って、別に政教分離に違反するわけではなく、憲法上問題なく参拝できると思っていたので、文句をつけられるとは想定していなかったふしがありました。私自身も、これは日本国内の司法・憲法上の問題なので、

7　C・O・Eオーラル・政策研究プロジェクト『柳谷謙介オーラル・ヒストリー 下巻』（政策研究大学院大学、二〇〇五年）五二一―五三三頁。

8　**津地鎮祭訴訟の最高裁大法廷判決**（一九七七年）　この判決は、憲法二十条が禁ずる国の宗教的活動について、行為の目的が宗教的意義を持ち、その効果が宗教への援助・助長・促進または圧迫・干渉になるような行為と解釈した。この判断は、同条によって禁止されない国の宗教的活動の存在を認めるものであった。

まさか外交問題になるとは思いもよらなかったのです。

ところが、中曾根自民党政権を倒そうという人たちの間には、「憲法違反ではないかもしれないが、大体靖国に参拝することは軍国主義の復活だ」という反対論が潜在的にありました。そうしたら、今度は中国で、「靖国参拝は、軍国主義の復活につながるものである」という反日デモが起きたのです。これはよくある例で、教科書問題の時もそうですが、日本国内の政権争いで、中国を利用して現政権を攻撃したり、反米分子がアメリカを利用して政権をアメリカ追随だと非難したりするのと同じようなものです。そうした動きに、中国が乗ることがよくありますが、この時もそうだったように思います。

私自身当初、戦争で犠牲になった日本人の霊を弔うのは、憲法に別段違反しているわけではなく、日本人としてあたり前ではないか、これにケチをつけるのはおかしいと考えていたので、中国側の反対論に疑問を持っていました。当時、劉述卿《りゅうじゅつきょう》外交副部長から抗議を受けた時、彼にも言ったのです。「なぜ、中国が反対するのか、私には分かりません。日本が戦争に勝ったか負けたかはともかくとして、自分の国のために命を捧げた人の霊を弔うのは、どこの国だってやっていることです。どこの国にも無名戦士の墓があって、国家の代表であれば献花します。ですから、そういう反対論を東京に報告するわけにはいきません」と、中国大使として反論したわけです。これに対して、中国は何だかんだ理屈を言ってきたのです。そうしているうち、重要な外交問題にエスカレートし、日中双方の国民感情を刺激して、厄介な事態になっていったのです。

胡耀邦ランチに先だち顔合わせをする胡耀邦総書記と小説家山崎豊子
左から中江要介大使、小説家山崎豊子、胡耀邦総書記。(写真提供:山崎豊子氏)

胡耀邦ランチ

そこで、小説家の山崎豊子さん[9]が『大地の子』の取材のために北京にやって来て、「胡耀邦と食事をするので中江大使もいらっしゃい」と呼ばれました。その時、私は、胡耀邦に靖国参拝をよく説明する必要があると考えていたので、いいチャンスだと思って同席しました。その席で、私は「靖国問題について、中国の主張に対して異議があります」と話したのです。

私は胡耀邦に次のように言いました。すなわち「靖国に祀られている人にはいろいろな種類があって、まずA級戦犯というのは極東軍事裁判で

9 **山崎豊子**(一九二四年—) 小説家。『不毛地帯』、『二つの祖国』、『大地の子』の戦争三部作をはじめ、著作多数あり。

戦争責任者とされた人です。これに対し、B級・C級戦犯というのは、捕虜の虐待とか、いろいろな法規違反の犯罪とされていますが、そのほとんどは上官の命令に従ったもので、本人の責任に帰さなければいけないものはほとんどありません。B級、C級を含めて、『戦犯が祀られている靖国に参拝するのはけしからん』という言い方は、少し違っているのではないでしょうか」という内容のことを話したのです。

その時の会談の電文は外交史料館でも公表していないと思いますが、これは、一九八五年十二月八日、胡耀邦とのランチの席で、そこに山崎さんと私たち夫婦、それに大和滋雄さんという文化担当の参事官だけが出席したものでした。

その電文の要旨をここで簡単に申し上げておきますと、胡耀邦は「まだ、戦争が終わって四十年しか経っておらず、お互いに戦争の記憶が新しいのだから、靖国問題についてこれ以上お互いにあげつらうことは止めよう。義和団事件[10]が八十五年経ってようやく最近、関心も薄れ、自然消滅に近くなっている。今は『ワーワー』言わない方がいいだろう」と言ったのです。

これに対して、私が、「両方がここで黙ってしまったら、もう靖国問題は終わったものだと、みんな思います」と言ったのです。そしたら、胡耀邦は「それは困る、また参拝があったら大変なことになる、国家指導者としての立場が極めて難しくなる……、戦犯が二千人もいる靖国神社に参拝して問題になっ

---

10 **義和団事件** 清末中国の華北地方で起こった大規模な反キリスト教の排外運動。一九〇〇年、清朝はこの運動を「義兵」と認めて列強に宣戦布告するも、列強八カ国の軍事的干渉を招いた結果、清朝の列強に対する従属性が高まった。

中江メモ——胡耀邦ランチ

1985年12月8日、このランチでは、胡耀邦総書記、中江要介大使、小説家山崎豊子の間で靖国参拝問題に関する討論がなされた。なお、この中江メモは公電から要点を書き写したものであり、本書ではこれに基づいて当時の討論の模様を記述した。

一九八五・一二・八

（日）胡耀邦ランチ（山崎豊子、大使夫妻、大和参）

（胡）今後こういうことにしない。40年もたっていない。8ヶ月で侍が85年になって最近強く聞くか

うずまいている。自己清算までノータッチか心配

（中）これすると摩擦しないと思われる

（胡）それは大変。再度参拝があると大変。指導者の立場が極めて難しくなる。中国には戦犯の人もいる！

あるまでの中国人を納得させられない。

（山）Aはそうか、BCもかて。

（胡）その通り

（中）BCの中にはAの犠牲者も多い。ABCというと問題。

（胡）ABCをもう除けば「靖国問題」は残るか。Aだけ除くとする

"安倍の言う問題に対する反応は大きく異なるであろう"

（山）BCも中国人を殺し犠牲者だ。

（胡）文革の後始末のようにBCの個々人について「名誉回復」の措置をとるのも一案で、全くの新見

（山）中ソ不和の日本人経験をどう説明しようか、というてくれ。

[redacted]

（中）日中を心配する者が結論である

（胡）中共まで 日中関係を悪化させる者が日本にいる！ 私は若者ではもう

自然に情感する者もあるて、日本は行けない

ているものを、このまま収めては、中国の人民を納得させることができない」と言ったのです。胡耀邦自身が反日の運動を抑えることが難しくなるからです。

そこで、山崎さんは、「A級戦犯だけではなく、B級もC級もいます。A級もB級もC級も含めて問題なのでしょうか」と言ったら、胡耀邦が「その通りだ」と言いました。それで、私は、「B・C級のなかにはA級戦犯による犠牲者も多いので、A・B・Cをまとめ、全部が戦犯だとされると、それも問題になります」と言うと、胡耀邦はそれに応えて、「A・B・Cを取り除けば靖国問題はなくなると思うが、A級だけ取り除くだけでも、この問題に対する世界の考え方が大きく変わるのではないか」と言ったのです。これが、この時の会談のポイントでした。

山崎さんが「B・C級は中国人民と同じように戦争の犠牲者です」と言ったのに対し、胡耀邦が私見として「文革の後始末の時のように、B・C級は個々人の名誉回復をすればいいのではないか」と言いました。その後山崎さんが「中曾根総理に自分で訪中し、ご説明したらよいと進言したのですが、中曾根総理から叱られました」と言ったのです。それに対して胡耀邦が「今時、中曾根総理が訪中したら、憶測や誤解を生んで、かえって問題がこじれる。学生デモについても日本の報道は不正確で誇張があるし、学生のスローガンに『日本の経済侵略』とか、『中曾根打倒』とか、さらに『胡耀邦は親日派なのか』というのが出てくる。こういうのはよくない。侵略の残虐性を紹介して訴えるのはいいのだが、日本を非難するようなものは困る」と言ったのです。

ここに、胡耀邦のあくまでも日中関係を大事にしたいという気持ちがにじみ出ているように思うのです。私が、「みんなが日中関係を心配し、いろいろ発言しています」と言いますと、胡耀邦が、「それは分かるが、日中両国を離反させようとする第三国がいるのが問題なので、靖国問題については自然に消滅するまで、あえて口に出さない方がいい」と言われたのです。これは公電のなかの一部ですが、そういうやりとりがありました。

要するに、この会談を通して、靖国神社からA級戦犯だけ分祀するという、いわゆる「A級戦犯分祀論」が出てくるわけです。それは、中曾根さんが言い出したものです。中曾根さんは、靖国神社の宮司や関係者たちに対して、「A級戦犯だけを靖国神社から離して別の所に祀り、A級戦犯の遺族とかA級戦犯にどうしても参りたいという人は、そこへ行って参ればよい。総理の公式参拝の対象からA級戦犯を外すべきだ」と説得しました。「そうすれば、胡耀邦はいいと言っているではないか」と説いたわけです。

このように、中曾根さんはそれなりに努力したのですが、靖国神社の宮司の頭が固くて絶対駄目だという回答でした。なぜ駄目かというと、東条英機元首相の遺族が「分祀はやめてほしい、東条英機も日本のために命を捧げた一般の忠勇なる兵士と同じだ。同じ扱いにしてほしい」と主張したからです。遺族、宮司が反対したため、A級戦犯を分けられない以上、参拝を止める以外に方法がなくなってしまったのです。もし参拝をしたら、胡耀邦が言うように、また反日デモで日中関係がうまくいかなくなってしまうため、中曾根さんは翌年（一九八六年）から参拝を止めると公言し、参拝しなかったわけです。

それで、胡耀邦が期待するように、少しずつ、靖国問題は収まっていきました。ところが、後に橋本龍太郎首相、小泉純一郎首相が参拝をして、そのつど問題が蒸し返されるわけです。

服部　お手元のメモのようなものは、公表されたご論稿か何かですか。

中江　これは本当に貴重な史料です。この史料が外務省、大使館のどこにあるのか知らないのですが、小泉首相が靖国問題で騒ぎを起こしている時に、私は、なぜ中国が靖国参拝に反対するのかについて、新聞、雑誌などにいくつか書きました。その時に、あの時の胡耀邦の言い方をどうしてももう一度読んでみたかったのです。私の日記に日付が残っていたので、一九八五年十二月八日付の公電の写しを探してもらったら、出てきたわけです。そのコピーをそのまま出せないので、要点だけを抜き書きしたものがこのメモです（二三九頁、中江メモ――胡耀邦ランチ）。

それを見ると、胡耀邦をはじめ中国の考え方、つまり公式参拝がなぜ中国にとって重大な問題なのかはっきり分かってきます。もう少し敷衍していえば、やはり、周恩来が日中正常化する時に言ったことで、「日本人民も中国人民と同じように戦争の犠牲者である。その戦争をしかけた人間が誰かというと、これはもう、極東軍事裁判ではっきりしているように、A級戦犯である。よって、日本人も中国人もA級戦犯の犠牲者である。そういう戦争の犠牲者から賠償を取り上げるべきでない」と、賠償を放棄した経緯があるのです。「それなのに日本では、日本人をも犠牲者にした戦争犯罪人の元凶であるA級戦犯を祀ってある場所に、日本の総理が公式に参拝するのは、いかにもA級戦犯の名誉の回復をしているように受け取られてしまう。それで中国人が納得できないのだ」というのが、中国側が挙げる反対理由なのです。

国内の政治力学が絡む靖国問題

村井　今、大使は「公式」というところを非常に強調されましたが、一九七八年にA級戦犯が合祀されてからしばらくのあいだ、首相が「私的」に参拝することは何度かありました。ところが、この年（一九八五年）初めて「公式」参拝となって、非常に大きな問題になります。この時の会談では、「公式」ということが中国を非常に刺激したということでしょうか。

中江　それは後付けの議論で、おそらく中国に反日、反自民党勢力を植え付けようとした人間が日本にいたのではないかと思います。果たしてそれが野党なのか、誰なのか分かりませんが、そういう連中が中国国内の反日分子に内通していて、「靖国参拝は憲法違反かどうかという問題もあるが、基本的に自民党政権というのは反動でかつ軍国主義なのだから、参拝を認めては悪いのだ」と、中国国内の反日分子に喧伝するのです。それが中国の反日デモになっていくわけです。

胡耀邦自身は、本当はさほど問題にしていなかったのです。しかし、日中関係を非友好的なものにしようとするデモや暴動がどんどん大きくなっては、日中関係をうまく持っていこうとしている指導者の足もとをすくうことになってしまうので、中国側は困惑をあらわにするのです。

そうすると、日本のなかで、「中国が間違っているのだ。我々は堂々と日の丸を掲げて靖国神社へ行って参拝すればいいのだ。他国に干渉されてなるものか、内政干渉だ」という議論が出てきます。胡耀邦

コラム⑨——喧噪のなかの戦没者慰霊—靖国神社公式参拝をめぐって

一九八五年十二月、小説家山崎豊子は『大地の子』の取材過程で胡耀邦総書記と会談し、「『靖国批判』の中の北京」で報告している（文藝春秋編『「文藝春秋」にみる昭和史』第三巻、文藝春秋、一九八八年、五八五—五九二頁）。そこでは「公式の場ではない」ながら靖国問題にも話が及び、それは「予想以上の厳しさ」であった。「胡耀邦氏」は「決して日本の内政干渉をしているわけではなく、もっと中国人民の感情を傷つけぬよう配慮して貰いたい」と、静かな声で話したという。この場に同席した中江要介の本書における証言は、この時の記録と記憶が中心となっている。中曾根康弘首相が翌年参拝を中止するにあたっての正式ルートからの情報として、貴重であり、「格好のおもちゃ」という表現は耳に突き刺さった。

靖国神社をめぐる問題は、国家管理を離れることで存続できた占領下に淵源を持つが、戦後の歩みがもたらした問題である。喧噪は、戦時下に軽視された信仰の自由と、敗戦でも維持すべき伝統・旧慣とのせめぎ合いを中心に、あるべき戦後日本像を問う憲法問題から始まった。靖国神社を憲法の枠内で、再び国家護持しようとする靖国神社法案は、一九六九年から五年間、提出と廃案を繰り返した。次に政治指導者の参拝が焦点となり、一九七五年八月十五日に三木武夫首相が「私人」として参拝すると、以後首相参拝の性質をめぐって、不毛とも見える喧噪を極めた。その解決に憲法内でできることをと、中曾根首相が公式参拝に及んだが、戦犯合祀が進んでいたことを受けて、戦争責任をめぐり、劇的に外交問題化して現在に至っている。

静謐のなかに尊重されるべき戦没者慰霊の問題が、場合によっては生者のあるべき国家構想の表象たる手段として用いられ、政治抗争の焦点ともなり、パフォーマンスやボタンの掛け違いも重なって、今ではもつれにもつれてしまっている。私たちにできることは、まず知ることであろうか。その意味で、また一つ貴重な手がかりを得たことを喜びたい。

（村井良太）

が恐れていたように、それ自体は大した問題ではないはずのものが、次第に、日中関係を敵対的なものにするために利用されていくわけです。その問題が大きくなると収拾がつかなくなって困るので、何とか騒がずに鳴りを鎮めてくれというのが胡耀邦の話だったと思います。

ですから、公式参拝云々というのは後付けの議論だと思います。靖国問題は、良好な日中関係を喜ばない人にとって「格好のおもちゃ」なのです。これをいじくっている間は、いつも「中国はけしからん！」と言えるわけですから。そのような人たちが拳々服膺して、中国というのは、よその国の内政に干渉するけしからん国だと、そう思い込むようなくだらない材料を提供してしまったのが間違いのもとでした。

江藤　胡耀邦政権は、当時どれくらい権力を掌握していたのでしょうか。日中関係の軸になっていた経済関係を進めなければならないというのは、中国の経済発展を優先するという鄧小平、胡耀邦、趙紫陽《ちょうしよう》らの議論に基づいていました。一方で、陳雲《ちんうん》を中心とする人たちは、もっと社会制度を整えながらゆっくり経済発展を進めなければならないという議論をしていました。以上のことに着目したアレン・S・ホワイティングという研究者が、このデモに関して、胡耀邦政権に対する反対論、批判が含まれていて、純粋な反日デモだけではないものに次第に転化していったと分析しています。この点について胡耀邦政権自身の危機認識というものを、どのように考えておられますか。

中江　今おっしゃったようなこともある程度あったと言えますが、これも後付けの議論だと思います。先ほど読んだ文書のなかで、胡耀邦がそのことをすでに予見しています。「問題を早く消してしまう必要がある。学生のスローガンのなかに『日本の経済侵略』、『中曾根打倒』、『胡耀邦は親日派』といったものが出てくるのはよくない」と。

要するに、指導者の立場が極めて難しくなるから大変なのだということを言っているのです。胡耀邦が恐れているのは正しく、その裏に隠されている陳雲ら保守派との内紛です。その実態は、なかなか分からないのですが、それらしきことは絶えずありました。この時の胡耀邦は一貫して、燻っているものに火をつけるようなことは避けたいという考え方でした。「静かにするのだ」と。一九七八年十月に来日した鄧小平が東京の記者会見で、尖閣諸島について、「今、取り上げるのは愚かで、次の世代に任せればいいのだ。それまではそっとしておくのがいいのだ」と発言しましたが、それと同じ発想です。

中国人の物事の考え方には、今はあえて問題にせず、黙って時の経過を待って、そのうちに知恵が出てくれば解決を図ればよいという発想があるのです。すぐに、黒か、白か決着をつけたがるのが日本人の悪いところですが、黒か、白か分からなかったら、灰色でもいいから、ちょっとしばらく黙っていなさいと。夫婦喧嘩した時だって、しばらく黙っていれば、そのうちにふっと気が変わって、歩み寄ったり、解決したりすることがありますよね。菊地寛の短編小説に『時の氏神』というのがありますが、あれです。その辺の知恵は、中国人の方があると思うのです。日本人は、猫も杓子もすぐあちらが悪い、こちらが悪いとそればかりです。

江藤　では、中曾根首相の公式参拝の取り止めも、胡耀邦政権を支えるという意味合いを認識していたということでしょうか。

中江　ある程度、支える事に役立ったと思います。中曾根さんには一部分にせよ、胡耀邦を困らせてはいけないという気持ちが間違いなくありました。しかし中曾根さんも本当にそう思うのであれば、ただ参拝を止めるだけでは足りなかったはずです。というのは、中曾根さんは力のあった政治家なのに、橋本首相が参拝した時、それは橋本さんの話で、おれの話ではないという態度をとってしまったからです。

そうすると今度は、橋本さんは橋本さんで、小泉首相が勝手にやったらいいと。そういう態度をとるというのは、本当の政治家とは言えないです。本当の政治家として日中関係を心配する人ならば、自分だけではなく、他の首相や、自民党、評論家、マスメディアなどいろいろな人にもっと積極的に働きかけたっていいはずです。

中国側の抗議

服部　先ほどのお話でほぼ尽きているかと思いますが、中国からの抗議というのは、まず劉述卿外交部副部長から抗議がなされた後、胡耀邦と会談されたということでよろしいでしょうか。

中江　最初の抗議は、先ほど申し上げたように、劉述卿外交部副部長からの抗議でした。外交ルートで極めて事務的に言ってきました。しかし、その中身をよくよく考えてみると、中国側の主張にも無理がありました。どうしてそこまで参拝に反対するのか、反対するとすれば、むしろ日本人全体の気持ちを損ねることになりかねないという心配がありましたので、私が山崎さんと一緒に胡耀邦と話したのが、先ほど公電から引用してご紹介した十二月八日の会談です。

中曾根さんが公式参拝して、中国を怒らせて、胡耀邦の立場を悪くしたというのも後付けの議論です。私が『残された社会主義大国 中国の行方』を書いたのは中国から帰ってきてすぐですから（帰任は一九八七年、同著の刊行は九一年）、まだ靖国参拝について今のような議論が出てくる前でした。[11]

安倍外相の訪中

若月 中曾根首相の靖国参拝後、一九八五年十月に安倍晋太郎外相が訪中して日中外相会談が行われます。この会談で、安倍外相は、首相の参拝について中国側に理解を求めているようです。さらに同月に日中友好二十一世紀委員会[12]（以下、二十一世紀委員会）が開催されていますが、これらの会合で、歴史認識問題などについていかなる議論がなされたのでしょうか。

中江 まず安倍さんについてお話しておきますと、安倍さんは覚悟や決意があって中国にやって来たという感じではなく、話した内容も覚えていないくらいです。それから、日中友好二十一世紀委員会についてですが、中国側は二十一世紀委員会を作って、いろいろ言っていたのに対し、日本側の対応はお

11　中江『残された社会主義大国 中国の行方』一四二頁。
12　**日中友好二十一世紀委員会**　一九八四年三月、中曾根康弘首相の訪中に合わせて発足。同委員会は、二十一世紀における日中友好関係の安定した発展を目的に、日中の有識者が政治、経済、文化、科学技術などさまざまな角度から両国政府に提言や報告を行った。

ざなりでした。いろいろな人が次々にこの会合に出席しましたが、歴史認識問題について、真面目に議論したという話は聞いたことがなかったです。結局、この二十一世紀委員会は、いささか看板倒れに終わったなという印象を持っています。

若月　それでは、安倍外相とはブリーフィングなどで、具体的に中国の政治、国際政治について議論したことがなかった、あるいは外相から何か具体的な指示を出してくるようなことが全くなかった、ということなのでしょうか。

中江　必ずしもそうだというわけではないのですが、私が、安倍さんのことをいい加減だったと思ったのは、それなりに理由があるからです。北京での行事が終わって、上海に移動した時のことでした。その日は、上海で外交的な用事を済ませる予定でしたが、ものすごい雨降りになったので、仕事ができなくなったのです。それで、安倍さんの奥様はこの休息を利用して、蘇州観光に出かけていきました。私は、安倍さんに、「上海にも豫園など見るところがたくさんあります。あいにくの雨ではありますが、どういたしましょうか」とお聞きしたのです。そしたら安倍さんは、「そうだね。今日は麻雀だ」とおっしゃったのです。私からすれば、安倍さんは外務大臣ですから、せっかくの機会に、上海にある立派な博物館を見学するとか、高名な人に会って話を聞くとか、勉強したいと思えばいいチャンスなので、何でもいいからためになることをやっていただきたかったです。それなのに「麻雀だ、麻雀だ」と言って、随行記者団と一緒になって、ホテルで丸一日、麻雀して過ごしたのです。私は、中国側に対してとても恥ずかしい思いをしました。このあたりが、安倍さんが訪中に対する意識が足りなかったと感じた理由です。

参拝の中止

服部　先ほど江藤先生が触れたことですが、中曾根首相が一九八六年以降に参拝を中止します。中国との関係で、胡耀邦との信頼関係を損ねたくなかったことが、理由の一つにあったであろうと中江大使もおっしゃいましたが、当時、中江大使のところに参拝を中止した理由は伝わっていたのでしょうか。

中江　そのことについては、すでに中曾根さんが自ら語っています。

服部　回想録などに書かれています。

中江　翌年、夏前の靖国大祭の前、確か記者会見だったと思いますが、「今年から靖国神社には参拝しない」と発表した時、その理由についてお話されたと思います。

先ほど申し上げた通り、中曾根さんは胡耀邦との信頼関係を損ねたくなかったので、それがすべてでないとしても、胡耀邦に悪いことをしたという気持ちがあったのだと思います。

服部　中曾根首相が「今年はこういう理由で参拝しないと言った」と、中江大使が中国側に伝えるようなことはなかったのでしょうか。

中江　そういうことは言わなかったです。特に言う必要もないですから。

服部　現職の首相、外相、官房長官が靖国神社を公式参拝しなければ、中国は靖国を外交問題化しないという暗黙の了解が日中間にあったとも言われているようです。中国側は実際に、そのような申し入れを日本に言ってきたのでしょうか。また、仮に中国側が申し入れてきたとすると、日本側はどのように対応したのでしょうか。

中江　中国と日本の間で、そのような暗黙の了解があったということは聞いたことがないです。これは、巷間そのようにも言われているぐらいの程度だと思うのですが。中国通ぶって、知ったかぶりをする人の話が広がっていったものではないでしょうか。暗黙の了解があったということもないし、官房長官までは参拝が駄目だとか、ある大臣に関しては可能だ、というようなことも絶対になかったと思います。そういうことは、言いたい人が勝手に言っているに過ぎないと思います。

服部　この点については、後に小泉政権の時、王毅《おうき》駐日大使がこういう暗黙の了解があったと発言しているのですが。

中江　王毅さんが？

服部　この点はどのように理解したらよろしいのでしょうか。

中江　私にはよく分からないです。人はありそうもないことをさもありそうな顔をして言うのが得意ですから、それにみんなが騙されてしまうのです。それに気がつかないといけないのですが。この場合はどうなのか分かりません。

③ 一九八六年の歴史教科書問題

歴史教科書問題

服部 一九八六年の歴史教科書問題に際して中江大使は中国外交部に呼び出され、検定中の歴史教科書で、「侵略」を「進出」と書き換えるなと言われて驚いたそうですね。[13]

これは、「日本を守る国民会議」(議長・加瀬俊一元国連大使)が編集した高校教科書『新編日本史』(原書房)のことかと思います。中江大使は劉述卿外交部副部長と七月七日に面会し、南京事件などで記述内容の修正を説明されたようです。[14]

このような歴史教科書問題をめぐる日中交渉、中曾根政権の方針、さらには藤田公郎《きみお》外務省アジア局長の対応などについて、当時の状況をお話いただければ幸いです。

中江 私はあまり記憶にないのですが、その『岐路に立つ日中関係』という本のなかにそういうことが書いてあるのでしょうか。

服部 はい。そのなかの一章が歴史教科書を扱っていて、多分、当時の新聞か何かをご覧になって、

13 中江『残された社会主義大国 中国の行方』一六一頁。
14 家近亮子・松田康博・段瑞聡編『岐路に立つ日中関係――過去との対話・未来への模索』(晃洋書房、二〇〇七年)六九―七三頁。

執筆されたのではないかと思います。

中江　私が、南京事件などの記述内容の修正について、劉述卿に説明したということですか。

服部　はい。

中江　そういう説明をした記憶がないのですが、では、説明したのを忘れてしまったのですかね。ただこの教科書問題が私にとって極めて不愉快だったのは、現地の大使が何も知らないうちに、中国側がみんな知っていることでした。東京では何の結論も出ていないのに、まだ検定中の段階で中国側に一部始終を話している人が日本側にいて、極めて不思議な状況になっているのに驚いた記憶があります。

服部　先ほどの靖国参拝と同じように、日本側の一部と中国が内通していたということでしょうか。

中江　そうでしょうね、明らかに内通していたのだと思います。しかし、歴史教科書問題をめぐる日中交渉、中曾根政権の方針、藤田さんの対応などについては、私はまったく分からないです。ただ、加瀬さんのやっている「日本を守る国民会議」、いわゆる反動的な動きというものが、実は中曾根さんの本音だったのではないかと思います。当時、これは中曾根さんがやらせているのではないかという感じがしていました。

服部　加瀬元国連大使と中江大使との間で、連絡を取り合ったことはなかったのでしょうか。

中江　いいえ、連絡をとったことはまったくありません。加瀬さんとは、先に申し上げたように、私がユーゴスラヴィア大使になる時に話をしただけです。

服部　中国外交部に呼び出されて検定中の歴史教科書について指摘を受けたのは、劉述卿からでしょうか。あるいは、中国外交部のほかの誰かに呼び出されて、指摘されたのでしょうか。

中江　劉述卿だったかな。

服部　劉述卿外交部副部長に呼び出されてですか。

中江　そうそう。そうでした。

中島　先ほど、日本側と中国側との間で内通があったとおっしゃいましたが、日本側では、どういった人物あるいはグループが中国側と接触していたのか分かりますか。

中江　分かりません。その気になって調べれば分かるのでしょうが、愚かな話だと思っていますから、そういうものを詮索する気もないので。

中島　それでもやはり、日本側のある人物ないしグループと中国側が、どこかでつながっていたということでしょうか。

中江　間違いないと思います。そうでなければ中国側が知るはずがありませんから。あるいは、中国側が誰かを使ってそれを調べていたのかも知れませんが。いずれにしろ、それが問題であるのなら、現地の大使がもうちょっと知っていていいはずでしたが、知らないというのはおかしいと思っていました。

中島　先ほどお話にあった靖国問題に関しても、同じように日本側のある特定の人物ないしグループと中国側との接触があったのでしょうか。

中江　そうだと思います。これも同じような系統ではないでしょうか。正確には分かりませんが、我々日本人というのは変な民族ですよ。裏でゴソゴソやってみたり、相手をやっつけるために変なところに手を回して攻撃してみたり。公明正大でない、陰湿なところがあるように思えてなりません。

「田中上奏文」

服部　一九八六年七月七日の『人民日報』の評論員評論「歴史に正しく対処し、代々の友好を実現しよう」は、第二次歴史教科書問題に際して「田中上奏文」を本物として引用しています[15]。「田中上奏文」とは、一九二七年に田中義一首相が昭和天皇に宛てたとされる怪文書で、その内容は中国への侵略計画です。「田中上奏文」は、日本では偽物とされていますが、中国ではしばしば本物と見なされるようです。また、一九八七年七月八日の『人民日報』では、胡喬木《こきょうぼく》中央政治局委員が「田中上奏文」を用いて論考を公表しています。

この時に限らず、中国が「田中上奏文」を本物として引用しているとお感じになりましたか。胡喬木に対する印象や接点などがおありでしたら、併せてお聞かせください。

中江　私はこの「田中上奏文」については不勉強で全然知らないです。当然、どういう経緯で、どういうことがあったのかも。胡喬木という人にも会ったことがないので、お答えのしようがないです。

服部　そうしますと、外務省としては、この「田中上奏文」が本物でないと抗議することもまったくしなかったということでしょうか。

15　財団法人霞山会編『日中関係基本資料集　一九四九年―一九九七年』（財団法人霞山会、一九九八年）六九七頁。

中江　なかったと思います。

江藤　中江大使は胡喬木とは接点がなかったとおっしゃいましたが、彼は中国社会科学院の院長を長く務めております。当時の社会科学院全体の印象としては、日本側はどのようにとらえていたのでしょうか。

中江　山崎さんの小説の取材にあたって、社会科学院がいろいろ手助けしてくれたということは知っていますが、それ以上の内情については、私もほとんど知らないです。

4　中曾根首相と胡耀邦総書記

日中関係についての中曾根首相の認識

若月　一九八〇年代の日中関係を語る際、「中曾根・胡耀邦パートナーシップ」という言葉で当時の良好な関係が形容されています。そこで、中曾根首相の外交政策全般のなかで対中国政策の位置づけはいかなるものであったのか、また首相の対中国観というものはどのようなものであったとお感じでしたか。

中江　中曾根さんは、本当はしっかりした理念や政策をお持ちだったのかもしれないのですが、私にはそれがまったく分からなかったし、そういう話をしたこともなかったです。ただ、中曾根さんのやっていたことは、アメリカとの表面的な関係に終始していた「ロン・ヤス関係」のように、本当の意味で日中関係についての特定の理念や政策、方法論があったようには感じられませんでした。

若月　先のインタビューで、日本の政治家で中国のトップと会談する際に、対等にやりあえる政治家が少なかったと話されましたが。

中江　私がこれまでに陪席した指導者同士の会談で、対等に話ができたと思うのは福田赳夫さんだけでした。後の人は大平さんのように卑屈に何でも頭を下げるような人ばかりで、しっかり自分の考えをもって主張しつつ相手の考えとかみ合わせて、建設的な会談を持とうという人はいなかったですね。

若月　中曾根首相についてはいかがですか。

中江　中曾根さんもやはり、対等という感じではなかったですね。中曾根さんに限ったことではなく、日本の代表として、中国の指導者と話をして、恥ずかしくないと思った人はいなかったです。情けないと思うのは、日本は国際感覚に乏しい指導者ばかりを持ってきたことです。

いずれにせよ、私にとって魅力のある政治家は一人もいませんでした。ただ、話の通じた人、通じない人はいました。話が通じた人も福田さん一人で、あとの人は首相ということだけで、官僚を馬鹿にするところがありましたから。

服部　福田以外にも、伊東正義と椎名悦三郎とは比較的話があったということですが。

中江　二人とも首相にはなっていませんから。

服部　大使が歴代首相と密に接したのは、どの内閣からでしょうか。例えば、池田勇人首相、あるいは佐藤首相との接触は。

中江　佐藤さんはベトナムまで来ましたからね。

私が福田さんと話をする機会が多かったのは、一つに福田政権の時に日中平和友好条約交渉があったからです。それにもう一つは、園田直外相が福田派だったこととも関係しています。

親日家・胡耀邦総書記

若月　胡耀邦総書記は日本との関係を重視した政治家として名高いのですが、中江大使の大使在任中に、実際に総書記が親日であったことを示すエピソードなどはありましたか。また、胡耀邦は一九八七年一月に総書記を解任されますが、彼の政治的立場が危ういことを示す兆候について、在中国日本大使館は何かつかんでいましたか。さらに、彼の失脚の原因について、当時いかなる分析をされていましたか。

中江　これについては、噂みたいな口コミの情報がいろいろ入ってくること以外には、確たる証拠があるわけではないのです。ただ、胡耀邦が危ないことは何となく耳に入ってきました。その危ない理由というのは、どうも彼は日本に肩入れしすぎて、それが批判されているようだというものでした。気の毒だと思いましたが、当時そういう情報がありました。

ある宴席で、中曾根さんが出席した時のことでした。中国の要人がたくさんいるメインテーブルで、胡耀邦が、「中国には次の世代の指導者がちゃんと用意されているのだ」と言って、「彼と彼に、彼だ」

とその場で指名したのです。さすがに、私たちもこれには危ないなと思いました。そういうことはまったく公表されていないし、議論もされていないのに、突如としてもう決まったかのように言ったのです。噂に上っていた人たちではありましたが、なかには後に総書記になる胡錦濤《こきんとう》がいたし、王兆国《おうちょうこく》や胡啓立《こけいりつ》ほか何人かいました。そういう少し調子に乗った、軽はずみの言動が、胡耀邦を陥れようとする人たちに格好の材料を与えてしまうのです。

胡耀邦がどれだけ日本を大事にしていたか、私とのエピソードを交えてお話しておきます。一九八六年の九月十三日の朝のことでしたが、二十一世紀委員会の委員長を務めていた慶應義塾大学の石川忠雄先生と胡耀邦との会談が中南海でありました。私は、その会談が終わって別れ際に、「胡耀邦さん、私は、実は日中関係についてのバレエを書いています。タイトルは『浩浩蕩蕩《こうこうとうとう》一《いち》衣《い》帯水《たいすい》』といって、孫文の詩からとっています。それを一つ、色紙に書いていただきたいのですが」と頼んだのです。胡耀邦は、「オーオー、好々」と言って、その場は別れたのです。その日の夕方ですが、四時からの社会党の横路孝弘北海道知事と胡耀邦との会談があって、私もそこに陪席しました。会談が終わった後、胡耀邦が別れ際に「今朝、中江大使から頼まれたバレエのタイトルを色紙に書きました」と言ってくれました。朝頼んだものが夕方にはもうできているのかと感心していたら、あくる日にはさっそく届いたのです。（大使が色紙を取り出して）これが、胡耀邦が書いてくれた私の大切な宝物です（二六〇頁）。こういうことをやってくれる指導者は、世の中にそうはいないですよね。この色紙は、やはり胡耀邦が日本のことを絶えず考えていた証拠だと、私はそう思って大事にしています。

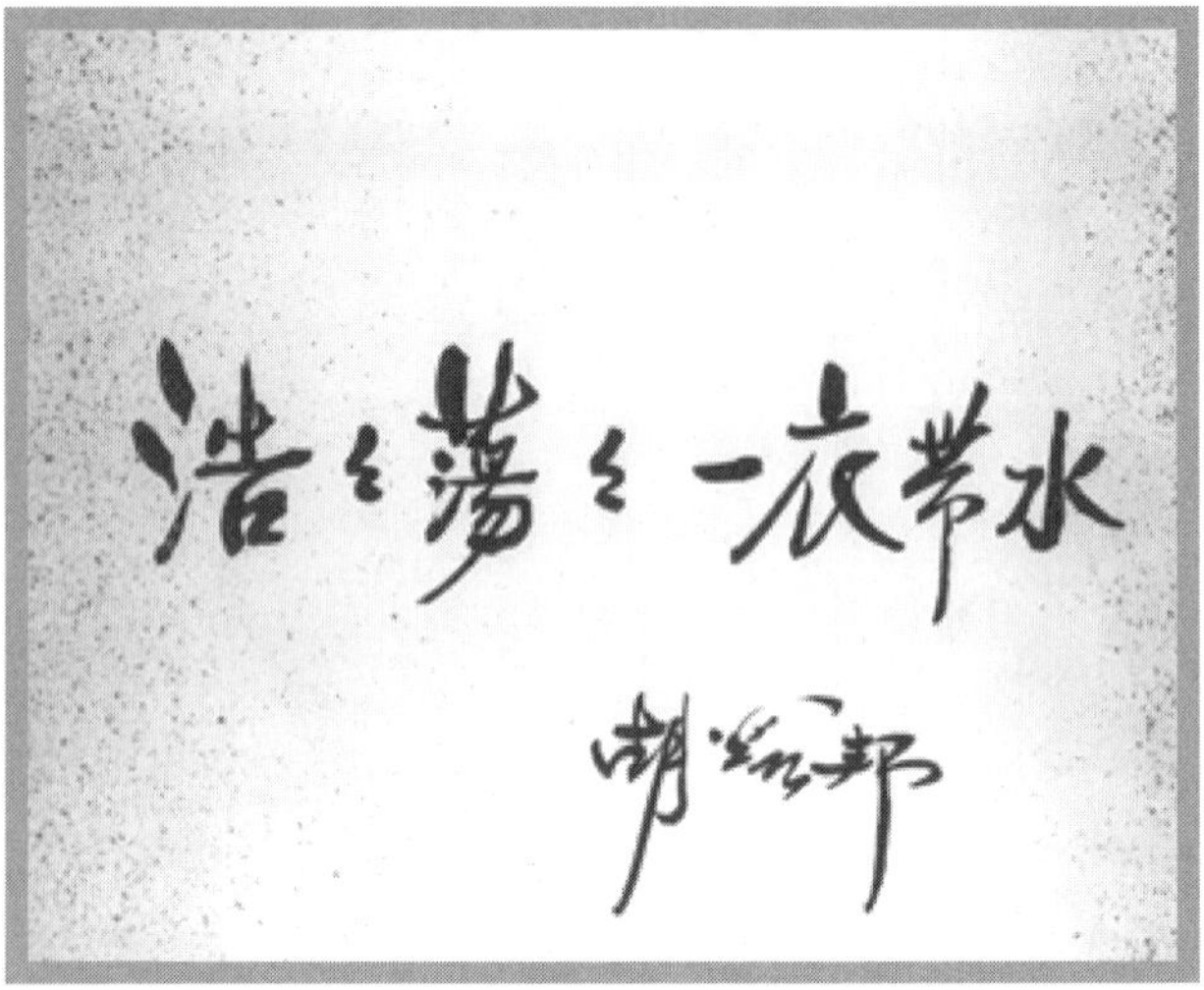

胡耀邦より贈呈された色紙『浩浩蕩蕩一衣帯水』（写真提供：中江要介）

失脚の兆候

若月　胡耀邦が失脚する直前に危ないぞという情報が漏れてきたと言われましたが、その情報源というのは差し支えなければ、どのあたりから。

中江　大使館の政治部には、参事官、書記官をはじめたくさんの人がいます。彼らは中国人のそれぞれのパートナーや親しい友人、知人に毎日のように会って雑談します。そういうところから情報を得るのです。そこらの雀が勝手に囀っている話なのかもしれないし、根拠のある話かもしれません。しかし、彼らは彼らで、いろいろな情報をもとに話をするのです。一週間に何回か大使館のスタッフが集まって、二—三時間議論するスタッフ・ミーティングというのがありました。その時に「大使、こういうことを聞いたのですが

鄧小平と挨拶をかわす中江要介中国大使（1984年3月25日、写真提供：中江要介）

……、こういうことがありましたが……」、「それなら、私もこちらから、こう聞いていますが」といった話が出てくるのです。私はその時は「お前の相手は誰だ」といちいち聞きませんが、その時の話で「世の中の雰囲気は大体こうなっているのだな」と感じることができます。

そうした話をいつも念頭に置いていますと、鄧小平や胡耀邦が日本の指導者と会った時とか、その後の記者会見などいろいろなところで役立ちます。

例えば駐在員の記者から「大使、ちょっとお聞きします。胡耀邦がちょっと危ないという噂があるようですが、どうですか」と聞かれると、そういう話は記者諸君の耳にも入っていることがよく分かります。そういった質問には、私は「そうだ」とはなかなか言わずに「そう、そういう噂もあるようだね」と言っておくのです。

一九八七年一月に訪中した竹下登幹事長が鄧小平と会った時のことでしたが、「胡耀邦は風邪のため出席されていないようですが、どうも問題があるみたいですから、鄧小平に聞いてみて下さい」と、私から頼んだことがありました。日本の政治家はそういうことに気が利かないところがあって、竹下さんにも探りを入れる気配がまったく感じられないのです。会談が終わるとみんな、じゃあと立ち上がろうとするので、竹下さんに「例のやつ聞いて下さいよ」と言ったのです。それでやっと竹下さんが「ところで鄧小平さん、胡耀邦は病気だと聞いていますが、どうなのですか」と聞いてくれたのです。それに対して、鄧小平は一言「好《ハオ》」と言って、それでおしまいでした。

その鄧小平の返事を聞いて、私は、「あっ、これはやはり危ないな」と分かったのです。このように、いろいろな情報を頭に入れたうえで、何かちょっとした現象をつかまえて、こうではないかと考えていくのです。その後、当時読売新聞の北京特派員だった丹藤佳紀さんが「大使、胡耀邦はどうなのですか」と聞いてきました。私はその時、彼に何か言ったらしいのです。丹藤さんは私の返事の様子から、やはり胡は駄目だなと思って、東京に電報を打ったのです。それが、「胡耀邦が危ない！」という『読売』のスクープになったそうです。

世の中の情報はこうやって流れています。私の体験からも、どこそこの誰それがこう言って、それをこちらで確かめてから……、というような理屈ではないのだと思います。

若月　胡耀邦が健在な時は頻繁に会われていたと思いますが、失脚が近くなってきた段階で、胡耀邦と会いにくくなることはなかったですか。

中江　そういえばこういうことがあったな、ということはよくありますが、世の中はそう明快ではありません。後で思えばこうだったな、ということはありますが、その時々は分からないものです。

仇になった親日姿勢

服部　すでにお話下さっていますように、大使は「胡総書記は八七年一月に失脚、このとき、胡耀邦の対日弱腰外交が槍玉に挙げられていたことを、われわれは忘れてはならない」と記されています。[16]中国国内で批判された「胡耀邦の対日弱腰外交」とは、どのような内容だったのでしょうか。また、そのことが、胡耀邦失脚にどれくらい影響したのでしょうか。

中江　これは、分かりづらいところです。いろいろな筋から「胡耀邦が、日本に対する態度が弱すぎるからだ」という断片的な情報が盛んに入ってくるようになって、それで、そうなのかと分かる程度でした。

具体的には、先に述べた青少年交流で三千人の日本の若者を急に呼んだことや、靖国参拝の問題で悪くなった日中関係をよくするために、胡耀邦自ら『日中関係四つのポイント』[17]という提案をしたことが、

16　中江『残された社会主義大国 中国の行方』一四二頁。
17　**中日友好関係発展についての四つの意見**　一九八五年十月に北京で開かれた第二回日中友好二十一世紀委員会で胡耀邦総書記が表明したもの。その内容は、①日中両国が友好関係の発展を基本的国策とするのは正しい、②友好関係のためには両国の厳しい対抗の歴史に正しく対処する必要がある、③その対抗を引き起こした張本人に同情をよせず、一部の軍国主義復活の企てを放任してはならない、④日中友好の諸原則をきちんと守り、相手の提案、要望を汲み取り、相手の感情を傷つけないよう、できるだ

「日本に対して気を使いすぎているからだ」、「もっと堂々と日本を攻撃すべきだ」といった議論を中国側に引き起こしてしまったと思うのです。

服部　三千人もの日本の青少年を招待したこと、靖国問題、あとはやはり教科書問題などもかなり響いたのでしょうか。「対日弱腰外交」であったということで。

中江　そうだと思います。

胡耀邦失脚後の日中間の外交活動の変化

服部　杉本信行上海総領事が著書のなかで[18]、胡耀邦時代の日中関係について、「外交活動も実にやりやすかった」と回顧されていますが、胡耀邦が失脚した後、日中間の外交活動にどのような変化が生じましたか。

中江　典型的な例は天安門事件[19]だと思うのです。あの時まだ存命であった岡崎嘉平太さん（日本国際貿易促進協会常任委員、日中覚書貿易事務所代表を務め、後に全日空社長としても、日中経済関係の発展に大きい業績を残した）と話をした時、「もしあの事件が起きた時、周恩来がいたら、まったく対応

け努力する、というものであった。

18　杉本信行『大地の咆哮 元上海総領事が見た中国』（ＰＨＰ研究所、二〇〇六年）九一頁。

19　**天安門事件**　一九八九年四月の胡耀邦前総書記の死去に対する追悼活動を契機に、北京の大学生を中心に民主化要求運動が高揚したのに対し、六月四日に人民解放軍が武力をもって、学生・市民らの運動を鎮圧した事件。この事件により、趙紫陽総書記が解任。

は違ったのではないか」という話になりました。私も、もし周恩来であったら、誰よりも先に自らデモの学生のところに行き、学生の言い分をよく聞いて、対応をすぐに考えたと思います。

ところが、趙紫陽総書記はぐずぐずして、そのうち強権発動に踏み切ってしまいました。それに対して国際社会からの非難が騒がしくなって、ようやく李鵬《りほう》首相と一緒に学生デモのところに行き、「自分の訪ねてくるのが遅すぎた」と涙を流しました。そのような総書記では、こうした事態に対処できるはずもありません。しょせん趙紫陽はあまり大物というほどでもなく、事務的な総書記だったから、失脚したのです。

趙紫陽に比べると、周恩来や胡耀邦は心の開かれた政治家でした。自分の権力を守るのに汲々としている小物では何ごとにも対処できませんが、もしあの時、胡耀邦でしたら対応はまるで違ったものになっていたと思います。

服部　胡耀邦の失脚後は、やはり外交活動はやりにくくなりましたか。

中江　やりにくくなりましたね。中国外交部のみならず、中国側の国務院そのものが影響を受けるのでしょうね。出てくる反応が、胡耀邦時代と違うのがよく分かりました。

5 防衛問題ほか

防衛費対GNP比一%枠の撤廃に対する中国の懸念

若月　一九八七年一月、防衛費対GNP比一%枠の撤廃が閣議決定され、これに対して、中国側は懸念を表明しています。一九八〇年代初頭までは、中国が日本の防衛力増強を容認するような発言をしていたことを考えると、わずか数年足らずで隔世の感があります。この中国側の姿勢の変化の背景について、外務省・在中国日本大使館はどのような分析をしていたのでしょうか。これが第一点目です。

第二点目は、一%枠撤廃に対する中国側の懸念表明は、自国がソ連との関係を徐々に修復させてきたことで、日米同盟に対する警戒感が増したことによるものなのか、あるいは、中曾根首相の「戦後政治の総決算」が日本の政治大国化を志向するものとして、中国が懸念したことによるものなのかです。

中江　第一点目については、我々も中国はいい加減だという印象を持ちました。ある時は日本の防衛費増額を奨励するかと思えば、別の時は行きすぎて危険だ、日本はどうするのだと言ってみたり、行き当たりばったりでした。

一%枠撤廃に対する懸念表明の理由はおそらく、第二点目の日本の政治大国化に対する懸念であろうと思います。中国側から指摘されなくとも、我々は日本の政治大国化を感じていました。やはり、今でもそうですが、戦前のように強い日本になるべきだという意見が次第に台頭して、それが自衛隊の海外派遣の問題や、北朝鮮のミサイルに対する対応の仕方などに表れています。日本が再び軍事大国になることに対する懸念は、中国でなくとも、私自身も持っています。

若月　そうなると、中曾根首相と胡耀邦は表面的にはいい関係だったと思うのですが、中国側で中曾根首相に対する警戒心があったということでしょうか。

中江　それはそうだと思います。当時中国は、今は中曾根・胡耀邦でいい時代であり、中曾根さんの言うことは本当に正しくて、いいことばっかりおっしゃるとは思っていなかったでしょう。あれだけの十何億という人間が見ているわけですから、いろいろな意見があって、当然警戒心があったと思います。ただ、中国が日本と違うところは、そういうことを彼らのなかでよく議論している点です。これに対して日本では、単純に、黒か、白か、あるいは、あいつは悪い奴だ、あいつはいい奴だ、ということで分けてしまい、あいつの言うことは最初から分かっていると決めつけて、まともな議論をしようとしないのです。

若月　ちょうど、中江大使の北京在任中は、中国とソ連が手打ちと言いますか、関係もだいぶよくなっている面があったと思いますが、このあたりのことで何か印象に残っていることはありますか。

中江　このあたりのところが非常に分からない国です。日本のことについては必要以上に分かるというか、いろいろなことを教えてくれたり、大きな声で発言する人がいるのですが、中国のこととなるとそういうことは全くなく、最後まで分からないのです。分かっているようで分からない。やはり、中国は大変厄介な国です。

問題は、分からないから腹を立てて喧嘩するのか、分からないけれど、喧嘩しないように努力していこうとするのかの違いだと思うのです。そうはいっても、日本では中国と仲よくしなければならないという考え方が、主流になった時期が長い間ありました。ところが、そういう雰囲気がいつの間にか消えて、最近では、あんな分からない国は突き放していい、日本が強くなればいいのだというような偏狭なナショナリズムが台頭してきています。これが一番危険だと思うのです。それに対して中国がいろいろな形で警鐘を鳴らし、文句を言っていると、そう受け止めればいいのではないかと思います。

柳谷謙介事務次官の「雲の上」発言

若月 一九八七年六月、柳谷謙介外務事務次官が、鄧小平が日中関係の現状について十分に把握していないという認識の下、「雲の上の人」発言[20]をします。この発言がなされた背景には、光華寮問題や防衛費対GNP比一％枠問題などをめぐる中国側の姿勢に対して、外務省事務当局側がフラストレーションを溜めていた結果、柳谷発言として象徴的に出てきたのでしょうか。

中江 柳谷さんとこの話をしたことはないのですが、現地にいないで東京にずっといると、ああいう

---

20 **「雲の上の人」発言** 一九八七年六月四日、柳谷謙介外務事務次官が、「鄧主任も雲の上の人になったような感じがする」と、鄧が日中関係の実情に疎くなっていたことを指摘した発言。中国側からの批判を受けて、間もなく、柳谷は「定年」を理由に次官を退任した。

気持ちになるのかなと思いました。オフレコ懇談があると、非常に気楽に話ができるし、周りの記者諸君も言いたいことを言ったりするので、「いやぁ、鄧小平だって雲の上にいるようなもので、何も分かっとらんのだよ」と、それくらいのことは言いかねないと思うのです。

そうしたちょっとした発言が、悪用されたのでしょう。日本の外務次官は、こんなことを言って、失礼だと、中国側を怒らせてしまったわけです。報道した新聞記者も、どの程度の反応を考えていたのか分かりませんが、こういうことはよくありそうなことで、まんまと引っかけられたなという感じでした。

若月　この過程で大使が火消しというか、中国側を宥めるというか、そういうことはなさらなかったのでしょうか。

中江　いえ、何もしなかったです。私が大使だといっても、本省の次官が言ったことを庇うとか、丸く収めるように努力するとか、そういうことを考えることはないです。それは、一種のリトマス試験紙みたいなもので、バロン・デッセだからです。いろいろな発言や論文、あるいはさまざまな現象があって、それに対して中国側から反応が出てきても、それをもみ消すのではなく、その時の反応が何を意味するのかを把握すればいいのです。

例えば、「雲の上だ」と言ったことに対して中国が怒ったとすると、中国はこんなことで怒るのか、ということが分かればいいのです。「そうですよ。うちの大将は『雲の上のような立派な神様』みたいな人物ですよと」と言えば、それでおしまいになるはずです。ところが、中国側は「雲の上の人」という言葉をとらえて、「雲の上とは失礼な」と。さらに「鄧小平を恍惚《こうこつ》の人と言ったそうじゃないですか」

と、そういうことまで言ったのです。小説家有吉佐和子さんの『恍惚の人』という小説がありましたが、雲の上の人間を恍惚の人だなんて、大体そういう発想がおかしいのですが、そういう受け止め方をすること自体がおかしいです。要するに、「自分たちの最高指導者を馬鹿にした」と怒っているのであれば、中国人というのはその程度のことで怒るのだ、ということが分かればいいのです。それで、彼らは、鄧小平を最高指導者と言っていますが、ふだんは鄧小平をどう思っているのかが、はっきり分かってくるわけです。ですから、私としては、別にもみ消さなくてはならない問題とは思っていませんでした。

防衛交流

若月　一九八四年七月に中国の国防相が訪日し、翌年には日本の防衛事務次官が訪中、さらには八七年五月に栗原祐幸防衛庁長官[21]が訪中するなど、大使の任期中、日中間の防衛交流に進展が見られます。こうした防衛交流がなされた背景には、何があったのでしょうか。また、日中両国の意図は何だったのでしょうか。

中江　私はあの頃、防衛問題についても、日中間で話し合いをしなければいけないという考えでした。たまたま、栗原さんは、自民党のなかでは親中国派で、中国に対しては非常に前向きに対応する政治家の一人でしたから、栗原さんが防衛庁長官の時にこういうことがあったっておかしくないなという感じ

21　**栗原祐幸**（一九二〇―二〇一〇年）　静岡県出身。労相、防衛庁長官を歴任。

がしていました。しかし、栗原さんが防衛交流で何を狙っていたかは分かりません。私は栗原さんと親しかったから、その時に彼と北京で話をしましたが、その時得た印象からは、防衛交流によって日中関係の幅をさらに広げていこうという感じではありませんでした。どちらかというと、自分の長官時代に日中防衛交流をやることに関心があったようです。もともと、栗原さんは防衛問題の専門家ではなかったですから。

若月　両国の意図についてはいかがでしょうか。

中江　中国側としては「防衛交流をやって、日本の防衛力増大が中国に対して脅威になるようであれば、早いうちにその芽を摘まなければならない」と口には出しませんが、そう思っていたに違いないと思うのです。

若月　日本側の意図については、先ほど大使がおっしゃったように、「日中間で交流した方がよい」という考え方が、当時の日本政府で共有されていたのでしょうか。

中江　私は大使をしてつくづく感じたのですが、中国という国は、要するに分からない国だということです。分からない国なら、こちらが、あそこは危険な国だから関係はほどほどにした方がいいと委縮せず、できるだけ広く窓を開け、風通しをよくし、お互いに知り合うことに努力をしなければなりません。勝手な思い込みで行動してしまうと、中国に対しては危険だという気がします。

ですから、これはひょっとしてどうなるか分からないから気をつけなければならないという、厄介な相手であればあるほど、相手のなかに入って、よくその様子を見極めることが必要だと思います。特に防衛問題では、新聞に「防衛費が何倍になった、危ない、危ない」と書き立てる前に、中国の防衛担当者と日本の担当者がよく話し合って、実態がどうなのか確かめる努力が必要です。発表された軍事費の額だけを見て、「あの国はますます軍事大国になった」と言うのは軽率で危ないです。

若月 大使の方から、日中間の防衛交流を積極的に進めるように、本省に献策したことはありましたか。

中江 私はそういうことはあまりやりませんでした。私は、日本の政治家に対して基本的に不信感が強いですから、何かここぞと思うことを彼らに進言しても、日本の外交ないし政治がいい方に向かうという期待を持てないのです。日本の政治家は信用できない、自分の選挙のことしか考えていない人たちばかりだ、という悪い先入観が私にはあります。伊東正義さんのような人だったら、相談もするし、話もできるとは思うのですが、そういう心の底から信頼の置けるような人は少なかったので。逆に向こうから近づいてくる人は何人かいましたが、結局、彼らも敵は本能寺にあったり、野心は別のところにあったりで、とことん一緒に努力しようと思わせるような人はいませんでした。私は随分、政治家に失望し、絶望させられた経験がありますので。

駐中国大使期の位置づけ

若月 雑駁な質問で恐縮ですが、私から一つ。日中正常化以来、四十年近い日中関係の歴史のなかで、ご自分が大使として中国に赴任された一九八四―八七年とは、どういう時代だったのでしょうか。

中江　中曾根・胡耀邦時代というのは、胡耀邦がいたために、日中外交は日本にとって恵まれた時代でした。しかし、胡耀邦が日本に対して考えていたように、中曾根さんが中国のことを考えていたかというと、同じではなかったと思います。その点は、日本の方がお粗末でした。

これは仕方がないと思うのですが、日本の政治家というのは国内政治に一〇〇％首根っこを押さえられているようなもので、選挙に負ければそれでおしまい、というところがあります。当然ながら、選挙に勝つことで頭が一杯になって、強いタガをはめられ、自由を失ってしまうのです。もっと自由奔放に国際感覚を磨いて、国際政治のなかで日本の外交を主張していこうという信念や理念があっていいと思うのですが。

国交正常化以後の日中関係の人的パイプ

服部　国交正常化以後、非政府間関係というのが外務省にとってどのように認識されていたのか、とりわけ二十一世紀委員会の役割・意義に関してご説明いただければ幸いです。

それから、大使が日本の対中政策に携われた時期、特に中国大使時代に、日本外務省の対中方針と自民党の対中方針に対立が生じるような場面があったのか、あるいは中国外交部と中共中央対外連絡部との間に意見の違いがあったのかどうかです。

中江　民間外交はもちろんいい点もあるし、悪い点もあるのですが、外務省で仕事をしている立場からすれば、どちらかといえば邪魔とも思えるものです。民間外交で中国に関わっているという人たちがよく売り込みに来たのですが、その多くがどれもこれも売名的な話でした。本当に日本のことを考えて、あるいは純粋に中国のことや日中関係のことを考えて、行動している人はほとんどいませんでした。

二十一世紀委員会ですが、これは先ほども言いましたが、ちょっとした飾りみたいなもので、実体が伴わないので、最初から余り期待しない方がいいという感じがしていました。要するにジャーナリズム界の価値観以上のものがないのです。ですから、何だその程度のことをやっているのか、という印象でした。二十一世紀委員会が一九八四年にできた当初、私が大使で、石川忠雄さんが委員長でした。この委員会に出てきて発言する人たちは、いずれも名前倒れというか、自分の立場をちょっと格好よくぶち上げることしかしませんでした。

一般に日本人全体が反省しなくてはならないことだと思いますが、我々はそれぞれが違った意見を出し合い、そこから議論を収斂させていくのが下手です。日本人の議論の場合、自分の意見は正しくてお前の意見は間違っている、いくら議論しても無駄だと言って、最後にはお前は馬鹿だと、議論を打ち切るというのが多いのではないでしょうか。相手の意見を聞いて、自分の意見も述べ、そして互いのよい所を合わせ、よりよきものを作っていくということがなぜかできないのです。

それから自民党との対立ということですが、自民党内に絶えず意見の違いがあるのは仕方ないです。かといって、外務省と自民党とが対中方針をめぐって対立したわけではなかったです。そもそも自民党の対中方針というのは聞いたことがありませんし、そういうことが議論されたというのも聞いたことがありません。

それから、中国側に意見の違いがあったのかというご質問ですが、胡耀邦が批判され、落とされていった時のことや、さらにその前の鄧小平が二、三度失脚させられたのを見ると、中国側でも相当に意見の対立があったのではないかと思います。しかし、そういったエピソードや詳細については、私は分らないです。先ほどから申し上げている通り、中国の内部のことは本当のことが分からないのです。

宮澤政権期の天皇訪中（一九九二年）

服部　ここで、大使をお辞めになってからのことで恐縮ですが、一九九二年の天皇訪中の決定過程や中国要人との会談内容について、ご存知の範囲でお聞かせください。

中江　特別お話することもないのですが、私は天皇訪中に意義を見出さない立場です。私の論考「日本外交、七つのボタンの掛け違い」[22]の「第一のボタンの掛け違い」のなかでも天皇制護持については意見を述べました。私は、天皇を政治的に利用することには基本的に反対であり、そういうことはよした方がいいという立場です。

服部　この時期は天安門事件後で、少し中国が孤立していたような時期でした。こういう時期に、中国側がむしろ天皇訪中を呼び込んだということは。

中江　どうですかね。

22　中江要介「日本外交、七つのボタンの掛け違い」（『善隣』第三八一号、二〇〇九年三月）一―一二頁。

江藤　私は以前、当時の駐日公使（一九八二―一九八四年）であった中国の丁民《ていみん》にインタビューをしたことがあって、その時、中国側から、天皇訪中はできないだろうかと、八〇年代に一度、提案をしたことがあるということをお聞きしたのですが。

中江　そういうことがあったかもしれませんが、知りません。橋本恕さんが中国大使の時には、橋本さんがそういう話に乗っかって、天皇訪中のために一生懸命走り回って、自民党の先生方に根回しをしたという話を聞いたことがあります。

江藤　ところが一九八〇年代は、中国外交部は一度、断られたと丁民がおっしゃっていました。

中江　日本が断ったと言うのですか。

江藤　はい、日本が断ったとのことでした。理由の一つが「まだ昭和天皇は、沖縄にも行っていないから」と。

中江　丁民の話には面白いものもありましたが、本当か、嘘か、分からないものが多かったです。日中関係が多少よくなってきたからといって、天皇訪中で基礎固めをしようと、天皇を利用することには、私は基本的に反対です。こうした失敗が先の日中戦争、太平洋戦争に結果として表われたのだと思っています。

第8章　外交官時代を振り返って

1　「これをやった」と最も誇れる点

一般論として国家公務員は「国民全体の奉仕者」としてその時々の政府与党の政策実現のために活用されるパブリック・サーヴァント（公共の使用人）であるので、公務員個々人の個人的意図や野心に基づいて行動できる分野や範囲は極めて限られている。したがって、自分の意思で、「これをやった」と誇れるようなことは極めて稀なケースで、特によほどの幸運に恵まれていないとそのようなことは実現されない。そのような制約の下でも、いくつかの事例はなくはない。例えば……。

1　首相の靖国神社公式参拝の阻止

私自身いわゆる「戦中派」世代に属するので天皇の戦争責任については厳しい見方をしているし、

東京裁判の受諾には肯定的であるため、首相の靖国神社の公式参拝には強い拒絶反応がある。したがって我が国の首相が靖国神社を公式に参拝することに対し、太平洋戦争の被害国から強い反対が提起された時には、現地に派遣されている我が国の大使としては、何とか日本側の立場や見解が相手側に間違って受け取られたり、いわんや悪用されたりしないよう極力本国政府首脳に働きかけ、公式参拝を思い止まるよう懸命の努力をしたのであった。その具体的な例は、中曾根首相の一九八五年の公式参拝についての中国側（当時は胡耀邦総書記）の立場を克明に日本政府首脳に伝え、ついに中曾根首相をして公式参拝を思い止まるにいたらしめたということがあった。

ところがその後、小泉純一郎首相となってから、同首相は頑迷にも靖国神社公式参拝に固執し続け、日中双方の数知れぬ多くの人士の真摯な努力の積み重ねにより確立遵守されてきた日中友好協力の礎を根刮ぎ破壊してしまった。これを阻止できなかったことは、「これはやれなかった！」と最も残念至極、慚愧に堪えない点である。

2　福田ドクトリンの確立

戦後の日本の対アジア外交は、まず戦後処理から始まったことはよく知られているところである。具体的には戦時賠償の支払いや経済協力・技術協力の実施などであったが、この日本政府の対東南アジア政策の遂行が現地の人たちに一種の逆効果となってかえって反日排日の感情を育むこととなり、我が国の対アジア外交政策の再検討・再構築が迫られることとなった。

このような状況の下で一九七七年、当時の福田赳夫政権は、首相の東南アジア歴訪の機会にマニラで締めくくりの演説を行い、そのなかで日本の東南アジア政策のあり方についての基本的理念を表明し、これがいわゆる「福田ドクトリン」として世界の注目を惹き、高い評価を得たのである。

これは、外務省アジア局長として勤務していた時期に「これをやった！」と誇れる仕事と言えるものである。

3　日台断交の処理

一九七二年の日中国交正常化の際、日本は、一九五二年に国交を樹立して以来友好関係を維持してきた「中華民国」との外交関係を断絶した。平時において友好国との国交を断絶するということは大変な外交問題である。時の田中角栄政権は椎名悦三郎自民党副総裁を日本政府の特使として台湾に派遣して日台断交の善後処理にあたらせた。その時外務省アジア局参事官であった私は、特使に随行して当時中華民国の行政院長であった蔣経国（蔣介石総統の長男）と椎名特使との談判に陪席するなど日台断交の局面に参加してその打開に努力した。その結果、日台断交は大きな破局を招くことなく事態は収拾された。

椎名悦三郎という人物の偉大さによるものであったとしても、史上稀なる難局打開に外交官として一役買うことができたことは、やはり「これをやった！」と誇れる仕事として生涯記憶に残るものである。

4　カイロのオペラ・ハウス建立贈与

これは第6章で話したことであるが、駐エジプト大使としてカイロに在勤していた時に、ムバラク大統領が訪日するという話が持ち上がり、その訪日を記念して日本政府として何をエジプトに贈与するかが問題となった。ムバラク大統領は当時の外相・カマル・ハッサン・アリに命じて日本大使に新しいオペラ・ハウスの建設を考えてほしいと申し出させた。通例では、学校とか病院とか駅舎とか職業訓練所とか、そういう教育・医療・環境・経済技術協力というような分野についての贈与、資金協力が多く、オペラ・ハウスというような文化協力の案件は開発途上国向けにはなかなか受け入れられないもので、私（大使）としても難題であった。

かつて、スエズ運河開通記念として当時のエジプトの王がヴェルディに委嘱して、新しいオペラの製作を企画し、オペラ・ハウスが建設された。この時、生まれたのが「アイーダ」であった。このオペラ・ハウスは中東地域で唯一の高度の文化施設でエジプトの誇りであったが、数十年前に漏電のために焼失してしまった。そのため、エジプトの若い世代の人たちが文化面での心の拠り所を失ってしまった。そこで、ムバラク大統領は、エジプトの将来を展望する時、若い世代の心の拠り所を与えることが喫緊の課題であるので是非この際、日本側の決断と敢行をお願いしたいと言ってきたのである。日本の指導者にはとても望めないような深謀遠慮に感銘を受けた私は、数え切れない多くの難関を克服して、ナイル川の中の島（ゲジラ島）の素晴らしい最適所に白亜の殿堂とも呼びたくなるような立派なオペラ・ハウスを寄贈することに成功した。

このオペラ・ハウスは以後内外の使用希望の申し入れが殺到し、今もエジプトの誇りであり、他の中近東諸国の羨望の的となっている。私が国際文化交流の分野で「これをやった！」と最も誇れる業績の一つである。

なお、このオペラ・ハウスの柿落しには拙作「動と静――アブシンベルの幻覚」が上演された。本書のタイトルもこのバレエのタイトル名をもとにした。

５　日中平和友好条約の締結交渉

いわゆる「支那事変」から始まって太平洋戦争が終わるまで日中両国・両国民の間には長期にわたる不幸な時期があった。これに終止符を打ったのが一九七二年の日中正常化であり、それに基づいて恒久の友好と平和の基礎を固めようとしたのが一九七八年の日中平和友好条約の締結であった。この日中間の平和と友好の礎を築くという仕事は、戦後の日本のアジア外交では抜きん出て重要なものと言えるが、この重要課題に外務本省アジア局長として取り組み、かつ、反覇権の考えを取り入れて、それを首尾よく完遂したことは、やはり「これをやった！」と誇れる仕事であったと言えよう。もちろん、それには福田赳夫首相、園田直外相という二人の実力ある政治家が直接任にあたるという幸運に恵まれたことは言うまでもない。

2 「やり残した」という点

できうれば最もやりたかったにもかかわらず、在任中それに関与することができずに、とうとうやり残してしまった、という点は、何と言っても「日朝正常化」である。

戦後の日本外交の要は、あの太平洋戦争という大動乱の、そして日本大敗北の、戦後処理の問題であったことは言うまでもない。その中にあって、「カイロ宣言」により朝鮮の独立を承認するよう義務づけられていながら、戦後半世紀以上経っていまだにその義務を履行できないでいる問題として日朝正常化がある。東西冷戦構造の下で朝鮮動乱という混乱に巻き込まれたという不幸な巡り合わせがあったとしても、いまだに日韓正常化だけは実現しても日朝正常化に手が付けられていないということは、戦後の日本外交の大欠陥であり、汚点であり、恥辱でさえある。ましてや小泉純一郎首相のように平壌《ピョンヤン》まで出掛けて日朝平壌共同宣言まで発出しておきながら、全くそのフォロー・アップに関心を示さず、放置して知らぬ存ぜぬのまま、派生的な拉致問題とやらに目が眩み、全くの外交音痴振りを天下に曝すがごときは論外である。何とか一刻も早く日朝正常化を実現し、拉致問題を含むすべての戦後処理を実行して、戦後の日本の真の平和外交の姿を世界に示すことが今一番大切なことだと考える。それゆえ、この「日朝正常化」という重要外交案件に日本の外交官として何一つ貢献することのないままそのキャリアを終えることとなったのは、大きな心残りであり、不本意なところである。

３　「政治主導」について

巷間日本の内政・外交を論ずるにあたってその難点の因って来たる欠陥を「政治主導」の無さに求める傾向が見受けられる。私はこの考え方に賛成できない。責任は「政治主導」の無さにあるのではなく、間違った「政治主導」にあると考えるからである。端的に言えば、外交問題についても「外交」のＡＢＣも勉強せず、床屋論議のような浅はかな思い付きだけで高圧的に官僚を蔑んで、それを「政治主導」だと吹聴して回る政治家が横行する限り、日本外交は絶対によくならないことも請け合いである。

政治家と官僚のあるべき関係のあり方といえば、私がともに外交に従事する機会に恵まれた具体的な指導者で例示するならば、椎名悦三郎（日韓正常化、日台断交）、福田赳夫（福田ドクトリン、日中平和友好条約）、園田直（日中平和友好条約）が望ましい政官協力のあるべき姿であったように思う。

噛み砕いて言うならば、「官」と「政」とは本来共通の国益意識の下で相互補完の関係にあるべきで、政治主導を声高に唱える政治家の多くは、実は「排官政主」で「排他独善」、独り善がりの我が儘であることが散見される。このような「政治主導」の主張は日本の国益にとって絶対にプラスに作用することは考えられない。政治家も官僚も真面目に国を憂うるのであればあるほど、謙虚であることが求められ、心が広いことが不可欠の要素である。

これを要するに、問題は「人」であり、よく学び、よく考える「人」でなければ、誰も心から話し合い協力することはないと思う。

右は数十年間、日本の外交官として日本外交の多方面において仕事をさせて戴いて得た私なりのまとめである。

編集後記

若月　秀和

本書の記述は、冒頭の解説文と第八章、コラム欄を除いて、二〇〇九年の一月から五月までに行われた計四回のインタビューの内容に基づくものである。

なにぶん、一九四七年から八七年の四十年間を職業外交官として生き抜いた中江要介大使の軌跡を、一冊の著書の形にまとめるということは、知的関心を大いに喚起すると同時に、大変な作業でもあった。この作業のなかで、私たち編者が最も重視したのは、大使がこの四十年間に、様々な国々を相手に、諸々の諸懸案と格闘してきた軌跡を、いかに多くの人々に正確に、かつ分かりやすく伝えていけるかという点であった。そのために、記述内容の事実確認を重ね、随所にコラムや用語解説を挿入し、外務省関連の人事表などの資料を盛り込んだ次第である。

さりながら、時の流れは速いものである。編集作業を続けるうちに、政権が交代し、年も改まり、気がつけば、インタビュー時から一年以上の月日が経過してしまった。異例の長丁場になったが、それでも本書の刊行に無事こぎつけた。

まず、何よりも、私たちが感謝しなければならないのは、中江大使に対してである。冬場の寒い時期に開始された長時間のインタビューに、計四回にわたってお付き合いくださっただけではなく、第八章のご自身の外交官人生を総括する論稿執筆やインタビュー内容の補足など、編集作業の過程のなかで、大使には、多大なるご協力を賜った。この場を借りて、厚く礼を申し上げたい。

また、編者、コラム執筆者以外にも、高木綾先生、宮城大蔵先生、渡辺紫乃先生には、インタビューにご協力いただだいた。なお、今般の刊行にあたっては、福武学術文化振興財団から支援を賜った。

日本社会全体が内向き傾向と評されるようになって、すでに久しい。それだけに、数々の戦後日本外交の重要局面に立ち会った大使の生の声をまとめた本書が、広く読まれることを願ってやまない。

二〇一〇年八月

編者一同

中江要介大使への質問票

第1章　外務省に入省した頃

――入省、条約局配属、在フランス日本大使館、条約局第三課・第一課、インドネシア賠償協定全権委員代理、在ブラジル日本大使館時代（一九四七―六一年）――

1　入省当時の外務省と吉田茂

①外務省の雰囲気《質問者―中島》

―入省当時の外務省の雰囲気についてお聞かせ下さい。

―首相時代の吉田茂に対して、どのような印象を抱いておられましたか。現在吉田は、戦後外交の路線形成に重要な役目を果たした人物として位置づけられています。もし思い出に残っておられることがあれば、お聞かせ下さい。

②外務省条約局《楠》

ご経歴を拝見しますと、大使は条約局でのご勤務が比較的多いようにお見受けします。条約局について、いくつか質問させていただきます。

―条約局は、外務省の他の部局、とりわけ地域局とどのような関係にあるのでしょうか。特定の政策的傾向といったものはあるでしょうか。また、例えば条約や協定の解釈が条約局と他の部局で異なった場合、どのように調整されるのでしょうか。

―講和・独立期にサンフランシスコ平和条約や日米安保条約、行政協定、日華平和条約の形成の中心となったのは条約局でした。西村熊雄条約局長や藤崎万里氏など、当時のスタッフについてご記憶のことがあればお教えください。

―一九五九年から一九七二年までの間に、西村熊雄氏は「平和条約の締結に関する調書」全八巻を作成しておられます。この調書はどのような目的で、どのように作成されたのでしょうか。また、省内ではどのように使われたのでしょうか。

2　吉田茂とY項パージ《服部》

―外務省内に吉田派ないし反吉田派というようなものはございましたか。

―いわゆるY項パージに遭った外務省員として、次のような方がいるようです。

・山田久就（大東亜省書記官、終戦連絡中央事務局政治部長、連絡調整中央事務局次長などから東京都渉外部長へ、のち岸内閣で外務次官）

・曽禰益（外務省政務局第一課長などから終戦連絡九州事務局長に左遷、社会党入党、民社党書記長）

【参考】藤山愛一郎『政治　わが道　藤山愛一郎回想録』

（朝日新聞社、一九七六年）二四、四八頁。山田氏や曽禰氏がY項パージに遭ったというのは事実でしょうか。

―そのほかにも、Y項パージに遭った方がいらっしゃいましたら、ご教示いただければ幸いです。

―大河原良雄大使は、吉田茂について、次のように回想しています。

「吉田という人に対して、外務省から見るとどうもという感じが、当時はあったように思います。要するに、非常に貴族趣味であり、『Y項パージ』ということで外務省の人事をずいぶん左右したということ、それから行政改革で外務省の定員を抑えたんですね」（大河原良雄『オーラルヒストリー 日米外交』ジャパンタイムズ、二〇〇六年、九九―一〇〇頁）。

このような大河原大使の回想について、同感でいらっしゃいますか。

③ 日華平和条約《服部》

吉田内閣は、日華平和条約によって中国とではなく台湾と国交を樹立します。この点については、二つの解釈が学界にございます。すなわち、吉田はダレスに吉田書簡を書かされてやむなく台湾を承認したという説と、吉田自身が反共主義者で積極的に台湾を選択したという説です。

―吉田の台湾承認につきまして、アメリカの圧力による面と、吉田自身の主体性による面と、どちらが大きいとお感じになりましたか。

―日華平和条約の適用範囲が大陸に及ぶのかどうかについて、吉田茂と西村熊雄条約局長などの間で、考えの相違はあったのでしょうか。

④ 変動する中ソ関係と外務省

①中ソ関係についての見方《神田》

―一九五〇年代の外務省内において、吉田茂のような見方とは異なり、中ソの結合を疑わない見解はどれほどあったと思われますか。

―六〇年代に中ソ対立が明らかになってからも、その対立の進行に慎重な見方、あるいは中ソの再接近があり得るとする考え方は、外務省内にどれほどあったのでしょうか。

②ロシア・スクール、中国スクール《井上》

―外務官僚の特徴として任地や語学による「スクール」が存在しており、留学先や語学によって人脈が形成されることが指摘されています。しかし、戦後のある時期までは、「中国スクール」に関しては、中江大使や橋本恕大使のように、もともと中国語専攻ではなかった方が、アジア局や中国大使といった要職を歴任されている印象を受けます。これには特別な理由や背景があったのでしょうか。

—またマスメディアでは、しばしば明確な定義なしに「中国スクール」という言葉が用いられていますが、実際に外務省内で「中国スクール」と呼び得るような人脈的な強力なつながりがあったのでしょうか。

5 インドネシアとの賠償交渉《服部》

大使のご論考「インドネシアとの平和条約、賠償協定等」（『時の法令』第二七九号、一九五八年）などによりますと、インドネシアとの賠償交渉は次のように進められたようです。

・一九五七年十一月二十七日、岸首相、スカルノ・インドネシア大統領はジャカルタで会談し、賠償金二億二三〇〇万ドル、貿易債権は棒引きで基本的了解に達した。
・十二月八日、賠償仮覚書調印。小林中（あたる）特使とジェアンダ首相が小林・ジェアンダ覚書で、賠償二億二三〇〇万ドル、経済協力四億ドル、貿易債権は棒引きとした。
・十二月二十四日から高木広一公使とスジョノ・アジア太平洋局長がジャカルタで案文作成をめぐる交渉
・一九五八年一月二十日、藤山外相とスバンドリオ外相がジャカルタで日本・インドネシア平和条約・賠償協定調印、経済開発借款に関する交換公文（十二年間で二億二三〇八万ドル賠償供与）。

—大使はこの交渉に参画されましたか。

—インドネシア賠償の特徴は、どのようなところにございますか。

—岸首相の基本方針とはどのようなものだったでしょうか。また、インドネシア賠償に限らず、岸首相について何か印象に残っていることはございますか。

—財界人の小林中（富国生命社長、日本開発銀行総裁〈一九五七年四月まで〉、アラビア石油取締役〈一九五八年二月から、のち社長〉）が特使となった背景をご教示いただければ幸いです。

6 日伯移住協定交渉《若月》

大使はブラジルのリオデジャネイロにある日本大使館にいらっしゃった時、日伯移住協定交渉に携わっていらっしゃいます。当時のことについてお聞かせください。

第2章 国連を舞台にした大国の攻防

——在ニューヨーク国際連合日本政府代表部二等書記官・一等書記官時代（一九六一—六三年）——

1 国連の雰囲気と日本の立場《中島》

—一九六〇年代初頭、大使は国連の日本代表部などにおられました。当時の国連の雰囲気や国連での日本の立場について、印象に残っておられることがあればお聞かせ下さい。

2　一九六一年の国連中国代表権問題《神田》

―一九六一年の国連総会において可決された「重要事項指定決議案」について、当時の小坂善太郎外相は、これが中国問題をめぐる米英関係の悪化や東西対立の先鋭化を回避するために、小坂や外務省幹部によって発案されたものだと述べています（小坂『あれからこれから――体験的戦後政治史』牧羊社、一九八一年、一六二―六四頁）。つまり同案が日本のアイディアであったとのことですが、これは事実であると考えてよろしいのでしょうか。

―この一九六一年の国連総会において、米英が中国問題で異なった対応を取る可能性については、当時の外務省内ではどのように見られていたのでしょうか。

【参考】大使は、御著書『らしくない大使のお話』（読売新聞社、一九九三年）三七頁で次のように論じていらっしゃいます。「ブラジルからニューヨークの国連代表部に転勤になり、第一六回国連総会（一九六一年）で中国代表権問題にいわゆる「重要事項指定方式」を導入したのがひとつの思い出となっている」（中江要介『残された社会主義大国 中国の行方』KKベストセラーズ、一九九一年、一八―二五頁も参照）。

第3章　日韓国交正常化

――条約局法規課長（心得）時代（一九六三―六七年）――

1　椎名外相訪韓と日韓基本条約の仮調印（一九六五年二月二十日）《服部》

―韓国は、「謝罪使節」として吉田茂元首相など大物政治家を期待しており、韓国とアメリカが「謝罪使節」として吉田を想定して日本政府と交渉していたようです（吉澤文寿『戦後日韓関係――国交正常化交渉をめぐって』クレイン、二〇〇五年、二一八頁）。この点について、何かご存じでいらっしゃいますか。

―椎名外相は一九六五年二月十七日、金浦空港に到着すると、いわゆる「ランディング・ステートメント」を読み上げています。ステートメントには、「両国間の長い歴史の中に、不幸な時期があったことは、まことに遺憾な次第でありまして、深く反省するものであります」という謝罪が含まれました。このフレーズは日韓の外務官僚が協力して作成したもので、韓国外務部がソウル滞在中の前田利一外務大臣官房調査官に対して到着声明に謝罪を入れるように要請し、後宮虎郎アジア局長が書いて椎名の了解を得たようです（吉澤『戦後日韓関係』二一九頁）。

一方、この「ランディング・ステートメント」について大使は、「椎名外相が、ソウル空港に到着するや、事務当局の準備したステートメントにはない重大発言をしたことはよく知られている。日本の朝鮮半島支配について『深い遺憾の意』を表明したのである」と回想しておられます（『らしくない大使のお話』四六―四九頁）。「ランディング・ステートメント」の作成過程についてご教示いただければ幸いです。

―日韓基本条約では、「一九一〇年八月二十二日（韓国併合条約調印―質問者注）以前に大日本帝国と大韓帝国との間で締結されたすべての条約及び協定は、もはや無効であることが確認された」（第二条）、「大韓民国政府は国際連合総会決議第一九五号（Ⅲ）に明らかに示されているとおりの朝鮮にある唯一の合法的な政府であることが確認される」（第三条）とされました。これらの文言は、訪韓していた後宮虎郎アジア局長、黒田瑞夫アジア局北東亜課長、中江条約局法規課長が提示したものでしょうか。

【参考】吉澤『戦後日韓関係』二二四頁は、「韓国政府の性格を規定する文言として国連決議第一九五号（Ⅲ）を提起したのは日本側だったようである」とする。二二六頁以下も参照。

―大使は二月二十日の朝、後宮虎郎アジア局長に呼ばれ、「君、東京が折れて来たんだよ。今日の昼、飛行機に間に合うように署名調印だ」と言われたとのことです（『らしくない大使のお話』四八頁）。外務省中央ないし佐藤内閣が急に折れてきたところとは、基本条約ないし共同声明のどの部分でしょうか。

―二月二十日の椎名外相・李東元外務部長官共同声明には、「椎名外務大臣は李外務部長官の発言に留意し、このような過去の関係は遺憾であって、深く反省していると述べた」と記されています。この部分は、韓国側の草案にのみ記されており、日本側の草案には記されていないようです（吉澤『戦後日韓関係』二一九頁）。日本側は、遺憾や反省を共同声明に盛り込む必要はないと考えていたのでしょうか。

―日韓国交正常化における椎名外相の役割をどのように評価されますか。

2　日中国交正常化以前の戦後処理（特に賠償問題）に関する外務省の検討《杉浦》

一九五六年に日ソ国交回復が実現したのち、外務省アジア局第二課を中心に日中国交正常化がしばしば検討されていますが、この段階において戦後処理、特に賠償問題に関して、具体的な検討はされていません。

また一九六一年四月三十日付で島重信外務審議官が作成した「中共問題（案）」では、「中共の承認は国際情勢の推移及び自由陣営に対する影響を十分に見極めた上自主的に決定する。（国府が台湾のみを支配する政府となった場合においても、日華平和条約に基づき中国全土との戦争状態終結及び賠償請求権放棄は、国府が中国全土の正統政府たる地位を有していた時の約束であるから、日本に関する限り依然として有効であると言い得る）」との方針を示し、すでに一九六一年段階で、中国の対日賠償請求権を否定する見解が提示されています。

—以上の文書等に鑑みて、外務省は当初、中国の対日賠償請求権を十分に検討しておらず、また一九六〇年代以降はこれを否定するという立場であったとの指摘も可能かと思いますが、これが一貫した日本外務省の方針であったと理解してもよろしいのでしょうか。

—あるいは、日中国交正常化以前の段階で、中国への戦後賠償を外務省は検討していたのでしょうか。仮に検討していたとすれば、具体的にはどのような内容だったのでしょうか。さらに、そうした検討案に関して、関連省庁（特に大蔵省）とは協議をしていたのでしょうか。

第4章　ベトナム戦争下のサイゴン在勤

——在ベトナム日本大使館一等書記官・参事官、在フランス日本大使館参事官時代（一九六七—七一年）——

1　ベトナム戦争

①ベトナム戦争の見方《昇》

—ベトナム戦争全般について、外務省の見方はどのようなものであったのでしょうか。アジア局、北米局、アジア局内の各課、出先大使館と本省などで、評価に違いがあったのでしょうか。また大使ご自身はどのように観察しておられましたでしょうか。

②中国問題への考慮《昇》

—ベトナム戦争に対する日本政府の見方あるいは政策を決定するうえで、中国問題はどのように考慮されていたのでしょうか。

【参考】南東アジア課「インドシナ問題に対するわが国の態度」（一九六四年九月九日）「ヴィエトナム問題が中国問題と密接に関連しているだけに、現段階におけるわが国の微妙な対中共関係にかんがみ中共と対決する場に臨むに際して余程慎重を期する必要がある。ドゴールはアジアの問題はアジア人によつて解決さるべきことを言明しているが、わが国がこれに参画するに際しては中共との関係をどのように踏まえるかが問題となる」

③成果が上がらなかった北越との接触《昇》

—ベトナム戦争をめぐる対策において、外務省と佐藤栄作首相などの政府首脳、あるいは自民党との間で違いはありましたか。例えば、一九六五年三月には自民党が松本俊一を、一九六六年二月には政府として横山正幸氏をベトナム含む各国に特使として派遣しています。これに対して、外務省においては出先の大使館を含め困惑した反応があったようです。

④「ベトナム和平工作」《昇》

—こうした特使派遣に加え、モスクワ、ビエンチチューなど第三国での北ベトナム政府との接触や、アメリカと北ベトナムの相互的な譲歩を第三者機関によって監視、保証しようとする相互保証構想など、日本政府は「ベトナム和平工作」とでも呼べるような努力をしています。このような和平工作は政治家主導で行われたのでしょうか。

—また、日本政府がこのような努力を行なったのはどのような理由からでしょうか。

⑤佐藤首相の台湾・東南アジア・オセアニア歴訪《中島》

—佐藤首相は、一九六七年九月から十月にかけて、台湾・東南アジア・オセアニアの計十一カ国を訪問しました。約一カ月半の間に十一カ国を歴訪したことは、首相の外交行動としては珍しいように思われます。大使は当時、佐藤の諸国歴訪をどのように受け止められていましたか。何か印象に残っておられることがあれば、お聞かせ下さい。

—また、十月二十日に吉田茂元首相が死去したため、諸国歴訪中の佐藤は翌日二十一日の南ベトナム訪問を短時間で切り上げて帰国しました。この前後の出来事について、印象に残っておられることがあればお教え下さい。

⑥北ベトナムへの仲介工作《昇》

—佐藤首相は一九六七年十月に南ベトナムを訪問しています。この訪問の際、グエン・バン・ティエウ国家指導議会議長から佐藤に対して、ホー・チ・ミン大統領に対する和平討議への参加を求める親書を仲介して届けることが打診されています。この件は訪問に先立ち中山駐ベトナム大使に打診されていますが、この仲介工作の背景につき何かご存知でしたら教えていただければ幸いです。

—また、その後日本政府が北ベトナムへの仲介への努力を実際にしたのかどうかについてもご教示いただければと存じます。

⑦パリで開かれていたベトナム和平会談《昇》

—フランスでは一九六八年五月から米越和平会談が開催されています。ベトナム和平の進展について、またベトナム戦争後の日本の役割について、在フランス日本大使館はどのように見ていたのでしょうか。

⑧フランスにおける対中接触の試み《神田》

一九七〇年前後の時期に、佐藤首相・愛知揆一外相の指示の下、松井明・中山賀博大使らが駐仏中国外交官との接触を試みております（増田弘編『ニクソン訪中と冷戦構造の変容——米中接近の衝撃と周辺諸国』慶應義塾大学出版会、二〇〇六年、一一九—一二三、一三一—一三三頁、楠田實『楠田實日記』中央公論新社、二〇〇一年、五五四頁）。

—こうした対中接触の試みが、特にフランスで行われた理由としてはどのようなものがあるのでしょうか。

—中国側に対しては、特に大使級会談の開催を提案していたようですが（増田前掲書）、どのような内容の会談が予定されていたのでしょうか。国交正常化交渉も視野に入っていたのでしょうか。

―こうした試みが成果を挙げなかった理由については、どのように考えられますか。

2　三木外交《昇》

―一九六六年十二月に外相に就任した三木武夫は、自民党総裁選をにらんだ佐藤との関係もあり、独自色ある外交を積極的に展開します。例えば「アジア・太平洋圏構想」や、中国との平和共存を日本の立場として国際会議の場で述べたり、上記ベトナム和平工作を積極的に行ったりしました。こうした三木外相の立場は外務省の中でどのように受け止められたのでしょうか。

3　テト攻勢

①予測できなかったテト攻勢《昇》
―一九六八年初頭のテト攻勢に対する中江大使個人、在ベトナム日本大使館、あるいは外務省本省における反応はどのようなものだったのでしょうか。

―三宅和助『外交に勝利はない――誰も知らない日本外交の裏のうら』（扶桑社、一九九五年）によれば、在ベトナム日本大使館ではテトの休戦を利用して旅行に出ている館員が多く、青木盛夫大使は情報収集などに奔走してついに倒れてしまったとあります（同書一三三―三四頁）。当時の様子を教えていただければ幸いです。
②ジョンソン大統領演説《昇》
―一九六八年三月末に発表されたジョンソン米大統領の不出馬宣言に対して、中江大使個人、在ベトナム日本大使館、あるいは外務省本省における反応はどのようなものだったのでしょうか。

4　北ベトナムとの接触および国交正常化

①北ベトナムとの接触《昇》
―三宅和助『外交に勝利はない』によれば、テト攻勢前後から、外務省内部には、二つのベトナムを認めるべきだという意見が生じつつあったようです（同書一三三頁）。実際、一九六八年四月には早くも、日本政府が一九六五年以降認めてこなかった北ベトナムからの入国を許可するなどの変化が見られます。このように日本政府が北ベトナムに接触する動機はどのようなものだったのでしょうか。

―例えば南東アジア課作成の文書では、北ベトナムの中ソ両国からの高い自主性に触れ、「チトー化」を期待していることがうかがえます。対中関係、対ソ関係の文脈はどの程度考慮されていたのでしょうか。在ベトナム日本大使館での見方を含めて教えていただければ幸いです。
②貿易事務所の設置計画とニクソン訪中の関連性《昇》
―外務省は一九七一年十一月頃、北ベトナムへの外務省員

派遣という接触の方針を決定し、ハノイと東京に両国の貿易事務所を設置する計画を北ベトナム側に打診しています。この判断には、同年七月のニクソン訪中決定がどのように関係しているのでしょうか。

③国交正常化《昇》

—日本は北ベトナムとの国交正常化への動きを、米国のキッシンジャー大統領補佐官があからさまに反対しているにもかかわらず、一九七二年初頭から開始します。その動機はどのようなものだったのでしょうか。

5 ベトナム戦後復興計画

①ベトナム戦後復興計画《昇》

—ベトナム戦後復興計画について、日本では一九六八年以降「ベトナム復興特別基金」構想等が練られていきます。外務省では、日本がどのような役割を果すべきだと考えられていたのでしょうか。また、例えば二国間方式と多国間方式などの点において、米国の方針との違いはありましたでしょうか。

②国際監視団と平和保証国際会議《昇》

—日本政府は一九六八年からベトナム戦後の国際監視団と平和保証国際会議への参加希望を表明していましたが、一九七三年のパリ和平協定後にはどちらも実現しませんでした。それはなぜでしょうか。

—南ベトナムは日本の参加を望み、北ベトナムは強く反対したことを示す史料がありますが、その通りでしょうか。

—また、米国の態度はどうだったのでしょうか。ご教示いただければ幸いです。

第5章 冷戦の変容と新段階に入った日本外交

——アジア局参事官・次長・局長時代（一九七一—七八年）——

1 佐藤政権末期

①モンゴルとの国交正常化《昇》

中江大使は、一九七一年九月の日本・モンゴル友好親善議員団の一員としてモンゴルを訪問していらっしゃいます。（中江『らしくない大使のお話』五〇—五二頁）。

—モンゴル側は一九六〇年代初頭から日本との外交関係樹立を望んでいることを日本政府に伝えています。例えば、一九七〇年八月に万博に訪れたゴムボジャブ副首相は、その際行われた愛知外相との会談で、外交関係樹立に積極的な発言をしています。日本側がこれに消極的な態度を取り続けた理由は何でしょうか。戦争賠償問題のほか、領有権を主張していた台湾への配慮や、日中関係の発展への影響が考慮されたのでしょうか。

—この使節団訪問が政府によって発表されたのは七月二十九日、すなわちニクソン訪中発表の直後ですが、ニクソン訪中はどのような意味で日本とモンゴルの国交正常化の追い風になったのでしょうか。

—この一九七一年の訪問の際にはどのような内容が話し合われたのでしょうか。先方から賠償問題は出されたのでしょうか。

—その後一九七一年十一月五日にモンゴルのツェレンツォードル外務省第二局長（アジア地域担当）が来日し、中江アジア局参事官、法眼外務審議官らと会談しています。これに続いて外務省は十二日、わが国とモンゴル人民共和国の外交関係樹立を前向きに検討したいとの考えを明らかにしました。十一月五日の会談ではどのような内容が話し合われたのでしょうか。ご教示いただければ幸いに存じます。
②佐藤政権末期の対ソ、北ベトナム政策《若月》
—佐藤政権末期の一九七二年初頭、日本政府はグロムイコ外相の訪日（一月）により日ソ平和条約交渉の開始に道筋を付けました。また二月には三宅和助南東アジア一課長のハノイ派遣、モンゴル・バングラデシュ両国との国交樹立というように、中国以外の社会主義諸国との関係改善に動き始めます。これら一連の措置は、当時の中ソ対立の文脈の中で、佐藤政権に対して硬い姿勢をとり続ける中国を意識した行動なのでしょうか。
③福田外相の「多面的外交」《若月》
—佐藤政権末期の外相は、福田赳夫氏でしたが、福田外相は当時、「多面的外交」—後の首相時代の「全方位外交」につながる—を標榜しておりました。この考えは外相自身のアイディアなのか、それとも外務省事務当局の考え方を反映したものなのでしょうか。この「多面的外交」について、何かご記憶があればお話を聞かせてください。
④田中角栄と福田赳夫の対中政策《若月》
—佐藤後継を争う一九七二年七月の自民党総裁選挙では、対中政策が一つの大きな争点になりました。選挙戦において、田中角栄通産相が日中国交正常化を一点集中的に主張していたのに対して、福田外相は、日米関係を基軸としたうえで、日中、日ソ両関係のバランスを重んじた主張を行っておりました。田中・福田両氏を間近に見てきた大使の目から見て、両者の対アジア観・外交観の相違というものは見てとれましたでしょうか。
⑤田中政権発足以前のアジア局内の様子《井上》
田中政権の誕生まで、日台断交を受け入れ、即座に日中国交正常化交渉を開始することを主張していたのは、橋本恕中国課長ら少数であったといいます。

—田中政権が成立する以前の段階で、中江大使や、大使の上司である須之部量三、吉田健三両アジア局長は、来るべき日中国交正常化交渉に際して、どのような形で台湾問題を処理していくべきかという見取り図のようなものは考えておられたのでしょうか。

—また、この当時のアジア局内で、台湾問題の扱いをめぐって、意見の違いは存在したのでしょうか。

②　田中政権期の日中国交正常化と日台断交

①訪台前《服部》

―椎名特使とともに大使が田中首相と総理執務室で会われたとき、田中は「椎名君、ご苦労さん、ご苦労さん、あなたが行ってくれればいいのだ、どうもありがとう」と簡単に述べただけだったとのことです（中江要介「日中正常化と台湾」『社会科学研究』第二四巻第一号、二〇〇三年、九九頁）。田中と椎名が打ち合わせしたときの模様をお聞かせいただければ幸いです。

―「日中関係というけれど、実際は日台関係だよ」と大平は述べていたとのことです（中江『らしくない大使のお話』五三頁、同『日中外交の証言』蒼天社出版、二〇〇八年、一四頁）。椎名訪台に際して、大平外相はどのような指示を椎名や大使に与えたのでしょうか。また、大平外相と大使は新橋で密会されたとのことですが（『らしくない大使のお話』五四頁）、なぜ本省ではなく秘密裏に新橋で会う必要があったのでしょうか。

―訪台を前にした椎名との打ち合わせで、どのような基本方針を立てましたか。また、台湾との断交などについて、外務省と自民党の間で見解の相違はあったのでしょうか。

―訪台の随行議員団の名簿作成について大使は、党内事情に詳しい竹下登に相談したとのことです（『らしくない大使のお話』五四頁）。そのときの模様をお話しいただければ幸いです。

―大使のお話では、自民党青年部の松本彧彦が台湾要人に人脈があり、椎名特使の受け入れについて働きかけたとのことです（「日中正常化と台湾」九七―九八頁）。松本氏の役割についてお聞かせください。

②卵をぶつけられた椎名一行《服部》

―情報公開請求で得た外務省記録によりますと、椎名は九月十七日に台湾に到着したとき、外務省が用意していたステートメントを読まなかったようです。このときの状況をお話しいただけますでしょうか。

―九月十七日に台北入りした椎名一行は、「私たちの自動車に向かって生卵をぶつけたり、棒で叩いたり唾をかけたり―反日感情をむきだしにしてきました」とのことです（中江要介「生卵をぶつけられた日台断交使節団」『現代』一九九二年十一月号）。このときの模様をお話しいただけますでしょうか。

③椎名・蔣経国会談《服部》

椎名悦三郎特使一行には、副団長として村上勇、秋田大助、顧問として福永一臣、加藤常太郎、菊池義郎、高見三郎、福井勇、鹿野彦吉、砂田重民、山村新治郎、中村弘海、綿貫民輔、浜田幸一（以上衆議院）、川上為治、大森久司、楠正俊（以上参議院）、随員として中江要介外務省アジア局参事官、七海祥朗外務省情報文化局海外広報課事務官、若山喬一外務省研修所事務官、秘書として岩瀬繁（椎名特派大使付）、頭山統一、小渕岩太郎、田口忠男、松本

彧彦、横瀬昌博、の各氏がいたようです（檜山幸夫「日中国交回復に伴う日華国交断絶における椎名悦三郎・蔣経国会談記録について——外務省参事官中江要介の会談記録『中江メモ』の史料論」『社会科学研究』第二四巻第一号、二〇〇三年、一九〇—一九一頁。田村重信・豊島典雄・小枝義人『日華断交と日中国交正常化』南窓社、二〇〇〇年、四六—四七頁）。このうち、椎名・蔣経国会談で発言しているのは、蔣経国、椎名、村上、秋田だけです（中江要介「椎名悦三郎・蔣経国会談記録——『中江メモ』」（『社会科学研究』第二四巻第一号、二〇〇三年）。

—椎名・蔣経国会談に外務省から出席されたのは、中江アジア局参事官のほか、宇山厚台北駐在大使、伊藤博教台北駐在公使、七海祥朗、若山喬一、の各氏でしょうか。通訳はどなたがなさいましたでしょうか。

—蔣経国との会談で椎名は、日中国交正常化協議会（小坂善太郎会長）の決議に言及し、「『従来の関係』とは外交を含めた意味である」と述べています（中江「椎名悦三郎・蔣経国会談記録」七二頁）。椎名は、政府の見解というよりも自民党の方針を伝えたのでしょうか。

—大使は、「蔣経国という人は非常に頭の切れる立派な人物だった」と回想しておられます（中江『残された社会主義大国 中国の行方』三〇頁）。蔣経国の印象についてお聞かせ下さい。

—椎名が蔣経国に「外交関係も継続する」という与党の立場を伝えたことについて、椎名は「わしには、田中は何もいってくれん。だから、わしが拠り所とするのは党の決議。これにしたがったまで」と述べたといいます（中江『残された社会主義大国 中国の行方』三二—三四頁）。椎名の真意はどのようなものだったのでしょうか。また、椎名と田中首相、大平外相、外務省との関係は、疎遠だったのでしょうか。

—大使によりますと、蔣経国はニクソン訪中の発表後、もう大陸光復できないと感じており、椎名との会見時に蔣経国は大陸奪還をあきらめていたと台湾代表の羅福全からお聞きになったとのことです（中江「日中正常化と台湾」一〇一頁）。他方で蔣経国は、椎名との会談で、「必ずや大陸を取り戻せると固く信じている」と述べてもいます（中江「椎名悦三郎・蔣経国会談記録」七五頁）。大陸光復に関する蔣経国の真意をどのようにお考えになりますでしょうか。

—蔣介石は、風邪のため椎名訪台の表舞台に出てこないようです（中江「日中正常化と台湾」一二四頁）が、椎名訪台をどのように受けとめていたのでしょうか。田中親書について蔣介石は、何か反応を示したのでしょうか。

—椎名特使一行で、椎名のほかに印象に残っている自民党議員はいらっしゃいます。

④台湾からの帰国後《服部》

—九月十九日、椎名一行が羽田に到着すると、外務省の吉田健三アジア局長が機内に入ってきて椎名に挨拶し、「特使の昨日の台北でのご発言が、北京で問題になっています。実は、小坂善太郎先生（自民党日中正常化協議会会長）が現在、北京を訪問中ですが、昨日、夜中に周恩来首相から呼び出されて、椎名特使の台北での発言は、日本政府は二つの中国を認めるということを意味するのではないか、と詰問されたのです」と話したようです。これを聞いた椎名は、「君に、そんなことを言われる必要はない」と述べたといいます（田村・豊島・小枝『日華断交と日中国交正常化』七五頁）。そのときの模様をご記憶でしたら、ご教示いただければ幸いです。

―大使や椎名は、帰国後に訪台の様子や蔣経国との会談について田中首相や大平外相に報告されたものと存じます。田中や大平にはどのように報告され、田中や大平はどう反応したでしょうか。

―大使の回想によりますと、のちに清嵐会を組織する石原慎太郎や浜田幸一が台湾擁護の観点から日台断交を批判したのに対して、大平が国連中心主義を理由に説得したとのことです。このときの模様をお聞かせいただければ幸いです（中江「日中正常化と台湾」八九―九二頁）。

⑤「法匪」発言《服部》

大使は、御著書『らしくない大使のお話』二八頁で次のように論じていらっしゃいます。

「高島益郎条約局長（当時）のことを、周恩来総理が『法匪』と罵ったという話が、巷間まことしやかに伝えられているが、これは半分作り話。しかし高島さんがある日私に、『皆がそう信じてそういっているのを、いまさら否定してみても仕方がないから、黙って放ってあるんだよ』ともらしていたことを思い出す』

―高島条約局長は、周恩来の批判についてどのようにお話になっていたのでしょうか。

⑥日中国交正常化・日華断交における外務省内の役割分担・話し合いに関して《杉浦》

―大使は日中国交正常化と日華断交を「表と裏」、「光と影」だと表現しておられます（中江『日中外交の証言』一一三―一一四頁）。このときの外務省、特にアジア局内における役割分担に関してお聞かせ頂ければと存じます。

―具体的には日中国交正常化、日華断交に関して、（一）外務省アジア局の面々（吉田アジア局長、橋本中国課長）とどのような話し合いを行ったのか、（二）外務省条約局の面々（高島条約局長、栗山尚一条約課長）とどのような話し合いを行ったのか、可能な限りご教示頂ければ幸いです。

⑦台湾要人の印象《福田》

―日中国交正常化に際し、中江大使はアジア局長より台湾問題の処理を任されていたことは広く知られていますが、明確に台湾問題の処理について任されたのはどのタイミングであったか覚えておいででしょうか。

―椎名特使の派遣と「断交」について、（一）日本側（大平、アジア局、椎名特使）などの間で、日本から「断交」を告げないとの方針は、確固としたものとして存在したのでしょうか。それとも、台湾側の反応、日中交渉の結果にもよるという流動的なものとして、幾つかの選択肢の一つだったのでしょうか。

(二)台湾への特使派遣以前に、日華双方の大使館チャネル、密使(辜寛敏)等を通じて日本のメッセージ(外交関係は絶たれるが、日本から「断交」は告げたくない旨)伝達を試みたと言われています。外務省としては、日華の間に存在したどのようなチャネルを最も信頼できるものと考えていたのでしょうか。

(三)椎名特使に随行された段階において、これらの試みはある程度成功しているとの感触を得られましたでしょうか。

―椎名訪台の際には、蔣経国との会談以外にも沈昌煥外交部長、厳家淦副総統、何応欽日華経済文化経済協会会長、張群総統府資政などと多くの会談が設けられたと存じますが、この中で特に印象深かったもの、重要だったものがあればご教示ください。

―戦後の日華関係において、張群の役割は一貫して大きなものであったと考えられますが、断交およびそれ以後の関係再構築において、張群の影響力に変化があったとお考えでしょうか。もしも、そのように感じるきっかけとなるようなエピソードがございましたらご教示ください。

3 断交後の日台関係

①日中共同声明発表後《服部》

―日中共同声明が発表された直後の一九七二年九月三十日深夜一時ごろ、伊藤博教臨時代理大使から電話があり、「田中内閣が中国を承認したのは何の根拠もない無効なもので許せないものだが、多くの日本の人々は変わらぬ友情を持って台湾との関係を重視していることをわれわれは知っている」という台湾側の反応を伝えたとのことです(中江『残された社会主義大国 中国の行方』三四―三五頁)。このときの模様をお聞かせいただければ幸いです。

―在中華民国日本大使館が閉鎖される一九七二年十二月十五日まで、台湾関係ではどのようなことが懸案となり、外務省は善後処理をどのように進めたのでしょうか。

―一九七二年十二月に交流協会台北事務所が創設され、伊藤博教が初代事務所長となっています。このときのいきさつや、中江大使の関与についてご教示いただければ幸いです。

②台湾が実務レベルへの移行を受け入れた要因《神田》

―外交関係の断絶後、台湾が実務レベルの関係への移行を受け入れた要因の一つとして、一九七一年の国連総会で日本が「逆重要事項指定」「二重代表制」決議案の共同提案国となったことを挙げることは可能でしょうか。

③実務交流《福田》

―亜東関係協会と交流協会の設置について、名称以外の問題で特に苦心されたことはございましたか。また、当時これに携わる人選はどのように行われたのでしょうか。

―断交から一九七五年の航空協定締結までの間、両協会を主体とする日台の実務交流は定期的接触がなく流動的な状況であったと言われています。この時期、日本政府、外務省においては、協会の担う役割や運営方法などについて、どのような議論が積み上げられていたのでしょうか。

―また、この時期、日台の貿易等が縮小せず、逆に増加を続けたことは、日台の実務関係における基礎が築かれる中で何らかの影響力を持つ現象であったと言えるのでしょうか。

4 金大中事件《服部》

金大中事件に際して大平外相は、「韓国との関係、朝鮮半島との関係というのは、ただの関係ではなくて、日本にとっては〝業〟だ」という発想で考えていたとのことです(中江『日中外交の証言』一五頁)。

―この「業」ということを含めて、田中首相、大平外相の韓国・北朝鮮認識や中江大使の果たした役割についてご教示いただければ幸いです。

5 東南アジア政策

①援助国準備会議《昇》

―一九七三年、七四年にはインドシナの戦後復興を目指す初の援助国準備会議が世界銀行とアジア開発銀行の主催によって開かれ、日本も参加しています。こうした多国間のインドシナ復興計画の枠組みについて日本政府がとりわけ積極的であったとの史料が米国国務省の文書に残っています。日本政府の立場についてご教示いただければ幸いです。

―また、なぜ多国間枠組がうまくいかなかったのか、その背景についてもお教えいただければと存じます。

②ベトナム情勢の見通し《昇》

―外務省内部では、一九七三年以降のベトナム情勢の見通しはどのようなものだったのでしょうか。

―そして一九七五年のサイゴン陥落はどのように受け止められたのでしょうか。ご教示いただければ幸いです。

③田中首相の東南アジア歴訪《若月》

―一九七四年一月の田中首相の東南アジア歴訪は、田中首相が石油輸出国のインドネシアだけ二泊三日するなど、「資源外交」の性格が強かったと見られます。田中首相の外交に対する姿勢として、東南アジア諸国への関心それ自体が低く、そのことが、歴訪失敗の一要因となった面はなかったでしょうか。

6 一九七四年一月の大平外相訪中と日中航空協定《服部》

行き詰まった日中航空協定を打開すべく大平外相が

一九七四年一月に訪中したとき、「日中平和友好条約締結の問題」については「大平外相が口火を切った」とのことです（中江『残された社会主義大国 中国の行方』五五頁）。

―このときの模様をお聞かせいただければ幸いです。

―また、このとき大平は、日中平和友好条約の締結を姫鵬飛外交部長に打診するなどしたのでしょうか。

7 福田ドクトリンと東南アジア政策

①福田ドクトリンの政策過程《服部》

一九七七年八月、東南アジアを歴訪した福田首相は、最後の訪問先となるマニラで、いわゆる「福田ドクトリン」として次のように日本の基本姿勢を示しました。
（一）日本は軍事大国にならずに東南アジアと世界の平和と繁栄に貢献する、
（二）東南アジアと政治経済社会文化の各方面で心と心がふれ合う関係を築く、
（三）ASEANとその加盟国の連帯と強靭性強化の自主的努力に協力し、インドシナ諸国との相互理解に基づく関係を醸成し、東南アジア全域の平和と繁栄の構築に寄与する。
―福田ドクトリンについて大使は以前、小和田恒首相秘書官、外務省アジア局（特に地域政策課《西山健彦課長》）などが連携して作成したと語っていらっしゃるようです（若月秀和『「全方位外交」の時代――冷戦変容期の日本とアジア・一九七一―八〇年』日本経済評論社、二〇〇六年、一六七―一六八頁）。福田ドクトリンの作成過程では、小和田秘書官が最も重要な役割を果たしたと考えてよいのでしょうか。また、中江大使自身の役割はどのようなものだったのでしょうか。

―軍事大国にならないという第一項は、福田首相自身の意向でしょうか（若月前掲書、一六九頁）。

②インドシナへの関与《若月》

―福田ドクトリンの第三原則で、ASEANの強靭性強化とインドシナとの信頼醸成とを打ち出すわけですが、同原則に対する福田首相自身のスタンスや考え方はどうだったのでしょうか。

―福田首相自身、首相就任以前からASEAN諸国と密接な関係を持ち、自身の回顧録（『回顧九十年』岩波書店、一九九五年、二七七頁）ではインドシナ共産化に対して懸念を漏らしています。その意味では、ベトナムなどインドシナ諸国との関係に慎重なスタンスであったということになるのです。

しかし、反面、政治社会体制の相違を超えて友好関係を求める「全方位外交」の唱道者ということからすれば、むしろベトナムとの関係構築に前向きであったとも考えられるのですが、実際はどうだったのでしょうか。

―之に関連して、福田ドクトリンでインドシナへの関与を打ち出すことについて、外務省内や政治家から慎重論や異論は出されなかったのでしょうか。具体的なことをご記憶であれば教えてください。

③ベトナムとの債権債務交渉《若月》

―日本とベトナムとの間では、一九七六年から一九七八年四月まで債権債務処理に関する交渉が難航したために、一九七七年八月に福田ドクトリンを表明したにもかかわらず、ベトナムに対する本格的な経済協力はできませんでした。そうした現状に対して、首相官邸や外務省内からもっと交渉をスピードアップするべきだという意見は出たでしょうか。

―あるいは、ベトナムに対するASEAN諸国の根強い警戒感に配慮して、日本政府としてあえてベトナムとの債権債務交渉を急がなかったのでしょうか。

④日中平和友好条約と日越関係《若月》

―一九七八年八月に日中条約が締結された時点では、インドシナ情勢をめぐる中国とベトナムとの対立が抜き差しならないものとなっていました。当時、日本政府は経済協力を通じてベトナムが自主独立外交を継続するように（つまりソ連の衛星国にならないように）働きかけていましたが、そうしたなかで、日本が中国と平和友好条約を結ぶことは、ベトナムの孤立感を増幅させ、同国が一層ソ連寄りの路線に突き進むと、外務省事務当局では懸念しなかったのでしょうか。

8　日中平和友好条約

①アジア政策の定まらぬフォード政権《若月》

―一九七五年四月にサイゴンが陥落し、インドシナ半島が共産化することになりました。その結果、米国は同盟システムの信頼性維持の観点から、台湾との外交関係を切って、中国と国交正常化するのが困難になったといわれております。そうなると、日本が性急に中国と平和友好条約を締結するのは、米国にとっては必ずしも望ましくないという見方も成り立つかもしれません。実際、当時のフォード政権は、三木政権が進める日中条約交渉についてどのように考えていたのでしょうか。また、何らかのメッセージを日本に対して送っていたのでしょうか。

②三木首相と外務省の温度差《若月》

―三木政権当時、三木首相は日中条約を締結して自分の政権基盤を固めようとやや焦っていたのに対して、宮澤喜一外相は、「宮澤四原則」に見られるように、むしろ日本の立場を中国側に強く主張して、無理に交渉をまとめようとしなかったように見受けられますが、条約交渉に関する三木首相と宮澤外相・外務省事務当局との間に温度差はあったのでしょうか。

③日中と日ソは別個の案件《若月》

福田政権は、発足後一年間、日中条約締結に向けて目立った動きは見せません。ところが、一九七七年十一月の内閣改造前後から、急速に条約締結に積極的になります。古沢健一『日中平和友好条約』（講談社、一九八八年、七五―七六頁）によれば、一九七七年秋の中国公館長会議で、ソ連との関係改善が捗捗しく進まない現状から、「日中は日中、日ソは日ソ」と切り離して、日中条約締結にカジを切るようになったとのことです。

―やはり、対ソ関係をある種「見切り発車」する形で、日中条約締結に進んだのでしょうか。一九七七年秋の同条約に対する姿勢の変化は、何によってもたらされたものだったのでしょうか。

④カーター政権《若月》

―福田政権が二年目の一九七八年に日中条約締結を急いだ背景には、カーター政権がこの時期からとみに中国との国交正常化を急いだというファクターがあったのでしょうか。日中条約交渉妥結を引き延ばしていると、米中正常化に先を越され、一九七一年の米中頭越しが再現されてしまうことを恐れたという面はありませんでしたか。

⑤中ソ同盟条約の扱い《服部》

―日中平和友好条約の締結に際して、日本を仮想敵国とする中ソ友好同盟相互援助条約の廃棄を中国に求めたところ、中国は同条約が有名無実になっていることを理由に廃棄を拒否したとのことです（中江『残された社会主義大国 中国の行方』一七五頁）。日本側は、中ソ友好同盟相互援助条約の廃棄をどれぐらい重視していたのでしょうか。

⑥園田外相の訪中《服部》

一九七八年七月中旬の中江アジア局長の訪中については、次のように記されています。

「どうしても現地限りでは解決できない問題点があと二つ三つにしぼられたところで、福田総理に報告、裁断を仰ぐべく、私は単身一時帰国。次の日の夕方白バイ先導で箱根へ。いわゆる「箱根会談」。そこで福田総理の大決断、成否を賭けた園田外相の訪中にゴーのサインが出ました。八月六日、日曜日の夜のことです」（『らしくない大使のお話』一四五頁）。

―この「現地限りでは解決できない問題点」とは、どのようなものでしょうか。

―また、福田首相と箱根会談では、どのようなことが話し合われたのでしょうか。

―この箱根会談には、園田直外相も出席していたかと思います。福田首相と園田外相の間で意見の相違はあったのでしょうか。

⑦鄧小平の来日（一九七八年十月二十二日―二十九日）《服部》

―鄧小平と黄華は十月二十三日に日中平和友好条約の批准書を交換し、同日、昭和天皇と会見しています。昭和天皇―鄧小平会談について、どのような会話が交わされたのかご存じでしょうか。

―福田首相と鄧小平は、十月二十三、二十五日に会談し、鄧小平が日米安保や自衛力増強を是認したようです。このときの会談内容について、ご教示いただければ幸いです。

―このとき大使は、関西旅行の接伴員でいらっしゃったようです（中江『残された社会主義大国 中国の行方』一〇九―一一〇頁、同『らしくない大使のお話』三八頁）。鄧小平や黄華について、何か印象に残っていることはございますか。

第6章　非同盟諸国での経験

――在ユーゴスラヴィア駐箚特命全権大使、在エジプト駐箚特命全権大使、南イエメン国駐箚兼任時代（一九七八―八四年）――

① 東欧から見た日本外交のイメージ《中島》

―一九七八年十一月から、大使はユーゴスラヴィア駐箚特命全権大使として東欧に赴任しておられます。当時の東欧の様子や、東欧から見た日本外交のイメージについて印象に残っておられることがありましたら、お教え下さい。

② チトー葬儀後の大平・華国鋒会談《服部》

大平首相は、メキシコ、カナダを歴訪後にユーゴスラヴィアを訪問してチトーの国葬に参列しています。このとき大使は、「喪服外交のとき、故大平総理と、いまは表に出ない華国鋒・中国首相との会談を大使公邸に演出したりした」とのことです（中江『らしくない大使のお話』三八頁）。大平との会談で華国鋒は、ソ連の中東政策を批判したようです。

―大平・華国鋒会談の模様について、ご教示いただければ幸いです。

③ 文化支援《昇》

―大使は一九八二年からエジプトへ赴任されています。エジプト大使時代について印象に残っていることがありましたらお聞かせください。

④ 昭和天皇へのご進講《服部》

―エジプトのムバラク大統領訪日に際して、大使は一九八三年四月五日に昭和天皇へのご進講をしておられます（中江『らしくない大使のお話』一七〇頁）。このときのご進講の内容と昭和天皇の反応について、ご教示いただければ幸いです。

第7章　曲がり角の日中関係

——在中華人民共和国駐箚特命全権大使時代
（一九八四—八七年）——

1　日中関係最良の状態《若月》

—大使が一九八四年に中国に赴任された時は、日中関係は「二千年の歴史で最良の状態」と言われ、大規模な青年交流が行われていました。大使はそのような就任時の日中関係の状況をどのように認識しておられましたか。両国の関係に何らかの「上滑り感」を感じていらっしゃいましたか。

2　中曾根首相の靖国参拝

①参拝前後《若月》

—一九八五年八月十五日の中曾根首相の靖国神社公式参拝について、大使は事前に「（公式参拝が）なされたらまずい」とお感じになりましたか。また、その一カ月後に北京で大規模な学生デモが発生するわけですが、大使は事態収拾に苦労されたと存じます。この事態収拾で強く印象に残っていることがありましたら、お話しください。

②中国側の抗議《服部》

大使は、「胡耀邦との個人的な親交をむしろ誇りにしていた中曽根首相が、中国の逆鱗に触れるような行為をあえてしたのだ。靖国神社への公式参拝である。中国人民を大量に殺戮した戦犯たちが祀られている靖国神社への〝公式参拝〟に、中国側は激しく抗議した」と記しておられます（中江『残された社会主義大国 中国の行方』一四二頁）。

—中国からの抗議は、誰からどのように行われたのでしょうか。

③安倍外相の訪中《若月》

—中曾根首相の靖国参拝後、一九八五年十月に安倍晋太郎外相が訪中し、同月に日中友好二十一世紀委員会が開催されていますが、これらの会合で、歴史認識問題などについていかなる議論がなされていたのか、ご記憶でしたらお話しください。

④参拝の中止《服部》

—一九八六年以降に中曾根が参拝を中止した背景に、中国との関係で、胡耀邦との信頼関係を損ねたくなかったということが要因として考えられるでしょうか。

—また、現職の首相、外相、官房長官が靖国神社を公式参拝しなければ、中国は靖国を外交問題化しないという暗黙の了解が日中間にあったともいわれるようです。中国側は、そのような申し入れを日本に行ったのでしょうか。また、日本側はどう対応したのでしょうか。

3 一九八六年の歴史教科書問題

①歴史教科書問題《服部》

中江大使は、中国外交部に呼び出され、検定中の歴史教科書について侵略を進出と書き換えるなと言われ驚いたそうです（中江『残された社会主義大国 中国の行方』一六一頁）。

これは、「日本を守る国民会議」（議長・加瀬俊一元国連大使）が編集した高校教科書『新編日本史』（原書房）のことかと存じます。中江大使は七月七日、劉述卿外交部副部長と面会し、南京事件などで記述内容を修正したことを説明されたようです（家近亮子ほか編『岐路に立つ日中関係』晃洋書房、二〇〇七年、六九—七三頁）。

—このような歴史教科書問題をめぐる日中交渉、中曾根内閣の方針、藤田公郎外務省アジア局長の対応などについて、ご教示いただければ幸いです。

②「田中上奏文」《服部》

一九八六年七月七日の人民日報評論員評論「歴史に正しく対処し、代々の友好を実現しよう」は、第二次歴史教科書問題に際して「田中上奏文」を本物として引用しています（財団法人霞山会編『日中関係基本資料集 一九四九年—一九九七年』財団法人霞山会、一九九八年、六九七頁）。

また、一九八七年七月八日の『人民日報』では、胡喬木（こきょうぼく）中央政治局委員が「田中上奏文」を用いて論考を公表しています。

—このときに限らず、中国が「田中上奏文」を本物として理解し、引用されているということをお感じになりましたでしょうか。胡喬木に対する印象や接点などがおありでしたら、合わせてお聞かせいただければ幸いです。

4 中曾根首相と胡耀邦総書記

①日中関係についての中曾根首相の認識《若月》

—一九八〇年代の日中関係を語る際、「中曾根—胡耀邦パートナーシップ」という言葉で当時の良好な関係が形容されております。そこで、中曾根首相の外交政策全般の中で対中国政策はいかなる位置づけにあったのか、また中曾根の中国観はどのようなものであったとお感じでしたか。

②田中角栄、大平正芳、福田赳夫、中曾根康弘、竹下登らの印象・評価《杉浦》

大使は、田中角栄を「何も分からないでただ突っ走った」、大平正芳を「冷酷な合理主義者」と評価しておられます（中江「日中国交正常化と台湾」一一八頁）。一方、福田赳夫に関しては、日中平和友好条約の締結に際して、「この首相はやる気があるなとつくづく感じた」との印象を残しておられます（中江『日中外交の証言』一三〇頁）。また竹下登に関しては、椎名訪台に際して随行員の序列を考えた点から、「あの人はすごくおもしろい人だと思いました」と記しておられます（「日中国交正常化と台湾」九八頁）。

―これらの方々に加え、大使を中国大使に任命した中曾根康弘など、歴代総理に対する大使の印象・評価をお聞かせ頂ければ幸いです。

③親日家・胡耀邦総書記《若月》

―胡耀邦総書記は日本との関係を重視した政治家として名高いのですが、大使の北京駐在中に、実際に総書記が親日であったことを示す具体的エピソードなどがございましたらお話しください。また、胡耀邦は一九八七年一月に総書記を解任されますが、在中国日本大使館は、彼の政治的立場が危ういことを示す兆候を何かつかんでいましたか。さらに、彼の失脚の原因について、当時どのように分析していましたか。

④失脚の兆候《服部》

大使は、「胡総書記は八七年一月に失脚、このとき、胡耀邦の対日弱腰外交が槍玉に挙げられていたことを、われわれは忘れてはならない」と記しておられます（中江『残された社会主義大国 中国の行方』一四二頁）。

―中国国内で批判された「胡耀邦の対日弱腰外交」とは、どのようなものでしょうか。また、それは、胡耀邦失脚にどのくらい影響したのでしょうか。

⑤胡耀邦失脚後の日中間の外交活動の変化《杉浦》

故杉本信行上海総領事は、胡耀邦総書記時代の日中関係は「外交活動もじつにやりやすかった」と回顧しておられます（杉本信行『大地の咆哮』ＰＨＰ研究所、二〇〇六年、九一頁）。

―胡耀邦の失脚後、日中間の外交関係にはどのような変化が生じたのでしょうか。例えば、失脚以前に比べて、外交活動がやりにくくなったエピソード等があれば、ご教示頂ければ幸いです。

5 防衛問題ほか

①防衛費対ＧＮＰ比一％枠の撤廃に対する中国の懸念《若月》

―一九八六年十二月、防衛費対ＧＮＰ比一％枠の撤廃が閣議決定され、これに対して、中国側は懸念を表明しています。中国が日本の防衛力増強を容認するような発言していた一九八〇年代初頭までの時期に比べると、僅か数年足らずなのに隔世の感があります。この中国側の姿勢の変化の背景について、外務省・在中国日本大使館はどのような分析をなさっていましたか。

―やはり、中国がソ連との関係を徐々に修復し、それに伴って、日米同盟に対する警戒感が増したことによるものなのか、それとも、中曾根首相の「戦後政治の総決算」が日本の政治大国化を志向するものとして、中国が懸念したことによるものなのでしょうか。

②柳谷謙介事務次官の「雲の上」発言《若月》

―一九八七年六月、柳谷謙介事務次官は、鄧小平が日中関

係の現状を十分に把握していないという認識に立って、いわゆる「雲の上」発言をしています。この発言の背景には、光華寮問題や一％問題などをめぐる中国側の姿勢に対して、外務省事務当局がフラストレーションを溜めていたことがあったのでしょうか。

③防衛交流《若月》

—一九八四年七月に中国の国防相が訪日し、翌年には日本の防衛事務次官が訪中、さらには、八七年には栗原祐幸防衛庁長官が訪中するなど、大使の任期中、日中間の防衛交流に進展が見られます。こうした防衛交流の背景に何があったのでしょうか。日中両国のそれぞれの意図は何だったのでしょうか。

④駐中国大使期の位置づけ《若月》

—日中正常化以来、四十年近くに及ぶ日中関係の歴史において、大使が中国に赴任された一九八四—八七年はいかなる時代であったと位置づけられるでしょうか。

⑤国交正常化以後の日中関係の人的パイプ《杉浦》

—日中国交正常化以前の段階においては、自民党、社会党、公明党、財界等に広く存在していた、いわゆる「日中友好人士」による「民間外交」が重要な役割を果たしたことが多くの研究書で指摘されています。それでは国交正常化以後、政府間の外交関係が構築されていくなかで、こうした非政府間関係は外務省にとってどのような存在だと認識され、また政府の対中政策においてどのように活用されていたのでしょうか。また、一九八四年に発足した日中友好二十世紀委員会が日本の対中政策で果たした役割とその意義もご教示頂ければ幸いです。

—国交正常化以後から今日に至るまで、日中間には日本の外務省と中国外交部という政府間関係の他に、ほぼ一貫して与党の地位を占めている自民党と一党独裁体制を堅持し続けている中国共産党による党間関係も存在しています。大使が日本の対中政策に携われた時期、特に中国大使時代に、外務省の対中方針と自民党の対中方針に対立が生じるような局面はあったでしょうか。また、中国側に関しては、挙国体制のなかで中国外交部と中共中央対外連絡部との間に基本的には齟齬はないと理解されていますが、大使が中国問題に関与された時期、中国側にも意見の対立が存在したことを示すエピソードがあれば、ご教示頂ければ幸いです。

⑥宮澤政権期の天皇訪中（一九九二年）《服部》

—天皇訪中の決定過程や中国要人との会談内容などをご存じでしたらお話しいただけますでしょうか（中江『らしくない大使のお話』二二四頁）。

【参考資料①】

椎名悦三郎外相・李東元韓国外相共同声明

（一九六五年二月二十日）

椎名悦三郎日本国外務大臣は李東元大韓民国外務部長官の招待により、一九六五年二月十七日から二十日まで大韓民国を訪問した。両外相はこの間三回にわたり友好的な雰囲気のうちに会談を行なった。椎名外務大臣はこのほか、朴正煕大統領に謁見し、李孝祥国会議長、丁一権国務総理および張基栄副総理兼経済企画院長官を表敬訪問した。

椎名外務大臣と李外務部長官は現下の国際情勢ならびに現在進行中の日韓全面会談その他両国が共通の関心を持っている諸問題について意見を交換した。両外相はアジアをはじめ世界のその他の地域のすべての人々のために、正義と自由と繁栄とにもとづく平和を維持することが両国の共通の目的であり、日韓全面会談の妥結は日韓両国にとって著しい利益であるばかりでなく、自由世界全体のためになるものであることを再確認した。

李外務部長官は過去のある期間に両国民間に不幸な関係があったために生まれた、韓国民の対日感情について説明した。椎名外務大臣は李外務部長官の発言に留意し、このような過去の関係は遺憾であって、深く反省していると述べた。椎名外務大臣は、日韓会談を誠実に進めて両国間に新しい友好関係を樹立していくことこそが、正義と平等と相互の尊敬とに基づく両自由国民の繁栄をもたらすものであるとの強固な信念を披瀝した。

両外相は日韓全面会談の最近の交渉経過を検討した。両外相は正当かつ公正な基礎において会談を速やかに妥結させるため、最大限の努力を払うとの固い決意を表明した。

両外相は日本国と大韓民国との間の基本関係に関する条約案に本日イニシアルがなされたことに満足の意を表明した。両外相はこのことが両国間のその他の懸案を全面的に解決するための重要な一歩となると意見が一致した。

両外相は在日韓国人の法的地位ならびに待遇に関して現在進行中の討議が結実し、これによって在日韓国人が平和な幸福なそして安定した生活を営なんでいくことを希望した。両外相はさらにこの問題の円満な解決が日韓両国民間の友好増進のための重要な橋渡しになることを認めた。

両外相は両国間の漁業問題を合理的に解決することが望ましいと述べ、さらにこの解決が両国の漁民の利益に合致したものとなるべきであると述べた。両外相は、この問題の妥当な解決を探求するため両国の農相会談ができるだけすみやかに開催されることを希望した。

両外相は両国間に健全で相互に利益のある貿易関係を維持することがきわめて重要であることを再確認し、両国政府がより均衡した基礎で相互間の貿易を拡大するため緊密に協力すべきであると意見が一致した。

このことを念頭において、両外相は、両国の輸出力増強の可能性の問題を含め両国間の貿易関係を討議するためのできるだけ早い機会に会議を開くことに意見が一致した。
椎名外務大臣は李外務部長官に対し、日本国を訪問するよう招請した。李外務部長官はこの招待を喜んで受諾し、できるだけ早く訪日したいとの希望を述べた。
両外相はこの会談が非常に実り多いものであり、両国間の諸懸案ならびにその他共通に関心を持っている諸問題について相互理解を深めたと意見が一致した。両外相はさらに、李外務部長官が日本国を訪問した際に行なわれる会談で討議を続けることに意見が一致した。

（出典）　鹿島平和研究所編『日本外交主要文書・年表』第二巻（原書房、一九八四年）五五八—五五九頁。

【参考資料②】

日韓基本条約（一九六五年六月二十二日）

日本国及び大韓民国は、両国民間の関係の歴史的背景と、善隣関係及び主権の相互尊重の原則に基づく両国間の関係の正常化に対する相互の希望とを考慮し、両国の相互の福祉及び共通の利益の増進のため並びに国際の平和及び安全の維持のために、両国が国際連合憲章の原則に適合して緊密に協力することが重要であることを認め、千九百五十一年九月八日にサン・フランシスコ市で署名された日本国との平和条約の関係規定及び千九百四十八年十二月十二日に国際連合総会で採択された決議第百九十五号（Ⅲ）を想起し、この基本関係に関する条約を締結することに決定し、よつて、その全権委員として次のとおり任命した。

日本国
日本国外務大臣　　椎名悦三郎
　　　　　　　　　高杉晋一

大韓民国
大韓民国外務部長官　　李東元
大韓民国特命全権大使　金東祚

これらの全権委員は、互いにその全権委任状を示し、それが良好妥当であると認められた後、次の諸条を協定した。

第一条　両締約国間に外交及び領事関係が開設される。両締約国は、大使の資格を有する外交使節を遅滞なく交換するものとする。また、両締約国は、両国政府により合意される場所に領事館を設置する。

第二条　千九百十年八月二十二日以前に大日本帝国と大韓帝国との間で締結されたすべての条約及び協定は、もはや無効であることが確認される。

第三条　大韓民国政府は、国際連合総会決議第百九十五号（Ⅲ）に明らかに示されているとおりの朝鮮にある唯一の合法的な政府であることが確認される。

第四条
（a）両締約国は、相互の関係において、国際連合憲章の原則を指針とするものとする。

（b）両締約国は、その相互の福祉及び共通の利益を増進するに当たつて、国際連合憲章の原則に適合して協力するものとする。

第五条　両締約国は、その貿易、海運その他の通商の関係を安定した、かつ、友好的な基礎の上に置くために、条約又は協定を締結するための交渉を実行可能な限りすみやかに開始するものとする。

第六条　両締約国は、民間航空運送に関する協定を締結するための交渉を実行可能な限りすみやかに開始するものとする。

第七条　この条約は、批准されなければならない。批准書は、できる限りすみやかにソウルで交換されるものとする。この条件は、批准書の交換の日に効力を生ずる。

以上の証拠として、それぞれの全権委員は、この条約に署名調印した。

千九百六十五年六月二十二日に東京で、ひとしく正文である日本語、韓国語及び英語により本書二通を作成した。解釈に相違がある場合には、英語の本文による。

日本国のために　椎名悦三郎　高杉晋一

大韓民国のために　李東元　金東祚

（出典）　鹿島平和研究所編『日本外交主要文書・年表』第二巻（原書房、一九八四年）五六九―五七二頁。

戦後外交史関連年表

年	月	国際政治および日本外交の主な動き
一九四五年	八月	戦争終結の詔書を放送（十五日）
一九四七年	三月	トルーマン・ドクトリン発表（十二日）
	五月	日本国憲法施行（三日）
	六月	米国、マーシャル・プラン発表（五日）
	十二月	**高等文官試験行政科合格、外交官領事官銓衡合格、外務省入省**（太字は中江要介経歴、以下同様）
一九四八年	一月	**外務省研修所入所**（十六日）
	六月	ソ連、ベルリン封鎖開始（二十四日、翌年五月十二日解除）
	七月	**条約局国際協力課配属**（三十一日）。**のち政務局総務課、大臣官房総務課配属**
	十月	第二次吉田茂内閣成立（十九日）
一九四九年	三月	ドッジ・ライン発表（七日）
	九月	ソ連、原爆実験に成功
	十月	中華人民共和国成立（一日）
一九五〇年	二月	中ソ友好同盟相互援助条約調印（十四日）
	六月	朝鮮戦争勃発（二十五日）
一九五一年	一月	吉田＝ダレス会談（二十九日—二月七日）
	九月	サンフランシスコ講和会議開催（四日—八日）、対日平和条約・日米安全保障条約調印（八日）
	十二月	吉田首相、ダレス宛書簡で台湾国民政府との講和を確約（「吉田書簡」）（二十四日）
一九五二年	二月	日米行政協定調印（二十八日）
	四月	対日平和条約、日米安保条約発効（二十八日）。日華平和条約調印（二十八日、八月五日発効）
	五月	**在フランス日本大使館（外交官補）**（二十六日）
一九五三年	七月	朝鮮戦争の休戦協定成立（二十七日）
	十月	池田＝ロバートソン会談（二—三十日）
	十二月	奄美群島返還協定調印（二十四日）

日）

一九五四年　三月　第五福竜丸、ビキニの米水爆実験で被爆（一日）。日米相互防衛援助協定（ＭＳＡ協定）調印（八日）

七月　インドシナ休戦のジュネーヴ協定調印（二十一日）

八月　**条約局第三課（法規課）**（一日）

十一月　ビルマとの平和条約、賠償・経済協力協定調印（五日）

十二月　鳩山一郎内閣成立（十日）

一九五五年　四月　アジア・アフリカ会議（バンドン会議）開催（十八―二十四日）

六月　ＧＡＴＴ加入（七日）

一九五六年　五月　フィリピンとの賠償協定調印（九日）

十月　日ソ共同宣言調印（十九日）

十二月　国連総会、日本の国連加盟を可決（十八日）。石橋湛山内閣成立（二十三日）

一九五七年　一月　ジラード事件発生（三十日）

二月　岸信介内閣成立（二十五日）

条約局第一課（十一日）

十月　ソ連、スプートニク打ち上げに成功

（四日）

一九五八年　一月　インドネシアとの平和条約、賠償協定調印（二十日）

五月　長崎国旗事件発生（二日）

十一月　**在ブラジル日本大使館（二等書記官）**（一日）

一九五九年　五月　南ベトナムとの賠償協定調印（十三日）

一九六〇年　一月　新日米安保条約・地位協定調印（十九日）

五月　ソ連、領空侵犯の米偵察機Ｕ２撃墜を発表（五日）。新日米安保条約・地位協定強行採決（二十日）。以後、国会周辺を中心に連日デモが発生

六月　新日米安保条約・地位協定自然承認（十九日）。批准書交換、発効（二十三日）

七月　池田勇人内閣成立（十九日）

一九六一年　八月　東ドイツ政府、東西ベルリンの境界に壁を構築（十三日）

在ニューヨーク国際連合日本政府代表部（二等書記官）（一日）

年	月	国際政治および日本外交の主な動き
	十二月	国連総会本会議、中国の代表権に関して「重要事項指定決議案」を採択（十五日）
一九六二年	十月	ケネディ大統領、キューバ海上封鎖を声明（キューバ危機）（二十二日） **在ニューヨーク国際連合日本政府代表部（一等書記官）**（一日）
	十一月	高碕達之助、廖承志と日中総合貿易に関する覚書調印（LT貿易開始）（九日）
一九六三年	二月	GATT一一条国に移行（二十日）
	六月	**条約局法規課長心得**（三日）
一九六四年	四月	IMF八条国に移行（一日）。OECD加盟（二十八日）
	五月	**条約局法規課長**（二十七日）
	八月	トンキン湾事件発生（二日）
	十月	東海道新幹線開業（一日）。オリンピック東京大会開催（十日—二十四日）。中国、原爆実験に成功（十六日）
	十一月	佐藤栄作内閣成立（九日）
一九六五年	二月	北爆開始（七日）
	六月	日韓基本条約調印（二十二日。十二月十八日発効）
	八月	佐藤首相、戦後の首相として初めて沖縄を訪問（十九日）
	十月	インドネシアで急進派軍人によるクーデター失敗（九・三〇事件）（一日）
一九六六年	五月	中国共産党中央、文化革命小組設置を通達（文化大革命の開始）（十六日）
	十一月	アジア開発銀行設立（二十四日）
一九六七年	八月	ASEAN結成（八日） **在ベトナム日本大使館（一等書記官）**（十六日）
	十一月	佐藤首相訪米、小笠原返還と「両三年内」の沖縄返還合意を米国政府との間で合意（十二日—二十日）
一九六八年	一月	佐藤首相、施政方針演説で非核三原則を明言（二十七日）。テト攻勢開始

		（三十日）
	五月	**在ベトナム日本大使館（参事官）**（一日）
	七月	米ソなど六十二カ国、核拡散防止条約（NPT）調印（一日）（一九七〇年三月五日発効）
	八月	ソ連・東欧軍、チェコに侵入（チェコ事件）（二十日）
一九六九年	五月	**在フランス日本大使館（参事官、ユネスコ常駐代表）**（二十日）
	七月	ニクソン大統領、「グアム・ドクトリン」（後の「ニクソン・ドクトリン」）発表（二十五日）
	十一月	佐藤首相訪米、米国政府との間で七二年沖縄返還を合意（十七日―二十六日）
一九七〇年	三月	日本万国博覧会大阪で開会（十四日―九月十三日）。よど号ハイジャック事件発生（三十一日）
	六月	日米安保条約、自動延長（二十三日）
一九七一年	六月	沖縄返還協定調印（十七日）（施政権返還、沖縄県発足は翌年五月十五日）
	七月	ニクソン大統領、翌年の中国訪問を発表（十五日）
	八月	ニクソン大統領、金ドルの一時的交換停止、一〇％の輸入課徴金などの新経済政策発表（十五日）
		アジア局参事官（六日）
	十月	国連総会で中国の国連復帰決定。国民政府は脱退を声明（二十五日）
	十二月	十カ国蔵相会議、多角的通貨調整に合意（十八日）
一九七二年	五月	米ソSALT―Iに調印（二十六日）
	七月	田中角栄内閣発足（七日）
	九月	椎名悦三郎自民党副総裁、台湾訪問（十七日―十九日）。田中首相訪中、日中共同声明調印（国交正常化）（二十九日）。大平正芳外相、記者会見で日華平和条約が終了したとの見解を表明、国民政府から国交断絶の通告（日台断交）（二十九日）
一九七三年	一月	パリでベトナム和平協定調印（二十七日。翌日発効）
	二月	日本、変動相場制に移行（十四日）

年	月	国際政治および日本外交の主な動き
	八月	金大中事件（八日）
	九月	ベトナムと国交樹立、パリで交換公文に調印（二十一日）
	十月	第四次中東戦争開始（六日）。第一次石油危機発生（十七日）
	十二月	ＯＡＰＥＣ、日本を友好国として石油の必要量供給を宣言（二十五日）
一九七四年	一月	田中首相、東南アジア五カ国訪問。バンコク、ジャカルタで反日デモ、暴動発生（七日―十七日）
	三月	**アジア局次長**（二十五日）
	四月	日中航空協定調印（二十日）
	十一月	フォード米大統領、現職の米大統領として初めて来日（十八日）
	十二月	三木武夫内閣発足（九日）
一九七五年	四月	サイゴン陥落、ベトナム戦争終結（三十日）
	八月	ＣＳＣＥでヘルシンキ宣言調印（一日）

年	月	国際政治および日本外交の主な動き
	九月	**アジア局長**（十二日）
	十一月	フランス・ランブイエで第一回主要先進国首脳会議（サミット）開幕（十五日―十七日）
一九七六年	二月	ＡＳＥＡＮ五カ国首脳会議開催・ＡＳＥＡＮ協和宣言発表（二十三―二十四日）
	六月	核拡散防止条約批准（四日）
	九月	函館空港にソ連のミグ二五強行着陸、米国への亡命を希望（六日）
	十月	「防衛計画の大綱」決定（二十九日）
	十一月	毎年度の防衛費をＧＮＰの一％以内に収めることを決定（五日）
	十二月	福田赳夫内閣発足（二十四日）
一九七七年	八月	福田首相、東南アジア六カ国歴訪中にマニラで東南アジア外交三原則（福田ドクトリン）発表（十八日）
一九七八年	八月	日中平和友好条約調印（十二日）。批准書交換、公布・発効（十月二十三日）

十月　中国・鄧小平副首相、黄華外交部長来日（二十二日―二十九日）。昭和天皇と会見（二十三日）

十一月　「日米防衛協力のための指針（ガイドライン）」決定（二十七日）

在ユーゴスラヴィア駐箚特命全権大使（十七日）

十二月　大平正芳内閣発足（七日）。ベトナム軍、カンボジアに侵攻（二十五日）

一九七九年　一月　米中国交回復（一日）。イランのパーレビ国王、エジプトに亡命（十六日）

二月　中越戦争勃発（十七日―三月十六日）

六月　米ソ、SALT―Ⅱに調印（十八日）。東京サミット開催（二十八日―二十九日）

十一月　在イラン米国大使館人質事件発生（四日）

十二月　大平首相訪中、第一次円借款五百億円を約束（五日―九日）。ソ連、アフガニスタンに侵攻（二十七日）

一九八〇年　一月　大平首相、フレーザー豪首相と環太平洋連帯構想の具体化で合意（十五日）

四月　モスクワ・オリンピック不参加発表（二十五日）

五月　チトー・ユーゴスラヴィア大統領死去（四日）

七月　鈴木善幸内閣発足（十七日）

九月　イラン＝イラク戦争勃発（九日）。キャンベラで太平洋共同体セミナー開催、PECC創設（十五日―十九日）

一九八一年　五月　鈴木首相訪米、記者会見でシーレーン一〇〇〇海里防衛を表明（四日―八日）。帰国後、「同盟」の意味内容をめぐり混乱

一九八二年　五月　**在エジプト駐箚特命全権大使**（十二日）

七月　**南イエメン国駐箚兼任**（二日）

八月　宮澤喜一官房長官、「歴史教科書について の政府見解」発表（二十六日）

十一月　中曾根康弘内閣発足（二十七日）

一九八三年　一月　中曾根首相訪韓、全斗煥大統領との間で対韓経済協力四十億ドルを合意（十一日）。中曾根首相訪米、ワシントン・ポスト紙が首相の「日本列島不

年	月	国際政治および日本外交の主な動き
		沈空母」発言を掲載（十九日）
	九月	大韓航空機撃墜事件発生（一日）
	十一月	レーガン米大統領来日（九日）。胡耀邦・中国共産党総書記来日、中曾根首相と日中友好二十一世紀委員会の設置で合意（二十三—二十四日）
一九八四年	三月	中曾根首相訪中、趙紫陽首相と第二次円借款四七〇〇億円供与を合意（二十三日）。日中友好二十一世紀委員会発足
	六月	**在中華人民共和国駐箚特命全権大使**（五日）
一九八五年	八月	中曾根首相、靖国神社を公式参拝（十五日）
	九月	主要五カ国、ドル高是正の経済政策協調で一致（プラザ合意）（二十二日）
	十月	ゴルバチョフ・ソ連共産党書記長、ペレストロイカ路線を発表（十五日）

年	月	国際政治および日本外交の主な動き
一九八七年	一月	防衛費の対GNP比一%枠撤廃、新基準を決定（二十四日）
	二月	先進七カ国、黒字国の内需拡大、為替レートの現水準での安定化を確認（ルーブル合意）（二十二日）
	十月	ニューヨーク株式市場大暴落（十九日）
		願により本官を免ずる（十六日）
		原子力委員会委員（二十七日）
	十一月	竹下登内閣発足（六日）
	十二月	米ソ、INF全廃条約に調印（八日）

中江要介略歴表

年月日	事　項
一九二二年　十二月	大阪に生まれる
一九四七年　九月	京都帝国大学法学部卒
一九四七年　十二月	高等文官試験行政科合格、外交官領事官銓衡合格、外務省入省
一九四八年　一月　十六日	外務省研修所入所
七月　三十一日	条約局国際協力課（のち政務局総務課、大臣官房総務課）
一九五二年　五月　二十六日	在フランス日本大使館外交官補
一九五四年　八月　一日	条約局第三課（法規課）
一九五七年　二月　十一日	条約局第一課
一九五八年　一月　十四日	インドネシア賠償協定全権委員代理
一九五八年　十一月　一日	在ブラジル日本大使館
一九六一年　八月　一日	在ニューヨーク国際連合日本政府代表部二等書記官
八月　二十五日	国連総会日本政府代表随員
一九六二年　十月　一日	在ニューヨーク国際連合日本政府代表部一等書記官
一九六三年　六月　三日	条約局法規課課長心得
一九六四年　五月　二十七日	条約局法規課長
一九六七年　八月　十六日	在ベトナム日本大使館一等書記官

年月日	事項
一九六八年　五月　一日	在ベトナム日本大使館参事官
一九六九年　五月　二十日	在フランス日本大使館参事官（ユネスコ常駐代表）
一九七一年　八月　六日	アジア局参事官
一九七四年　三月　二十五日	アジア局次長
一九七五年　九月　十二日	アジア局長
一九七八年　十一月　十七日	在ユーゴスラヴィア駐箚特命全権大使
一九八二年　五月　十二日	在エジプト駐箚特命全権大使
一九八二年　七月　二日	南イエメン国駐箚兼任
一九八四年　六月　五日	在中華人民共和国駐箚特命全権大使
一九八七年　十月　十六日	願により本官を免ずる
一九八七年　十月　二十七日	原子力委員会委員
一九九一年　五月	三菱重工株式会社社長室顧問
一九九二年　二月	原子力委員会参与
八月	日本ユネスコ国内委員会委員
十月	日本日中関係学会会長
二〇〇四年　十月	日本日中関係学会名誉会長

受　賞

一九九五年　四月　勲一等瑞宝章

著　書

一九九一年　『残された社会主義大国 中国の行方』KKベストセラーズ

一九九三年　『らしくない大使のお話』読売新聞社

一九九四年　『アジア・太平洋新秩序の模索』慶応通信（共著）

一九九五年　『日本の国際貢献』有斐閣（共著）

『中国のリスクとビジネスチャンス』東洋経済新報社（共著）

一九九六年　『アジア人の戦後五〇年』アジア書房（共著）

二〇〇八年　『日中外交の証言』蒼天社出版

バレエ台本

一九七五年　「いのち」

一九八四年　「動と静――アブシンベルの幻覚」

一九八七年　「蕩々たる一衣帯水（浩浩蕩蕩一衣帯水）」

一九九八年　「鵲《かささぎ》の橋」

人名索引

さ

た

な

は

ま

や

ら

わ

表1　外務省関係最高幹部

		内閣総理大臣	外務大臣	外務政務次官
1945	S20	小磯國昭	重光葵	8.17 伊東二郎丸
		4.7 鈴木貫太郎	4.9 東郷茂徳	10.31 犬養健
		8.17 東久邇宮稔彦	8.17 重光葵	
		10.9 幣原喜重郎	9.17 吉田茂	
1946	S21	5.21 吉田茂	5.22 吉田茂C	6.4 益谷秀次
1947	S22	5.24 片山哲	5.24 片山哲A	3.4 本田英作
			6.1 芦田均	6.18 松本滝蔵
1948	S23	3.10 芦田均	3.10 芦田均C	4.15 伊東隆治
		10.15 吉田茂	10.15 吉田茂A	10.26 近藤鶴代
			10.19 吉田茂C	
1949	S24	↓	↓	6.9 川村松助
1950	S25	↓	↓	7.12 草葉隆円
1951	S26	↓	↓	12.12 石原幹一郎
1952	S27	↓	4.30 岡崎勝男	11.10 中村幸八
1953	S28	↓	↓	5.25 小滝彬
1954	S29	12.10 鳩山一郎	12.10 重光葵	8.4 秋山俊一郎
				12.14 床次徳二
1955	S30	↓	↓	3.22 園田直
				11.25 森下国雄
1956	S31	12.23 石橋湛山	12.23 石橋湛山C	↓
			12.23 岸信介	
1957	S32	2.25 岸信介	2.25 岸信介C	1.30 井上清一
			7.10 藤山愛一郎	7.16 松本滝蔵
1958	S33	↓	↓	6.17 竹内俊吉
1959	S34	↓	↓	6.30 小林絹治
1960	S35	7.19 池田勇人	7.19 小坂善太郎	7.22 勝俣稔
				12.9 津島文次
1961	S36	↓	↓	7.25 川村善八郎
1962	S37	↓	7.18 大平正芳	7.27 飯塚定輔
1963	S38	↓	↓	7.30 伊藤五郎
				12.10 毛利松平
1964	S39	11.9 佐藤榮作	7.18 椎名悦三郎	7.24 永田亮一
1965	S40	↓	↓	6.8 正示啓次郎

注）A 事務取扱。閣僚は臨時代理。B 心得。C 兼務。 短期出張の際の「事務代理」

外務事務次官	外務審議官	
松本俊一		
9.25 河相達夫		
10.1 田尻愛義		
10.31 松嶋鹿夫		
5.31 寺崎太郎		
2.4 岡崎勝男		
1.31 吉沢清次郎		
10.20 岡崎勝男		
12.7 太田一郎		
↓		
↓		
1.30 井口貞夫		
5.10 渋沢信一		
10.17 奥村勝蔵		
↓		
↓		
3.1 門脇季光		
↓		
1.23 大野勝巳		
3.15 山田久就		
↓		
12.27 武内龍次	6.23 設置	
	7.1 島重信	
↓	↓	
↓	↓	
1.18 島重信	1.18 黄田多喜夫	
5.15 黄田多喜夫	6.23 牛場信彦	
6.29 下田武三	↓	

は、記載から除外。

表1　外務省関係最高幹部（続き）

		内閣総理大臣	外務大臣	外務政務次官
1966	S41	↓	12.3　三木武夫	8.2　田中栄一
1967	S42	↓	↓↓	11.28　蔵内修治
1968	S43	↓	10.29　佐藤榮作A 11.30　愛知揆一	12.3　田中六助
1969	S44	↓	↓	↓
1970	S45	↓	↓	1.20　竹内黎一
1971	S46	↓	7.5　福田赳夫	7.9　大西正男
1972	S47	7.7　田中角榮	7.7　大平正芳	7.12　青木正久 12.26　水野清
1973	S48	↓	↓	11.28　山田久就
1974	S49	12.9　三木武夫	7.16　木村俊夫 12.9　宮沢喜一	11.15　羽田野忠文
1975	S50	↓	↓	12.26　塩崎潤
1976	S51	12.24　福田赳夫	9.15　小坂善太郎 12.24　鳩山威一郎	9.20　小此木彦三郎 12.27　奥田敬和
1977	S52	↓	11.28　園田直	11.30　愛野與一郎
1978	S53	12.7　大平正芳	↓	12.12　志賀節
1979	S54	↓	11.9　大来佐武郎	11.13　松本十郎
1980	S55	7.17　鈴木善幸	7.17　伊東正義	7.18　愛知和男
1981	S56	↓	5.18　園田直 11.30　櫻内義雄	12.2　辻英雄
1982	S57	11.27　中曽根康弘	11.27　安倍晋太郎	11.30　石川要三
1983	S58	↓	↓	12.28　北川石松
1984	S59	↓	↓	11.2　森山真弓
1985	S60	↓	↓	12.28　浦野烋興
1986	S61	↓	7.22　倉成正	7.23　浜野剛
1987	S62	11.6　竹下登	11.6　宇野宗佑	11.10　浜田卓二郎
1988	S63	↓	↓	12.28　牧野隆守
1989	S64/H1	6.3　宇野宗佑 8.10　海部俊樹	6.3　三塚博 8.10　中山太郎	6.3　田中直紀

注）A 事務取扱。閣僚は臨時代理。B 心得。C 兼務。 短期出張の際の「事務代理」

外務事務次官	外務審議官	外務審議官
↓	↓	
4.14 牛場信彦	4.14 森治樹	5.31 増員
		6.1 近藤晋一
↓	↓	↓
↓	5.20 法眼晋作	↓
7.10 森治樹	↓	7.10 安川壮
↓	↓	↓
4.28) 法眼晋作	8.15 東郷文彦	6.30 鶴見清彦
↓	↓	↓
2.19 東郷文彦	4.23 有田圭輔	↓
8.15 佐藤正二	↓	2.28 吉野文六
↓	↓	↓
6.28 有田圭輔	7.12 高島益郎	12.17 宮崎弘道
↓	↓	↓
7.10 高島益郎	11.16 鹿取泰衛	↓
↓	↓	1.22 菊池清明
7.28 須之部量三	9.16 柳谷謙介	12.22 松永信雄
↓	10.15 中島敏次郎	↓
1.28 松永信雄	↓	1.28 本野盛幸
↓	12.18 浅尾新一郎	10.19 手島冷志
1.29 柳谷謙介	8.20 梁井新一	↓
↓	↓	↓
7.1 村田良平	3.17 村田良平	1.13 北村汎
	8.18 栗山尚一	
↓	↓	7.1 国広道彦
8.18 栗山尚一	8.18 小和田恒	10.27 渡辺幸治

は、記載から除外。

表2　外務省局長

	政務局 46.1.30 総務局 49.5.31 政務局	戦時経済局 8.26 経済局	管理局	調査局	国際経済局
1945 S20	上村伸一 5.23 安藤義良 （～ 9.28）	渋沢信一 6.20 井上孝治郎 （～ 8.26） 8.26 経済局	8.26 大東亜省より移管 8.26 森重千夫	岡崎勝男 （～ 8.26） 9.28 尾形昭二	
1946 S21	1.30 総務局 2.1 岡崎勝男	1.30 廃止→総務局	6.14 山川徳二	1.16 法華津孝太	
1947 S22	2.4 岡崎勝男A 2.8 太田一郎		2.8 大野勝巳	↓	
1948 S23	1.31 朝海浩一郎 10.29 大野勝巳		1.31 倭島英二	1.31 松平康東	
1949 S24	5.31 政務局 6.1 大野勝巳 12.10 島津久大		↓	10.6 与謝野秀	
1950 S25	↓		↓	8.19 松井明 11.17 太田一郎A 12.15 土屋隼	
1951 S26	12.1 廃止→ アジア局・欧米局		12.1 廃止→ 入国管理庁	12.1 廃止	6.1 設置 6.1 湯川盛夫

	アジア局	欧米局 57.3.30 アメリカ局／欧亜局		中近東・アフリカ局	経済局
1951 S26	12.1 設置 12.1 倭島英二	12.1 設置 12.1 土屋隼			12.1 設置 湯川盛夫
1952 S27	↓	↓			9.5 黄田多喜夫
1953 S28	11.20 中川融	↓			↓
1954 S29	↓	4.26 武内龍次A			2.25 小田部謙一B 5.1 朝海浩一郎A
1955 S30	↓	2.22 稲垣一吉B 4.1 千葉皓			3.15 湯川盛夫
1956 S31	↓	↓			↓
1957 S32	7.2 板垣修	3.30 アメリカ局 4.1 千葉皓 12.16 森治樹	3.30 欧亜局 4.1 法眼晋作B 4.30 金山政英		5.14 佐藤健輔B 6.28 牛場信彦
1958 S33	↓	↓	↓		↓
1959 S34	6.1 伊関佑二郎	↓	↓		↓

注）A 事務取扱。B 心得。C 兼務。短期出張の際の「事務代理」は記載から除外。

特殊財産局	条約局	連絡局	
	柳井恒夫		
	6.20 渋沢信一		
	9.28 杉原荒太		
	2.1 萩原徹		
	10.28 鶴岡千仭B		
	12.10 西村熊雄		
1.31 設置	↓		
2.1 磯野勇三			
5.31 廃止	↓	5.31 設置	
		6.1 木村四郎七	
	↓	↓	
	↓	10.30 伊関佑二郎	
		12.1 廃止→国際局力局・情報文化局	

経済協力局	条約局	国際協力局 58.5.10 国際連合局	情報文化局 84.7.1 情報調査局	移住局 65.5.4 中南米・移住局	中南米局
	西村熊雄	12.1 設置	12.1 設置		
		12.1 伊関佑二郎	12.1 宮崎章		
	5.30 下田武三	↓	5.13 柿坪正義		
			12.27 田中三男		
	↓	↓	6.17 林馨A		
			11.16 田村景一		
	↓	8.25 湯川盛夫	6.22 田中三男		
	↓	3.15 河崎一郎	↓	7.11 設置	
				7.11 矢口麓蔵	
	↓	↓	↓	↓	
	1.23 高橋通敏B	3.29 宮崎章	3.29 近藤晋一	1.23 石井喬B	
	2.12 高橋通敏			3.22 内田藤雄	
	↓	5.10 国際連合局	↓	5.10 伊関佑二郎	
	↓	4.28 高橋覚B	↓	6.1 高木広一	
		6.1 鶴岡千仭			

表2　外務省局長（続き）

	アジア局	欧米局 57.3.30 アメリカ局／欧亜局		中近東・ アフリカ局	経済局
1960 S35	↓	9.20 安藤吉光	↓		↓
1961 S36	↓	↓	2.17 法眼晋作		8.18 関守三郎
1962 S37	10.30 後宮虎郎	↓	↓		↓
1963 S38	↓	7.9 竹内春海	↓		3.22 中山賀博
1964 S39	↓	↓	↓		↓
1965 S40	↓	5.4 北米局 1.8 安川壮	3.9 北原秀雄	5.4 設置 5.4 力石健次郎	↓
1966 S41	1.18 小川平四郎	↓	↓	↓	2.15 加藤匡夫
1967 S42	↓	1.10 東郷文彦	↓	8.15 井川克一	6.6 鶴見清彦
1968 S43	6.15 須之部量三	6.15 アメリカ局	9.3 有田圭輔	↓	↓
1969 S44	↓	↓	↓	12.5 小室和秀B	↓
1970 S45	↓	10.27 大河原良雄B	↓	1.20 魚本藤吉郎	8.14 平原毅
1971 S46	↓	1.8 吉野文六	↓	↓	↓
1972 S47	1.8 吉田健三	6.20 楠正忠B 9.8 大河原良雄	6.20 大和田渉	9.29 田中秀穂	9.29 宮崎弘道
1973 S48	8.7 高島益郎	↓	↓	↓	↓
1974 S49	↓	6.7 山崎敏夫	↓	6.18 中村輝彦	↓
1975 S50	9.12 中江要介	↓	1.25 橘正忠	↓	↓
1976 S51	↓	↓	↓	1.22 加賀美秀夫	1.22 本野盛幸
1977 S52	↓	9.16 中島敏次郎	2.4 宮沢泰	↓	↓
1978 S53	11.2 柳谷謙介	↓	↓	1.24 千葉一夫	1.24 手島冷志
1979 S54	↓	12.21 北米局	8.7 武藤利昭	↓	↓
1980 S55	1.22 木内昭胤	1.22 浅尾新一郎	↓	8.16 村田良平	8.16 深田宏
1981 S56	↓	↓	12.4 加藤吉弥	↓	↓
1982 S57	↓	8.27 北村汎	↓	8.16 波多野敬雄	8.16 村田良平
1983 S58	1.18 橋本恕	↓	↓	↓	↓
1984 S59	7.4 後藤利雄	7.3 栗山尚一	1.27 西山健彦	10.12 三宅和助	10.19 国広道彦
1985 S60	↓	11.9 藤井宏昭	↓	↓	↓
1986 S61	6.10 藤田公郎	↓	↓	↓	7.1 北村汎C 8.12 渡辺幸治
1987 S62	↓	↓	1.20 長谷川和年	1.20 恩田宗	↓
1988 S63	6.24 長谷川和年	1.23 有馬龍夫	6.24 都甲岳洋	↓	1.23 佐藤嘉恭
1989 S64	6.23 谷野作太郎	↓	↓	11.15 渡辺允	7.20 林貞行

注）　A 事務取扱。B 心得。C 兼務。短期出張の際の「事務代理」は記載から除外。

経済協力局	条約局	国際協力局 58.5.10 国際連合局	情報文化局 84.7.1 情報調査局	移住局 65.5.4 中南米・移住局	中南米局
	10.13 中川融	↓	↓	↓	
	↓	↓	7.4 曽野明	↓	
5.8 設置	↓	1.19 高橋覚	↓	↓	
5.8 甲斐文比古					
12.13 西山昭	↓	11.14 斎藤鎮男	↓	12.13 白幡友敬	
↓	3.19 藤崎万里	8.4 星文七	↓	↓	
↓	↓	↓	↓	3.9 山下重明	
				4.20 広田稹	
				5.4 中南米・移住局	
11.5 広田稹	↓	8.5 服部五郎	1.18 新関欽哉	11.5 安藤龍一	
↓	12.26 佐藤正二	↓	↓	↓	
1.16 上田常光	↓	1.16 重光晶	5.7 藤山楢一	6.15 領事移住部へ改組	
↓	12.5 井川克一	↓	↓		
1.20 沢木正男	↓	1.20 西堀正弘	↓		
↓	↓	↓	4.2 和田力		
1.25 大和田渉	1.18 高島益郎	1.18 影井梅夫	↓		
6.20 御巫清尚					
↓	8.7 松永信雄	8.7 鈴木文彦	8.7 黒田瑞夫		
6.7 鹿取泰衛	↓	↓	↓		
7.8 菊池清明	↓	8.1 大川美雄	↓		
↓	1.22 中島敏次郎	↓	1.22 柳谷謙介		
↓	9.16 大森誠一	↓	↓		
1.24 武藤利昭	↓	↓	1.24 加賀美秀夫		
8.7 梁井新一	2.27 伊達宗起	1.16 賀陽治憲	10.9 天羽民雄		12.1 設置
					12.1 大鷹正
↓	↓	↓	↓		↓
9.11 柳健一	9.16 栗山尚一	8.21 門田省三	12.4 橋本恕		1.20 枝村純郎
↓	↓	↓	↓		↓
↓	↓	8.26 山田中正	1.18 三宅和助		1.28 羽澄光彦
					11.20 江藤之久B
7.3 藤田公郎	1.27 小和田恒	↓	7.1 情報調査局		1.27 堂ノ脇光朗
			7.1 岡崎久彦		
			10.26 渡辺幸治		
↓	↓	11.9 中平立	↓		↓
6.10 英正道	↓	↓	8.12 新井弘一		1.21 山口達男
↓	1.23 斎藤邦彦	8.17 遠藤実	↓		↓
7.15 松浦晃一郎	↓	↓	1.23 山下新太郎		1.23 坂本重太郎
↓	1.27 福田博	↓	↓		↓

表３　外務省主要課長

		アジア局		アメリカ局	
		第一課長	第二課長	第一課長	第二課長
1951	S26	12.1 佐藤健輔	12.1 後宮虎郎		
1952	S27	8.6 倭島英二A 8.23 小島太作	8.23 小島太作C 9.26 広田稹		
1953	S28	↓	7.10 竹内春海		
1954	S29	2.14 小沢武夫	3.1 小沢武夫C 4.8 小川平四郎		
1955	S30	↓	↓		
1956	S31	4.1 針谷正之	↓		
1957	S32	↓	10.15 岡田晃	4.1 新設 4.1 稲垣一吉A 7.24 田中弘人A 10.8 有田圭輔	4.1 新設 4.1 安川壮 4.23 東郷文彦
		アジア局		アメリカ局	
		北東アジア課長	中国課長	北米課長	安全保障課長
1958	S33	5.10 北東アジア課 不明 菅沼潔	5.10 中国課 岡田晃	5.10 北米課 有田圭輔	5.10 安全保障課 東郷文彦
1959	S34	5.15 中川豊吉	5.25 遠藤又男	↓	↓
1960	S35	6.1 前田利一		↓	9.12 魚本藤吉郎
1961	S36	↓		↓	12.7 高橋正太郎
1962	S37	↓		1.8 西堀正広	↓
1963	S38	↓	4.20 原富士男	5.1 西堀正広A 8.20 中島信之	11.20 橋爪三男B 12.25 山中駿一
1964	S39	12.25 黒田瑞夫		↓	↓
1965	S40	↓	↓	10.11 中島信之A	7.22 吉岡章A 8.1 浅尾新一郎B
1966	S41	8.16 根本博A 9.1 野田英二郎	7.11 石橋太郎	5.7 枝村純郎B	4.1 浅尾新一郎
1967	S42	↓	↓	4.1 枝村純郎 12.21 千葉一夫	8.16 中島信之A 9.7 松原進

注）　A 事務取扱。B 心得。C 兼務。短期出張の際の「事務代理」は記載から除外。

条約局		国際協力局
第一課長	第三課長	第一課長
12.1 藤崎万里	12.1 重光晶	12.1 須山達夫
3.20 西村熊雄A	↓	↓
4.5 杉浦宏		
8.5 高橋覚		
↓	↓	8.5 星文七
↓	6.22 佐藤正二	↓
9.1 佐藤正二	9.1 井川克一	↓
↓	↓	9.1 河崎一郎A
		9.12 山中俊夫
3.16 井川克一	3.16 滝川正久	4.27 栗野鳳B
		7.10 北原秀雄

条約局		国際連合局
条約課長	法規課長	政治課長
5.10 条約課	5.10 法規課	1.31 高島益郎
井川克一	滝川正久	5.10 国際連合局
	7.21 小木曽本雄	政治課
↓	↓	↓
9.5 根本博C	↓	↓
10.24 兼松武		
↓	↓	7.10 根本驥
↓	↓	9.3 中村輝彦
5.1 兼松武A	5.1 須之部量三A	↓
	6.3 中江要介B	
4.15 大森誠一B	5.27 中江要介	↓
5.23 松永信雄		
↓	↓	4.7 吉田長雄
↓	↓	↓
8.21 中島敏次郎	8.16 大塚博比古	3.6 加藤吉弥B
		5.30 大川美雄

表3　外務省主要課長（続き）

	アジア局		アメリカ局	
	北東アジア課長	中国課長	北米課長	安全保障課長
1968　S43	10.28 伊達宗起	1.12 橋本恕B 4.15 橋本恕	↓	↓
1969　S44	↓	↓	1.27 北米第一課 1.27 千葉一夫	↓
1970　S45	12.1 中平立	↓	↓	5.1 宮川渉
1971　S46	↓	↓	↓	↓
1972　S47	↓	↓	1.14 深田宏	4.1 松田慶文
1973　S48	5.21 遠藤哲也B 5.25 妹尾正毅	3.3 国広道彦	12.10 深田宏A	8.15 山下新太郎
1974　S49	↓	8.15 藤田公郎	4.20 松浦晃一郎	↓
1975　S50	7.21 遠藤哲也	↓	1.24 藤井宏昭	↓
1976　S51	↓	12.24 田島高志	7.28 渡辺幸治	8.9 佐藤行雄
1977　S52	12.5 佐藤嘉恭	↓	↓	↓
1978　S53	↓	12.19 谷野作太郎	10.16 福田博	1.6 丹波実
1979　S54	不明 渡辺幸治A 1.24 股野景親	↓	↓	↓
1980　S55		7.25 池田維	8.15 苅田吉夫	↓
1981　S56	1.20 小倉和夫	↓	↓	8.1 加藤良三
1982　S57	↓	7.1 畠中篤	↓	↓
1983　S58	↓	7.1 浅井基文	1.25 川島裕	↓
1984　S59	1.5 高島有終	↓	↓	7.10 沼田貞昭
1985　S60	1.5 渋谷治彦	8.5 槙田邦彦	8.15 沼田貞昭	8.15 岡本行夫
1986　S61	10.15 高野紀元	↓	11.16 山崎隆一郎	↓
1987　S62	11.17 田中均	8.1 阿南惟茂	↓	↓
1988　S63	↓	↓	7.1 岡本行夫	7.1 重家俊範
1989　S64	8.15 今井正	↓	↓	↓

注）　A 事務取扱。B 心得。C 兼務。短期出張の際の「事務代理」は記載から除外。

条約局		国際連合局
条約課長	法規課長	政治課長
↓	↓	↓
↓	↓	7.17 天羽民雄
↓	1.16 栗山尚一	↓
↓	↓	↓
1.14 栗山尚一	1.14 穂崎巧A 1.22 熊谷直博	8.1 小和田恒
↓	↓	↓
1.7 小和田恒	8.15 川口洋	1.21 村上和夫
↓	↓	3.26 小林智彦
12.27 斉藤邦彦	1.10 渡辺允	↓
↓	5.10 柳井俊二	5.10 渡辺允
11.6 柳井俊二	11.6 鈴木勝也	↓
↓	↓	1.16 川上隆朗
↓	6.16 野村一成	↓
7.1 折田正樹	↓	1.29 野々山忠致
↓	7.9 河村武和	↓
↓	↓	2.1 佐藤俊一
7.10 加藤良三	↓	7.1 国連政策課
↓	1.29 谷内正太郎	5.15 天江喜七郎
↓	↓	↓
1.10 竹内行夫	8.15 西田恒夫	10.20 望月敏夫
↓	↓	↓
8.14 西田芳弘	8.1 小松一郎	8.15 高須幸雄

表４　外務省在外公館

		在アメリカ	在イギリス	在ソヴィエト連邦	在フランス	在中華民国
1951	S26	8.20 武内龍次Z	8.29 朝海浩一郎Z		1950.12.15 萩原徹Z	11.17 木村四郎七Z
1952	S27	4.28 大使館開設 4.28 武内龍次R 6.7 新木栄吉	4.28 大使館再開 4.28 朝海浩一郎R 6.8 松本俊一		4.28 大使館開設 4.28 萩原徹R 6.12 西村熊雄	8.5 大使館再開 10.1 芳沢謙吉
1953	S28	↓	↓		↓	↓
1954	S29	3.4 井口貞夫	↓		↓	↓
1955	S30	↓	1.12 黄田多喜夫R 6.12 西春彦		↓	12.21 堀内謙介
1956	S31	2.23 谷正之	↓	12.12 新関欽哉R	↓	↓
1957	S32	5.23 朝海浩一郎	12.18 中川融R	3.8 門脇季光	1.24 古垣鉄郎	↓
1958	S33	↓	5.5 大野勝巳	↓	↓	↓
1959	S34	↓	↓	↓	↓	4.7 井口貞夫
1960	S35	↓	↓	↓	↓	↓
1961	S36	↓	↓	7.6 山田久就	9.9 萩原徹	↓
1962	S37	↓	↓	↓	↓	↓
1963	S38	4.8 武内龍次	↓	↓	↓	1.10 木村四郎七
1964	S39	↓	6.22 島重信	1.16 下田武三	↓	↓
1965	S40	↓	↓	6.21 須之部量三R 10.2 中川融	↓	↓
1966	S41	↓	↓	↓	↓	2.5 中田豊千代R 9.22 島津久大
1967	S42	6.20 下田武三	↓	↓	9.13 松井明	↓
1968	S43	↓	6.22 湯川盛夫	↓	↓	↓
1969	S44	↓	↓	↓	↓	6.20 板垣修
1970	S45	9.1 牛場信彦	↓	↓	9.18 中山賀博	↓
1971	S46	↓	↓	3.19 新関欽哉	↓	↓
1972	S47	↓	10.11 森治樹	↓	↓	3.11 宇山厚 11.30 伊藤博教R

注）　無印―特命全権大使。R臨時代理大使。ＲＫ臨時代理公使。Ｋ特命全権公使。

在中華人民共和国	在南ベトナム	在ユーゴースラヴィア	在エジプト	国際連合日本代表部
		8.25 中村銈司RK	12.28 与謝野秀K	10.9 武内龍次K
		11.15 広瀬節男K	↓	5.17 沢田廉三
		↓	4.1 大使館昇格	↓
			4.13 与謝野秀	
	2.1 小長谷綽K	↓	↓	7.6 加瀬俊一
	2.21 大使館昇格			
	3.3 小長谷綽			
	↓	↓	3.12 土田豊	12.18 国際連合加盟
	10.14 小川清四郎R	5.18 瓜生復男RK	↓	5.12 松平康東
		11.16 大使館昇格		
		11.16 瓜生復男		
	7.26 久保田貫一郎	7.18 加瀬俊一	↓	↓
	↓	↓	↓	↓
		11.9 高橋通敏	12.18 倭島英二	↓
	8.8 高野藤吉	↓	↓	6.1 岡崎勝男
	↓	↓	↓	↓
	12.12 高橋覚	↓	↓	7.1 松井明
	↓	↓	↓	↓
	↓	↓	9.30 柿坪正義	↓
	8.29 中山賀博	3.8 曾野明	↓	↓
	12.14 青木盛夫	↓	7.30 安藤吉光	7.31 鶴岡千仞
	10.17 北原秀雄	↓	↓	↓
	↓	5.19 高橋直R	↓	↓
		10.3 中川進		
	11.18 東郷文彦	↓	10.28 高橋通敏	↓
	↓	↓	↓	6.12 中川融
	8.31 奈良靖彦	↓	↓	↓

Z在外事務所長。

表4　外務省在外公館（続き）

	在アメリカ	在イギリス	在ソヴィエト連邦	在フランス	在中華民国
1973　S48	7.13 安川壮	↓	↓	↓	
1974　S49	↓	↓	2.6 重光晶	↓	
1975　S50	↓	7.20 加藤匡夫	↓	4.4 北原秀雄	
1976　S51	2.10 東郷文彦	↓	↓	↓	
1977　S52	↓	↓	↓	↓	
1978　S53	↓	↓	8.14 魚本藤吉郎	↓	
1979　S54	↓	3.29 藤山楢一	↓	3.19 井川克一	
1980　S55	4.2 大河原良雄	↓	↓	↓	
1981　S56	↓	↓	↓	↓	
1982　S57	↓	2.13 平原毅	4.8 高島益郎	2.9 内田宏	
1983　S58	↓	↓	↓	↓	
1984　S59	↓	↓	8.2 鹿取泰衛	12.15 本野盛幸	
1985　S60	3.26 松永信雄	1.26 山崎敏夫	↓	↓	
1986　S61	↓	↓	↓	↓	
1987　S62	↓	↓	10.1 武藤利昭	↓	
1988　S63	↓	3.15 千葉一夫	↓	12.28 木内昭胤	
1989　S64	12.6 村田良平	↓	↓	↓	

注）　無印―特命全権大使。R臨時代理大使。RK臨時代理公使。K特命全権公使。

【出典について】

表1,2,3,4の各外交官履歴の出典は次の通りである。

外務大臣官房人事課編『外務省職員歴任表』（外務省、1993年）。

国立印刷局『官報』（インターネット版）

http://kanpou.mpb.go.jp/search/introduce.html

秦郁彦『日本官僚制総合事典 1868―2000』（東京大学出版会、2001年）。

在中華人民共和国	在南ベトナム	在ユーゴースラヴィア	在エジプト	国際連合日本代表部
1.9 林祐一R	↓	6.30 吉良秀通	9.16 和田力	8.16 斎藤鎮男
3.31 小川平四郎				
↓	↓	↓	↓	↓
↓	3.4 渡辺幸治R	↓	↓	↓
	4.11 人見宏			
	6.27 渡辺幸治R			
↓	1.27 内田富夫	3.2 黒田瑞夫	3.16 魚本藤吉郎	4.19 安部勲
	7.12 閉鎖			
8.10 佐藤正二		↓	↓	↓
↓		7.8 西田勝次R	7.23 黒田瑞夫	↓
		12.30 中江要介		
6.15 吉田健三		↓	↓	7.17 西堀正弘
↓		↓	5.4 山崎敏夫	↓
10.21 鹿取泰衛		↓	↓	↓
↓		1.31 天羽民雄	5.15 中江要介	↓
↓		↓	↓	2.23 黒田瑞夫
8.4 中江要介		↓	7.22 加藤吉弥	↓
↓		↓	↓	↓
↓		3.6 大塚博比古	↓	5.21 菊池清明
11.10 中島敏次郎		↓	3.15 橋本恕	↓
↓		8.13 後藤利雄	↓	2.9 加賀美秀夫
11.1 橋本恕		↓	10.12 山田中正	↓

Z在外事務所長。

【編者（担当章―節／コラム）】

若月　秀和（わかつき・ひでかず）（解説、5-8,7-1,7-2,7-4,7-5）

北海学園大学法学部

神田　豊隆（かんだ・ゆたか）（1-4,2-2,3-2,5-1,5-3, コラム④）

放送大学

楠　綾子（くすのき・あやこ）（5-2, 中江要介大使への質問票、中江要介略歴表、戦後外交史関連年表、コラム②）

関西学院大学国際学部

中島　琢磨（なかしま・たくま）（1-1,2-1,6-1, コラム①）

日本学術振興会特別研究員

昇　亜美子（のぼり・あみこ）（4-1,4-2,4-3,4-4,4-5,5-5,5-7,6-3, コラム⑦）

政策研究大学院大学

服部　龍二（はっとり・りゅうじ）（1-2,1-3,1-5,3-1,5-4,5-6,6-2,6-4,7-3）

中央大学総合政策学部

【コラム執筆者】

井上　正也（いのうえ・まさや）コラム③、戦後外務省関連人事表

香川大学法学部

江藤　名保子（えとう・なおこ）コラム⑧

人間文化研究機構地域研究推進センター・慶應義塾大学東アジア研究所現代中国研究センター

杉浦　康之（すぎうら・やすゆき）コラム⑤

防衛省防衛研究所研究部

福田　円（ふくだ・まどか）コラム⑥

国士舘大学 21 世紀アジア学部

村井　良太（むらい・りょうた）コラム⑨

駒澤大学法学部

【著者紹介】

中江要介（なかえ・ようすけ）

1922年大阪生まれ。旧制第三高等学校、京都帝国大学法学部卒業。1947年外務省入省。在フランス日本大使館、在ブラジル日本大使館、在ニューヨーク国際連合日本政府代表部、在ベトナム日本大使館、在フランス日本大使館（ユネスコ常駐代表）などの勤務を経て1975年アジア局長。1978年在ユーゴスラヴィア大使、1982年在エジプト大使（南イエメン国駐箚兼任）、1984年在中華人民共和国大使、1987年に退官。その後原子力委員会委員および同参与、三菱重工株式会社社長室顧問、日本ユネスコ国内委員会委員などを務める。現在、日本日中関係学会名誉会長。著書に『残された社会主義大国 中国の行方』（ＫＫベストセラーズ）、『らしくない大使のお話』（読売新聞社）、『日中外交の証言』（蒼天社出版）ほか多数あり。バレエ台本に「いのち」、「動と静――アブシンベルの幻覚」、「蕩々たる一衣帯水」、「鵲の橋」があり、国内外で上演される。

アジア外交 動と静――元中国大使中江要介オーラルヒストリー

2010年10月15日　初版第1刷発行

著　者　中江要介

編　者　若月秀和　神田豊隆　楠　綾子
　　　　中島琢磨　昇亜美子　服部龍二

発行者　上野教信

発行所　蒼天社出版（株式会社　蒼天社）
112-0011 東京都文京区千石4-33-18
電話 03-5977-8025　FAX03-5977-8026
郵便為替 00100-3-628586

印刷・製本所　株式会社　厚徳社

ISBN 978-4-901916-28-8 Printed in Japan